현직 교사 5인이 알려주는 교육용 캔바를 활용한 에듀테크 수업의 모든 것

혼자 해도 프로 선생님처럼
잘 만드는 학교 수업 자료

with 캔바 Canva

글로우업 최신 버전

김태훈, 김한나, 김예슬, 손민지, 유수근 지음

한빛미디어
Hanbit Media, Inc.

지은이 김태훈 홍천농업고등학교 교사

지은이 김한나 천안오성고등학교 교사

지은이 김예슬 홍해초등학교병설유치원 교사

지은이 손민지 청계초등학교 교사

지은이 유수근 미원초등학교 교사

현직 교사 5인이 알려주는 교육용 캔바를 활용한 에듀테크 수업의 모든 것
혼자 해도 프로 선생님처럼 잘 만드는 학교 수업 자료 with 캔바 Canva

초판 1쇄 발행 2024년 10월 31일
초판 4쇄 발행 2025년 10월 31일

지은이 김태훈, 김한나, 김예슬, 손민지, 유수근 / **펴낸이** 전태호
펴낸곳 한빛미디어(주) / **주소** 서울특별시 서대문구 연희로2길 62 한빛미디어(주) IT출판1부
전화 02-325-5544 / **팩스** 02-336-7124
등록 1999년 6월 24일 제25100-2017-000058호 / **ISBN** 979-11-6921-266-3 13000

총괄 배윤미 / **책임편집** 장용희 / **기획** 윤신원 / **교정** 박서연 / **진행** 장용희
디자인 이아란 / **일러스트** 김정민 / **전산편집** 김희정
영업마케팅 송경석, 김형진, 장경환, 조유미, 한종진, 이행은, 고광일, 성화정, 김한솔 / **제작** 박성우, 김정우

이 책에 대한 의견이나 오탈자 및 잘못된 내용은 출판사 홈페이지나 아래 이메일로 알려주십시오.
파본은 구매처에서 교환하실 수 있습니다. 책값은 뒤표지에 표시되어 있습니다.

한빛미디어 홈페이지 www.hanbit.co.kr / **이메일** ask@hanbit.co.kr / **자료실** www.hanbit.co.kr/src/11266

Published by HANBIT Media, Inc. Printed in Korea
Copyright © 2024 김태훈, 김한나, 김예슬, 손민지, 유수근 & HANBIT Media, Inc.
이 책의 저작권은 김태훈, 김한나, 김예슬, 손민지, 유수근과 한빛미디어(주)에 있습니다.
저작권법에 의해 보호를 받는 저작물이므로 무단 복제 및 무단 전재를 금합니다.

지금 하지 않으면 할 수 없는 일이 있습니다.
책으로 펴내고 싶은 아이디어나 원고를 메일(writer@hanbit.co.kr)로 보내주십시오.
한빛미디어(주)는 여러분의 소중한 경험과 지식을 기다리고 있습니다.

머리말

지금까지 교육자의 입장에서 교육자를 위한 Canva 활용법을 설명하는 책이 없었습니다. 그래서 선생님들이 교육 현장에서 Canva를 유용하게 활용하실 수 있도록 유·초·중·고에서 근무하는 선생님들이 의기투합하여 이 책을 펴냈습니다. 독자분들이 읽는 책은 저희가 2년여간 흘린 눈물과 땀방울이 맺힌 원고입니다. 저희의 열정과 비법이 담긴 이 책을 통해 수업을 다채롭게 만들어보기를 바랍니다. Canva를 활용하며 교실 혁명의 꿈을 펼쳐보세요.

김태훈

Canva는 직관적이고 접근하기 쉬운 디자인 도구로, 최근에는 인공지능(AI) 기술을 통합하여 더욱 강력해졌습니다. 2장에서는 AI 기능을 활용한 실용적인 사례와 팁을 제공하며, 교사들이 수업 준비와 자료 제작에서 효과적이고 혁신적인 방법을 활용할 수 있도록 돕습니다. Canva의 AI 기능을 통해 교육의 새로운 가능성을 발견할 수 있습니다. 이 책이 보다 효율적이고 매력적인 학습 경험을 제공하는 데 큰 도움이 되기를 바랍니다.

김한나

10년 전, 〈강용석의 고소한 19〉 프로그램에서 재미있는 순위를 매긴 적이 있습니다. 바로 '내 자식에게 대물림하고 싶은 직업 19'를 1위부터 19위까지 나열한 것입니다. 부동의 1위는 '초등학교 교사'였습니다. 하지만, 10년이 지난 지금 더 이상 교사는 사람들에게 대물림하고 싶은 직업이 아닙니다. 모든 것이 변화하고 있습니다. 내일은 누구도 알 수 없습니다. 이 책으로 기본을 익힌 후, 여러 가지로 응용하여 수업 설계에 많은 도움이 되면 좋겠습니다.

김예슬

Canva는 동료 간의 멋진 협업을 꿈꿀 수 있게 해줍니다. Canva를 활용해 프레젠테이션, 동영상, 카드뉴스, 포스터 등을 만들 때 즉각적인 협업이 가능합니다. 더불어 Canva의 화이트보드 기능을 활용하면 회의에 참여한 사람들 간의 아이디어를 시각적으로 쉽게 나눌 수 있습니다. 이렇듯 Canva는 디자인의 복잡함을 없애고 누구나 효과적인 시각 자료를 만들 수 있도록 돕습니다. 무엇보다도 디자인 초보부터 전문가까지 모두에게 유익한 도구로 전 세계의 사용자들에게 각광받고 있습니다. 이 책에서는 Canva의 기본 개념부터 실제 활용까지 창의적이고 효율적으로 디자인하는 방안을 제시하고 있습니다. Canva에 숙달하여 여러분의 아이디어를 빛내보세요.

손민지

디지털 전환이 빠르게 이루어지는 요즘, 일부 발 빠른 사람들은 다양한 프로그램을 능숙하게 활용하며 시간과 에너지를 아끼고 생산성을 높이고 있습니다. 우리도 Canva를 통해 충분히 시간과 에너지를 아낄 수 있습니다. Canva는 PPT 제작부터 동영상 편집, 카드뉴스, 웹페이지 제작 등 다양한 기능을 모두 갖춘 일체형 디자인 저작 도구입니다. 이 책을 통해 Canva와 협력하는 방법을 익히고 일상과 업무에 효율성을 높여보는 건 어떨까요?

유수근

추천사

Canva를 활용해 나만의 수업을 만들고 싶은 분들 모두 모여주세요! 교육용 계정을 만들고, 학생을 초대하고, 구글 클래스룸을 활용한 블렌딩 수업까지, 경험 많은 선생님들의 실무 노하우가 담겨 있는 책입니다. Canva를 활용해 창의적인 수업을 제공하고 학생의 참여도와 학습 효과를 높이려는 선생님들께 매우 유용한 가이드가 될 것입니다.

— 이준권 교사크리에이터협회 회장

바야흐로 교육 콘텐츠 시대입니다. 화려한 수업 자료는 '프로 선생님'만의 전유물이라고 생각했다면, 지금 바로 Canva를 사용해보세요. 교과 수업과 연계한 활용법부터 스마트하게 인공지능을 활용하는 방법까지, 전문 선생님들의 친절한 설명을 따라가다 보면 거의 모든 콘텐츠가 단숨에 제작됩니다. 이 책을 통해 독창적인 에듀 크리에이터로 성장하길 바랍니다.

— 하유정 어디든학교

많은 사람이 Canva를 수업 프레젠테이션 제작 도구로만 알고 있습니다. 하지만 이 책에서는 Canva를 통한 이미지 편집, 영상 제작, 생성형 AI 활용 등 상상 그 이상을 보여줍니다. 수업 자료부터 자기소개 포스터, 홍보 자료, 카드뉴스, 홈페이지까지 다양한 분야의 콘텐츠를 개발할 수 있게 도와줍니다. 이 책 하나만 있으면 왠지 마음이 풍성해지는 듯합니다. 이 책이 여러분의 마음에도 풍요로움을 가져다주기를 바랍니다.

— 김귀훈 한국교원대학교 인공지능융합교육 전공주임교수

이 책은 교사들이 Canva를 활용해 수업 자료를 손쉽게 제작할 수 있게끔 상세한 지침을 제공합니다. 단순 기능 사용법을 넘어 실제 수업에 적용할 수 있는 다양한 아이디어와 팁을 제공하여 실용성이 뛰어납니다. 특히 AI 기능과 구글 클래스룸 연동 등 최신 트렌드를 반영한 점이 인상적입니다. 초보자부터 숙련자까지 모두에게 유용한 정보를 담고 있어, 에듀테크를 활용해 수업의 질을 높이고자 하는 모든 교사에게 추천합니다.

— 조재범 용인 풍덕초등학교 교사

교사가 교육 목적으로 사용하는 플랫폼은 다양합니다. 그중 웹 기반 그래픽 도구인 Canva는 직관적이고 강력한 기능뿐만 아니라 사용자 친화적인 인터페이스를 갖추고 있어 교사가 쉽게 사용할 수 있습니다. 다양한 템플릿과 그래픽, 한국어 지원으로 사용이 편리하여 학생들과 함께하는 수업 현장에서 활용할 수 있는 대표적인 디자인 플랫폼입니다. Canva의 활용법과 기능을 친숙하게 소개하는 책을 집필하기 위해 아낌없이 노력해주신 선생님들께 감사드립니다.

— 장진국 포항 흥해초등학교 교장

이 책은 현장의 생생한 경험을 바탕으로, 선생님과 아이들에게 필요한 수업 자료 만들기 노하우가 집대성된 책입니다. 교사와 학생 그리고 학생들끼리도 발표 자료를 공유하고 함께 편집할 수 있는 Canva를 이용해 다양하고 멋진 수업이 이루어질 수 있길 바랍니다.

- 윤지선 전국교사작가협회 책쓰샘 대표

각 레슨은 단계별로 구성되어 있어 따라 하기 쉽고, 실제 수업에 바로 적용할 수 있는 팁과 유용한 기능이 가득합니다. 이 책은 저자가 직접 수업에 적용한 경험을 바탕으로 집필했기 때문에 더욱 신뢰가 갑니다. 저자들의 노하우는 시간을 절약하고 수업의 질을 높이는 데 큰 도움이 될 것입니다. Canva를 처음 접하거나 더 깊이 배우고 싶은 분들 모두에게 강력히 추천합니다.

- 최선경 교사성장학교 고래학교 교장

다섯 분의 선생님들이 Canva로 놀이 자료와 교육 콘텐츠를 창의적으로 제작하고 이를 교육 현장에서 적극 활용하더니, 마침내 책을 출간했습니다. Canva를 활용한 선생님의 노하우와 교육 자료가 이 책을 읽는 선생님들께 좋은 영향을 줄 것 같아서 많은 기대가 됩니다.

- 권영숙 안동 꿈빛유치원 원감

나만의 특별한 수업을 하고 싶은 선생님은 늘 새로운 방법을 고민합니다. 다른 선생님이 만든 동영상, 포스터를 참고해 참신한 자료를 만들고 싶지만 혼자서 만들기는 어렵고 배울 기회도 흔치 않습니다. 이 책은 바로 이런 분들을 위한 맞춤형 Canva 활용법이 담겨 있습니다. 초임 교사도 접근하기 쉽도록 현직 선생님들이 직접 집필해 현장에 바로 적용할 수 있는 사례가 가득합니다. Canva로 수업을 진행하면, 아이들과 함께 흥미로운 동화 영상을 손쉽게 만들 수 있고 학부모님들의 수업 이해를 도울 수도 있습니다. 혼자서도 쉽게 배울 수 있도록 구성된 이 도서가 선생님들의 교육 활동에 적극 활용되기를 바랍니다.

- 김미순 포항동부초등학교병설유치원 원감

Canva는 매력적인 브랜드 이미지를 만들기 위한 풍부한 디자인 소스와 도구를 보유하고 있습니다. 선생님이 교육 자료를 만들 때 Canva를 활용하듯이, 디자이너도 고객을 위한 시각 자료를 제작할 때 Canva를 적극 활용하고 있습니다. 이처럼 Canva는 전문 디자인 분야에서도 인정하는 툴이니, 이 책을 통해 기능을 익혀두면 무궁무진한 디자인 세계로 입문할 수 있을 것입니다. 이 책을 통해 디자인 작업의 효율성이 극대화되는 경험을 해보길 바랍니다.

- 이현아 아무로키 대표, 캐릭터 디자이너

이 책의 구성

CHAPTER 01 캔바 기초 알아보기

캔바를 처음 시작하는 왕초보라면 먼저 캔바 계정부터 생성합니다. 교육용 캔바로 인증받아 프로 버전에 준하는 기능으로 업그레이드해보세요.

※ 이 책은 캔바 글로우업 버전으로 실습을 진행합니다. 최신 버전인 글로우업을 사용하면 새로워진 편집기를 활용해 디자인, 콘텐츠, 문서를 쉽게 정리할 수 있습니다.

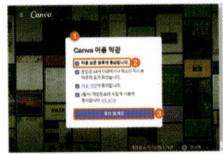

CHAPTER 02 캔바 AI 기능 활용하기

캔바에서 제공하는 AI 기능을 활용하여 생성형 인공지능을 200% 활용합니다. 텍스트, 이미지, 동영상 등 다양한 결과물을 생성하고 수업에 바로 활용해보세요.

TIP

캔바 기능이 익숙하지 않아도 괜찮습니다. 선생님을 위해, 선생님이 가르쳐주는 캔바는 더욱 친절하고 꼼꼼합니다.

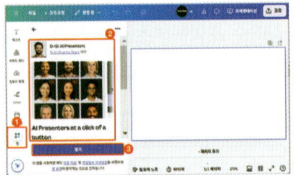

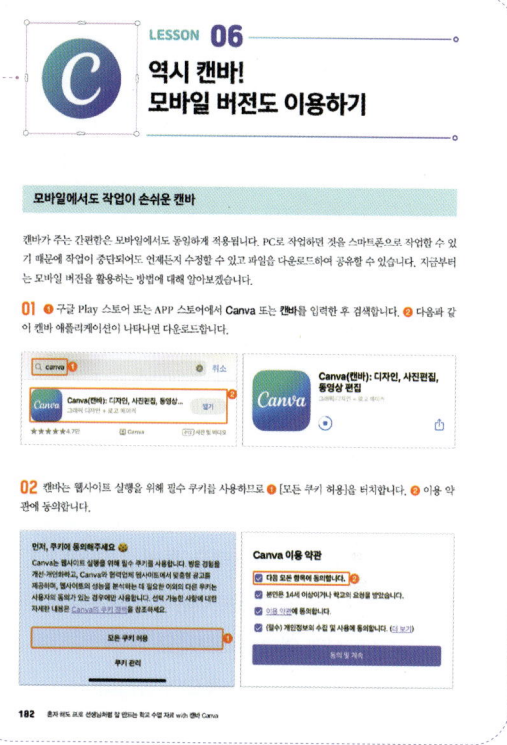

CHAPTER 03 캔바로 수업 퀄리티 높이기

캔바로 학생들의 그림을 영상으로 만들고, 모바일 버전으로 언제 어디서든 퀄리티 높은 수업 자료를 만들어봅니다. 캔바를 200% 활용해 학생들의 눈과 귀를 충족하는 수업 자료를 만들어보세요.

CHAPTER 04 캔바로 수업 참여도 높이기

교육용으로 최적화된 캔바는 얼마든지 교과 수업과 연계할 수 있습니다. 캔바를 활용해 학생들의 창작에 대한 열정을 일깨우고 학부모와 적극적으로 소통해보세요.

선생님의 꿀팁

선생님이 캔바로 수업하고 자료를 만들면서 겪은 경험을 생생하게 담았습니다. 수업 자료를 만들 때 꼭 참고해보세요.

이 책의 구성

CHAPTER 05 캔바로 여는 에듀테크 교실

에듀테크 툴 캔바는 프로젝트 수업에 활용할 때 더욱 빛을 발합니다. 또 캔바는 선생님의 학교 업무를 덜어주기도 합니다. 교육 친화적인 캔바의 모든 활용법을 알아보고 학생들의 수업 참여도를 높여보세요.

공공 디자인 벽화 그리기

캔바를 통해 완성한 스케치를 벽화로 옮기는 작업을 진행합니다. 학교의 담장 역할을 하는 울타리에 폼보드를 부착하여 그림을 그릴 수 있도록 접어놓습니다. 학생들은 폼보드에 물감으로 꼼꼼하게 그림을 그립니다. 감시자의 눈 효과가 톡톡히 드러나길 바라는 마음을 담습니다.

선생님의 특강

유치원, 초등학교, 중학교, 고등학교 교사 5인이 알려주는 에듀테크 특별 강의입니다. 현직 교사가 소개하는 에듀테크의 무궁무진한 가능성에 대해 알아보세요.
챕터별로 마지막에 수록되어 있습니다.

 **김태훈 선생님의 특강 — 캔바로 5초 만에 만드는 QR코드**

일상생활에서 자주 접하는 QR코드를 캔바로 쉽게 만들 수 있습니다. 지금부터 5초 안에 QR코드를 만드는 방법을 빠르게 배워보겠습니다.

 **김한나 선생님의 특강 — 캔바 디자인으로 굿즈 제작하기**

캔바를 활용하여 티셔츠, 머그컵, 스티커, 포스터 등 다양한 형태의 굿즈 디자인을 해보겠습니다. 캔바로 디자인한 작품을 실제 상품으로 제작하기 위해 굿즈 제작 업체를 이용하는 과정에 대해서도 알아보도록 하겠습니다. 굿즈 제작 업체는 매우 많은데 이번 실습에서는 '레드프린팅 앤 프레스' 업체를 이용하겠습니다.

 **김예슬 선생님의 특강 — 사진을 움직이는 그림으로 만들기**

캔바에서 활용할 수 있는 애니메이션보다 더 사실감 있고 생동감 있는 움직임을 표현할 수 있는 무료 사이트가 있습니다.

01 구글이나 네이버 등 포털사이트 검색창에 애니메이티드 드로잉 또는 Animated Drawings를 입력한 후 검색합니다. 인터넷 주소창에 https://sketch.metademolab.com를 입력하여 접속해도 됩니다. 접속하면 하단에 쿠키를 수용하라는 안내문이 나타납니다. [Accept]를 클릭합니다. [Try it now]를 클릭하고 [Accept]를 클릭합니다.

 **손민지 선생님의 특강 — ChatGPT로 업무 효율성 높이기**

생성형 AI 시대, 교사는 어떻게 이를 활용할 수 있을까요?

많은 빅테크 기업들은 다양한 분야에서 생성형 AI를 활용하고 ChatGPT로 업무 효율을 높일 수 있습니다. ChatGPT

 **유수근 선생님의 특강 — 구글 클래스룸을 함께 써야 하는 이유**

캔바는 협업이 가능한 디자인 저작 도구인 만큼 함께 써야 더욱 빛을 발하는 프로그램입니다. 실시간으로 작업을 공유하며 각자의 활동이 서로에게 좋은 자극이 되기도 합니다. 하지만 캔바 자체의 LMS 기능만으로는 학급의 프로젝트를 꾸준하게 운영하기는 쉽지 않습니다. 프로젝트에는 디자인 활동 말고도 기획, 조사, 설문, 팀빌딩 등 다양한 요소가 필요하기 때문입니다. 그래서 중심 플랫폼은 캔바와 호환이 좋은 구글 클래스룸으로 삼고 학생들의 배움을 모으고 표현하는 활동에는 캔바를 사용할 것을 추천합니다.

2022 개정 교육과정에서는 학생들의 디지털 소양을 강조합니다. 구글 클래스를 활용해서 서로의 생각을 모으고 캔바를 활용해서 자신의 생각을 표현할 수 있는 기회를 만들어 보는 건 어떨까요? 캔바를 활용한 수업 사례를 공유합니다.

더 알아보기

예제 파일과 템플릿 다운로드하기

이 책에서 사용하는 예제 파일과 템플릿은 한빛출판네트워크 자료실에서 다운로드할 수 있습니다. www.hanbit.co.kr/src/11266로 접속하고 [다운로드]를 클릭합니다.

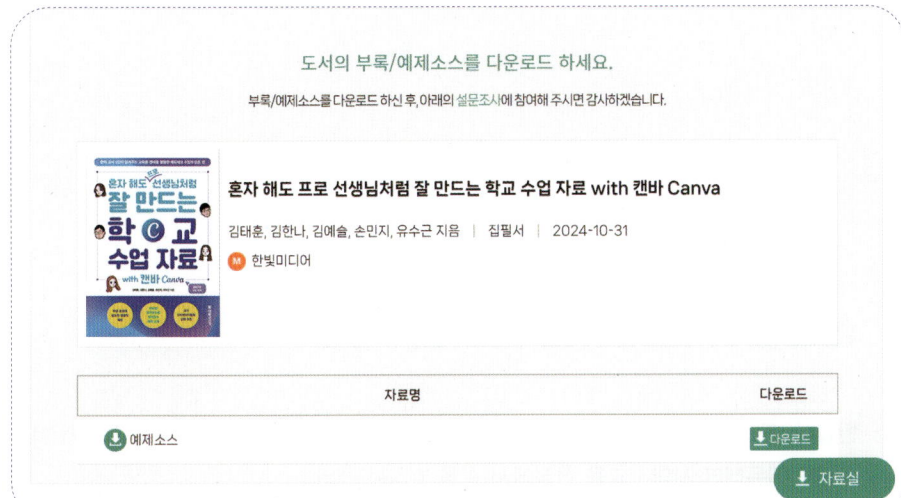

비바샘 원격교육연수원 직무연수 신청하기

2025년 4월, 이 책의 콘텐츠를 바탕으로 제작된 온라인 직무연수가 오픈될 예정입니다. 자세한 내용은 비바샘 원격교육연수원 홈페이지를 참고해주세요.

CONTENTS

머리말   003
추천사   004
이 책의 구성   006
더 알아보기   009

CHAPTER 01. 선생님이 소개하는 캔바의 기초

LESSON 01. 반갑다, 캔바   016
이제는 에듀테크 시대 | 교육 현장에서 빛을 발하는 캔바 |
캔바 시작 전 기억해둘 세 가지

LESSON 02. 캔바 계정 생성하고 교육용 인증하기   020

LESSON 03. 캔바로 학생들 초대하기   022

LESSON 04. 핵심만 콕콕, 캔바 메뉴 둘러보기   026
캔바 홈 화면의 대표 메뉴 | 심플한 에디터 화면 한눈에 살펴보기 |
작업을 편안하게 해주는 작업 환경 설정하기

LESSON 05. 캔바를 수업에 활용하기   033
새 학기, 나를 소개해 봐!

LESSON 06. 캔바 레이어 이해하기   038
레이어의 개념

LESSON 07. 요소를 활용하여 페이지 꾸미기   045

LESSON 08. 나만의 개성으로 템플릿 디자인하기   050

LESSON 09. 텍스트에 효과를 적용하여 템플릿 디자인하기   057

LESSON 10.	프레젠테이션을 더욱 풍성하게 만드는 애니메이션	064
	애니메이션 효과로 역동적인 프레젠테이션 자료 만들기	

[김태훈 선생님의 특강] 캔바로 5초 만에 만드는 QR코드 　　　　　　　　　066

CHAPTER 02. 선생님이 추천하는 캔바의 AI 기능

LESSON 01.	나 대신 글 좀 작성해 줘! Magic Write	070
	캔바에서 제공하는 다양한 AI 기능 | 캔바에서 사용하는 크레딧의 의미	
LESSON 02.	글을 넣었더니 그림과 영상이? Magic Media	074
LESSON 03.	내 마음대로 이미지 수정하기, Magic Edit	078
LESSON 04.	이미지를 확장하는 Magic Expand	081
LESSON 05.	이미지에서 대상 추출하기, Magic Grab	084
LESSON 06.	이미지의 텍스트를 인식하다, 텍스트 추출	087
LESSON 07.	원하는 부분을 지우자! Magic Eraser & 배경 제거 도구	090
LESSON 08.	사진의 배경을 모두 통일하는 방법, Product Photos	093
LESSON 09.	비트를 탈 줄 아는 캔바, Beat Sync	096
LESSON 10.	이미지가 말을 한다! D-ID AI Presenters	099
LESSON 11.	원하는 질감 표현하기, Magic Morph	102
LESSON 12.	이미지를 변환해주는 다양한 앱	105
LESSON 13.	스케치를 이미지로 바꾸다, Sketch To Life	114

[김한나 선생님의 특강] 캔바 디자인으로 굿즈 제작하기 　　　　　　　　　116

CONTENTS

CHAPTER 03. 선생님과 캔바 디자인 200% 활용하기

LESSON 01. 디자인하기 전 나만의 팔레트 만들기 … 122

LESSON 02. 사진을 활용하여 사실감 있게 디자인하기 … 141

LESSON 03. 특별한 이미지로 퀄리티 있는 수업 자료 만들기 … 155
빙 이미지 크리에이터를 아는 선생님

LESSON 04. 애니메이션 효과를 활용하여 생동감 있는 동화 영상 만들기 … 160

LESSON 05. 그림으로 영상 만들고, 영상에 음악/음성 삽입하여 공유하기 … 172

LESSON 06. 역시 캔바! 모바일 버전도 이용하기 … 182
모바일에서도 작업이 손쉬운 캔바

[김예슬 선생님의 특강] 사진을 움직이는 그림으로 만들기 … 187

CHAPTER 04. 선생님이 제작하여 더 매력적인 수업·홍보 자료

LESSON 01. 교과 수업과 연계한 PPT 제작하기 … 192
나만의 앱 만들기를 주제로 한 PPT

LESSON 02. 자기소개 포스터 제작하기 … 198
선생님부터 시작하는 자기소개 포스터

LESSON 03. 홍보 포스터 제작하기 … 203
학교 졸업식에 초대하는 홍보 포스터

LESSON 04. 우리 반 학급신문 제작하기 … 210
우리 반의 개성이 드러나는 학급신문

LESSON 05. 함께하면 쉬운 뮤직비디오 만들기 … 217
영화의 명장면을 그림으로 그려 완성한 뮤직비디오

LESSON 06.	카드뉴스로 알리는 우리 학교 소식지	229
	인공지능 과학의 날 소식을 카드뉴스로 전달하기	
LESSON 07.	우리 반 홈페이지 제작하기	238
	복잡한 홈페이지 제작을 캔바로 한번에 해결할 수 있다면?	

[손민지 선생님의 특강] ChatGPT로 업무 효율성 높이기 … 249

CHAPTER 05. 선생님×학생들의 캔바를 활용한 실제 학습 사례

LESSON 01.	자기주도 학습 보상표 만들기	254
	목표 달성의 성취감을 주는 자기주도 학습 보상표	
LESSON 02.	상장 템플릿, 구글 도구를 활용해 이메일로 자동 발송하기	258
LESSON 03.	모둠별로 진행한 프로젝트 수업 – 공공 디자인	273
	프로젝트 학습이 갖는 의의	
LESSON 04.	나를 PR하는 대세 플랫폼, 유튜브 로고/채널아트 만들기	281
	크리에이터를 꿈꾸는 요즘 아이들	
LESSON 05.	대량 제작하기 기능으로 졸업식 PPT 만들기	291
LESSON 06.	캔바×구글 클래스룸 : 블렌디드 러닝 실천하기	298
	블렌디드 러닝은 무엇인가	온라인 학습 허브 만들기 : 구글 클래스룸	

[유수근 선생님의 특강] 구글 클래스룸을 함께 써야 하는 이유 … 305

찾아보기 … 307

CHAPTER 01

선생님이 소개하는 캔바의 기초

LESSON 01.
반갑다, 캔바

LESSON 02.
캔바 계정 생성하고 교육용 인증하기

LESSON 03.
캔바로 학생들 초대하기

LESSON 04.
핵심만 콕콕, 캔바 메뉴 둘러보기

LESSON 05.
캔바를 수업에 활용하기

LESSON 06.
캔바 레이어 이해하기

LESSON 07.
요소를 활용하여 페이지 꾸미기

LESSON 08.
나만의 개성으로 템플릿 디자인하기

LESSON 09.
텍스트에 효과를 적용하여 템플릿 디자인하기

LESSON 10.
프레젠테이션을 더욱 풍성하게 만드는 애니메이션

[김태훈 선생님의 특강]
캔바로 5초 만에 만드는 QR코드

LESSON 01

반갑다, 캔바

이제는 에듀테크 시대

코로나19를 겪으면서 교육 업계에서는 미래 교육을 위한 에듀테크의 열풍이 불며 다양한 수업 방식이 등장했습니다. 에듀테크는 말 그대로 교육(Education)과 기술(Technology)의 접목으로 미래 사회에 발맞춰 스마트한 교육, 인공지능(AI)과 IT 기술을 적극 융합한 혁신적인 교육을 말합니다. 이러한 일환으로 등장한 다양한 플랫폼 가운데 캔바는 교육 현장에 있는 선생님의 업무 효율을 높여주고 학생들의 수업 참여도를 높이는 등 수업 시간을 보다 더 알차고 생동감 있게 만듭니다.

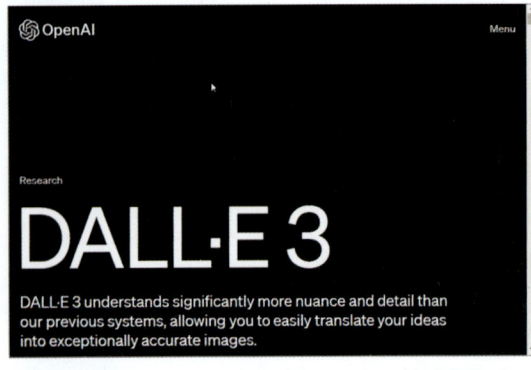

▲ 이미지를 만들 수 있는 생성 AI, 달리

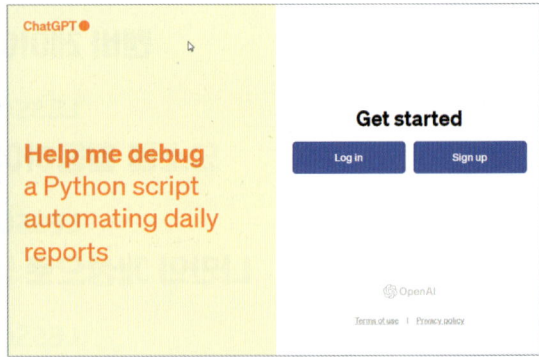

▲ 질문을 하면 AI가 답변을 하는 ChatGPT

교육 현장에서 빛을 발하는 캔바

캔바를 활용하면 원하는 자료를 어렵지 않게 제작할 수 있으며 무궁무진하게 활용할 수 있습니다. 포스터를 제작하고 인스타그램이나 페이스북 등 SNS 게시물, 프레젠테이션을 만들고 녹화한 영상을 공유할 수 있습니다. 특히 에듀테크 툴인 만큼 알림장, 수업에 사용할 자료를 간편하게 만들 수 있습니다. 또한, 클래스룸을 만들어 학생과 학부모에게 공유하고 과제를 제시하여 그룹 프로젝트 학습을 진행할 수 있습니다. 이렇듯 캔바는 교육 현장에서 매우 유용하여 선생님들이 애정하는 프로그램이 아닐 수 없습니다.

▲ 캔바를 활용한 새학기 안내 프레젠테이션

▲ 캔바를 활용한 킥보드 팩트 체크 카드뉴스

▲ 캔바를 활용한 우리 반 할 일 포스터

캔바 시작 전 기억해둘 세 가지

캔바에서 작업을 시작하기 전에 다음의 세 가지를 염두에 두면 좋습니다. 이는 앞으로의 작업에 필수적으로 챙겨야 하는 사항이며, 모든 작업의 기본이 되는 사항입니다. 대단해보이지 않아도 작업 시간을 단축할 수 있는 매우 효율적인 팁입니다.

첫째는 글꼴입니다. 한 화면에 글꼴을 많이 사용하거나 과하게 멋을 부린 글꼴을 사용하지 사용하지 않습니다. 시각적인 방해 요소가 돼 오히려 가독성을 떨어뜨립니다. 글꼴은 두세 개 정도만 강조할 부분, 부드럽게 읽어나가는 부분 등으로 구분하여 사용할 것을 권장합니다.

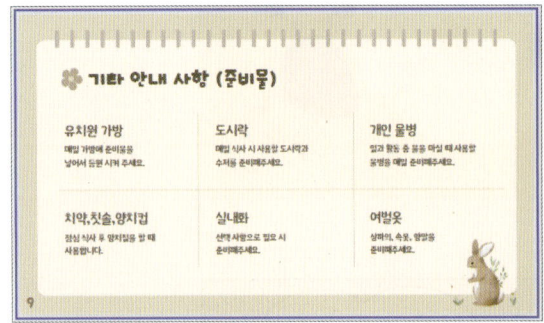 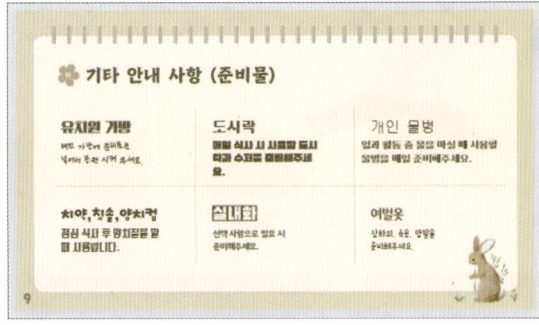

▲ 두세 개 정도의 글꼴 사용   ▲ 여러 개의 글꼴 사용

둘째는 배경입니다. 배경에는 단색이나 그러데이션을 설정할 수 있고, 이미지를 넣어 꾸며줄 수도 있습니다. 배경을 설정할 때는 개별 요소와 조화를 이루도록 배경에 들어갈 색상 또는 이미지의 명도나 채도, 보색, 유사색 등을 고려하여 적용합니다.

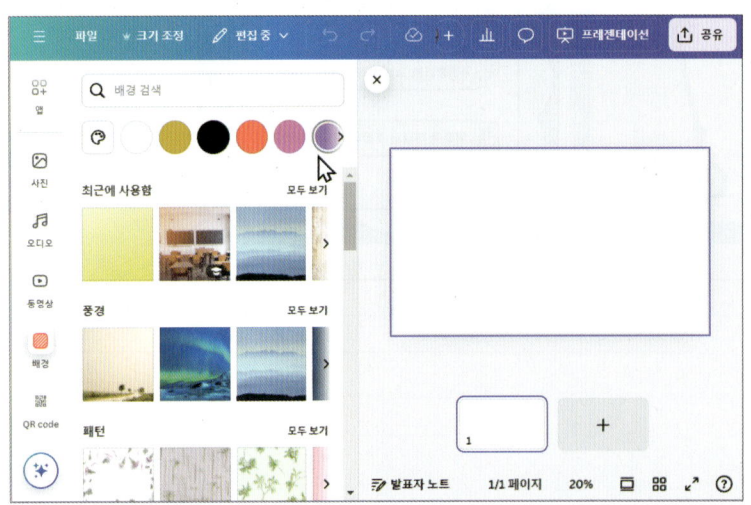 

▲ 수많은 배경 템플릿을 적절하게 활용   ▲ 조화를 이루는 색상 설정

셋째는 배치입니다. 자연스러운 시선의 방향에 맞춰 화면을 구성합니다. 특히 텍스트 요소를 배치할 때는 책을 읽는 것처럼 가로로 정렬하면 안정적입니다. 이미지 요소는 세로 정렬이나 대각선 정렬도 좋습니다.

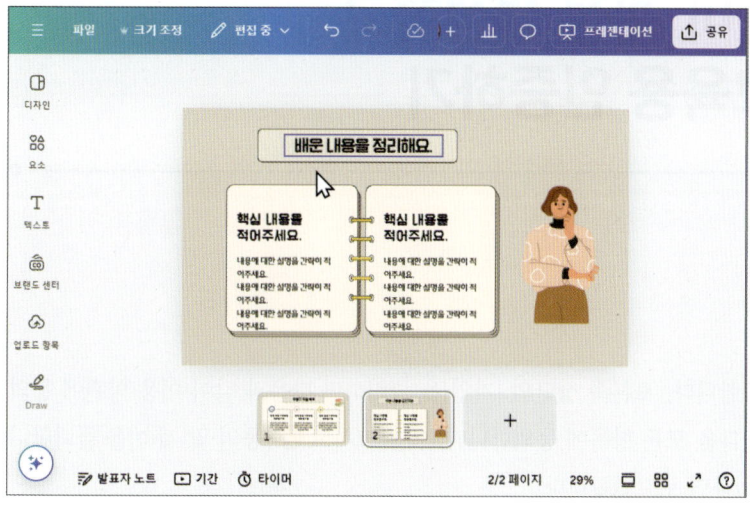
▲ 텍스트 왼쪽 정렬, 이미지 오른쪽 배치

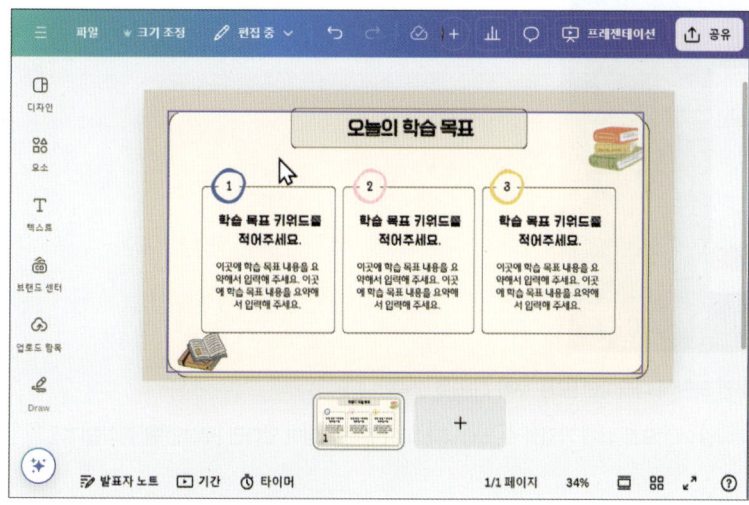
▲ 텍스트 중앙 정렬, 이미지 대각선 배치

본격적으로 캔바를 활용하기에 앞서 염두에 두어야 할 세 가지 사항을 살펴보았습니다. 어느 디자인 툴을 사용하든 마찬가지겠지만 특히 교육 현장에서 다른 많은 교육 업무까지 챙겨야 하는 선생님들이라면 이 세 가지를 기억하고 작업할 것을 권합니다. 학생들과 캔바를 통해 유연하고 능숙하게 수업을 진행해야 하는 선생님들의 소중한 시간을 아껴줄 수 있기 때문입니다.

LESSON 02
캔바 계정 생성하고 교육용 인증하기

캔바 계정 생성하기

01 ❶ 캔바(canva.com)에 접속합니다. 오른쪽 상단의 [가입]을 클릭하면 다음과 같이 이용 약관에 동의를 묻는 팝업창이 나타납니다. ❷ [다음 모든 항목에 동의합니다.]에 체크하고 ❸ [동의 및 계속]을 클릭합니다. 구글이나 페이스북의 계정이 있다면 로그인합니다.

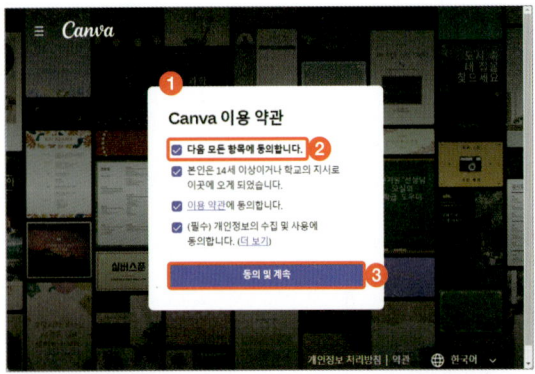

TIP '쿠키에 동의해주세요'라는 메시지가 화면 하단에 나타나면 [모든 쿠키 허용]을 클릭합니다.

TIP 캔바는 구글, 페이스북 등 사용 중인 이메일 계정으로 쉽게 가입할 수 있습니다. 이미 캔바 계정이 있다면 [로그인]을 클릭합니다.

02 다음과 같이 캔바를 어디에 사용할 것인지 묻는 팝업창이 나타납니다. ❶ [교사]를 선택합니다. ❷ 교육 활동을 하는 근무처를 선택하고 ❸ [계속]을 클릭합니다.

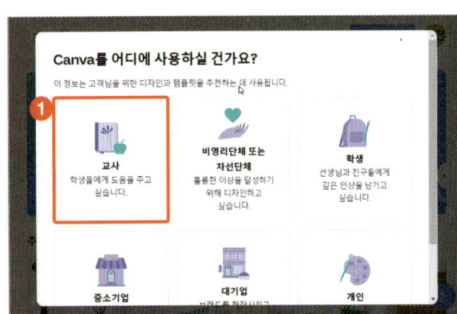
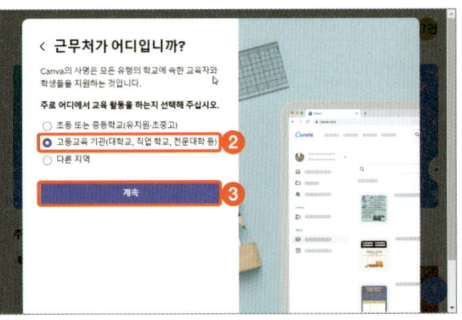

03 이제 다양한 맞춤형 콘텐츠를 활용할 준비가 되었습니다.

TIP 캔바에는 무료 버전과 프로(Pro, 유료) 버전이 있습니다. 결제를 진행하지 않으면 무료 버전만 사용할 수 있습니다. 단, 선생님들은 별도 결제를 하지 않아도 교육용 인증을 진행하여 프로 버전에 준하는 기능으로 업그레이드할 수 있습니다. 학생들과 함께할 수 있는 많은 기능이 준비되어 있습니다.

교육용 캔바 인증하기

04 ❶ 캔바 홈 화면의 오른쪽 상단에서 내 계정을 클릭합니다. ❷ [요금제 및 가격]을 클릭한 후 ❸ [교육용] 탭을 선택합니다. 다음과 같은 화면이 나타납니다. ❹ [선생님-인증받기]를 클릭하고 절차에 따라 진행하면 교육용 인증이 완료됩니다.

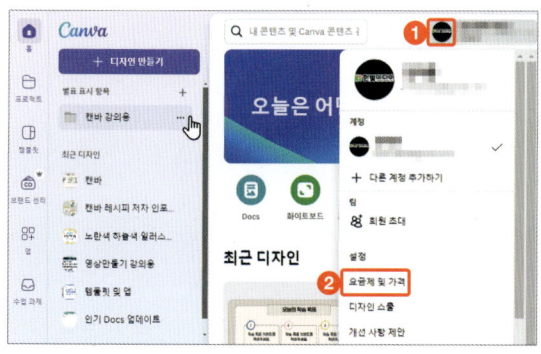 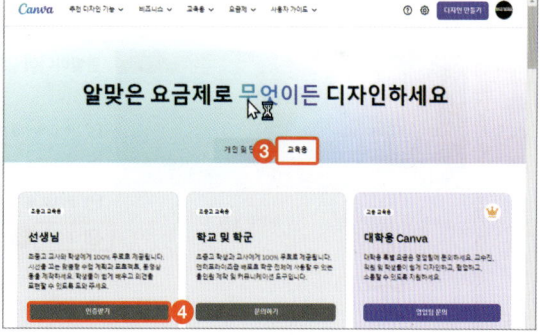

 **김태훈 선생님의 꿀팁** — **재직증명서로 교육용 캔바 인증하기**

교육용 캔바로 인증받기 위해서는 선생님의 재직증명서가 필요합니다. 나이스(neis.go.kr)에 로그인해서 재직증명서를 다운로드합니다. 다운로드한 재직증명서를 [선생님-인증받기]에 업로드합니다. 1~2일 이내에 교육용 캔바로 업그레이드가 됩니다. 무료 버전에서도 필요한 작업을 진행할 수 있으니 교육용 인증이 될 때까지 연습하면서 캔바에 익숙해지는 시간을 가져도 좋습니다. 만약 당장 캔바를 사용해야 한다면 Pro 버전을 30일간 무료로 사용할 수 있으니 참고합니다.

LESSON 03

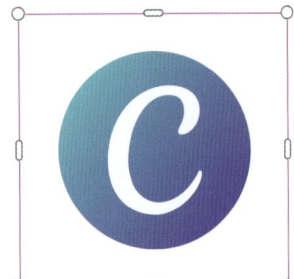

캔바로 학생들 초대하기

[회원 초대]를 통한 학생 초대하기

캔바를 수업에 활용하기에 앞서 반 학생들을 캔바에 초대하여 선생님과 학생들이 함께 수업을 만들어나갈 것입니다. 선생님만 주도하는 수업이 아닌 학생들이 주도적으로 수업 자료를 만들고 적극적으로 수업에 참여할 수 있어 캔바는 매우 보람되고 고마운 툴입니다. 먼저 학생들을 캔바로 초대하는 방법에 대해 알아보겠습니다.

01 교육용 인증까지 받았다면 캔바 홈 화면으로 이동합니다. ❶ ❷ [프로젝트]–[폴더]에 공유할 폴더를 만들고, ❸ 새로 생성된 폴더에 마우스 포인터를 갖다 대고 [더 보기]를 클릭합니다. ❹ [공유]를 클릭합니다.

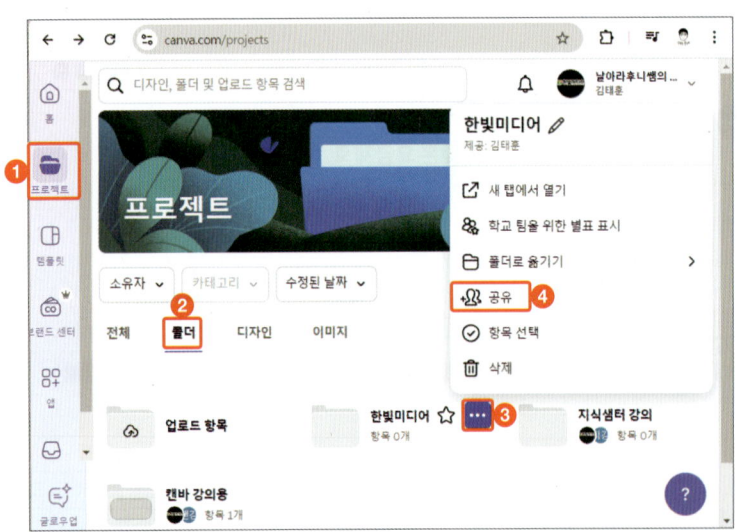

> **TIP** [프로젝트]–[폴더]를 클릭하고 빈 화면에 마우스 오른쪽 버튼을 클릭합니다. [새 항목 추가]–[폴더]를 선택하면 새 폴더가 생성됩니다.

02 다음과 같은 화면이 나타납니다. ❶ [편집 및 공유 가능], [편집 가능], [보기 가능] 등의 옵션을 선택하고 ❷ [링크 복사]를 클릭합니다. 복사한 링크는 Google 클래스룸이나 문자 메시지를 통해 학생들에게 전달합니다.

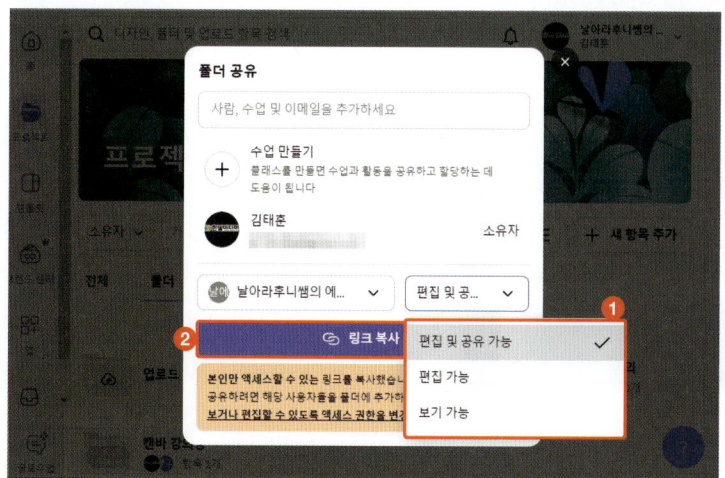

 **학생들(사용자)을 선생님의 캔바로 초대하는 다양한 방법**

선생님의 캔바로 학생들을 초대하는 방법에는 몇 가지가 있습니다. ❶ [수업 과제]를 클릭하면 ❷ [LMS와 연결], [Canva에서 활동 관리] 등의 활동을 생성할 수 있습니다. 앞서 Google 클래스룸을 활용하는 방법 외에도 고학년으로 갈수록 이메일로 초대하는 방법도 있습니다. 개인 스마트폰이나 이메일이 없는 저학년의 경우는 학교에서 활용하는 단체 문자 메시지 전송 기능이나 링크, QR코드 생성 등의 방법을 통해서도 초대할 수 있습니다.

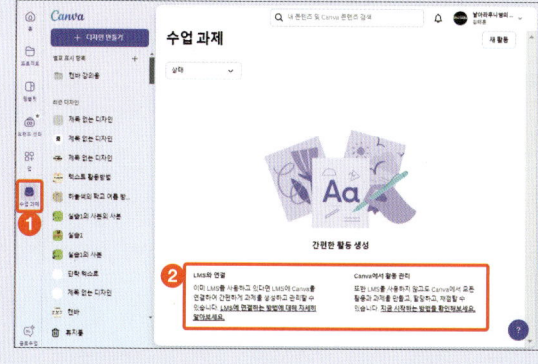

[공유]를 통한 학생 초대하기

캔바로 학생들을 초대해서 수업을 진행하는 방법에는 한 가지가 더 있습니다.

03 캔바 홈 화면 왼쪽 상단에서 ❶ [디자인 만들기]-[교육용]을 클릭합니다. ❷ [교육 프레젠테이션]을 클릭합니다.

04 다음과 같이 작업할 수 있는 에디터 화면이 나타납니다. 다섯 명의 학생이 있다고 가정하겠습니다. [+]를 네 번 클릭하여 다섯 장의 페이지를 만듭니다.

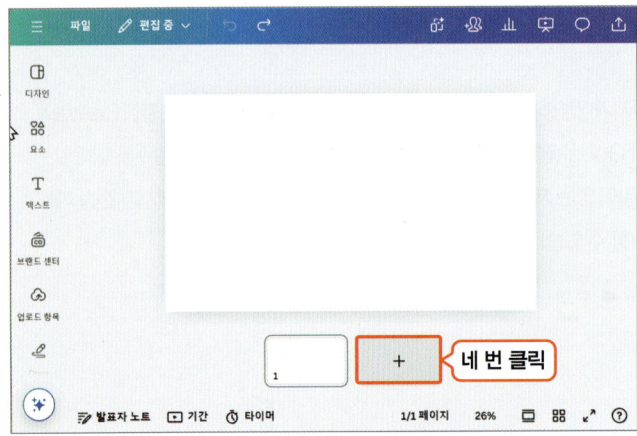

05 다섯 장의 페이지가 구성된 것을 확인할 수 있습니다.

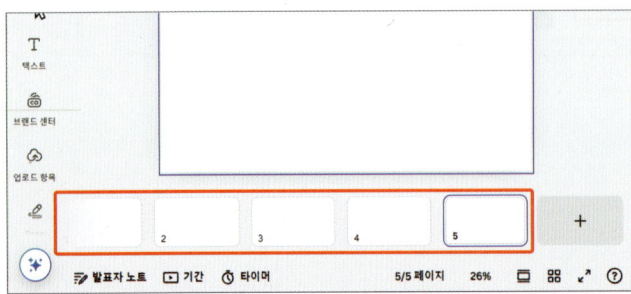

06 ❶ 페이지 목록의 1페이지에서 오른쪽 상단의 [더 보기]를 클릭합니다. 페이지의 이름을 변경할 수 있는 메뉴가 나타납니다. ❷ 학생의 이름으로 변경합니다. ❸ 나머지 네 장의 페이지 이름도 변경합니다.

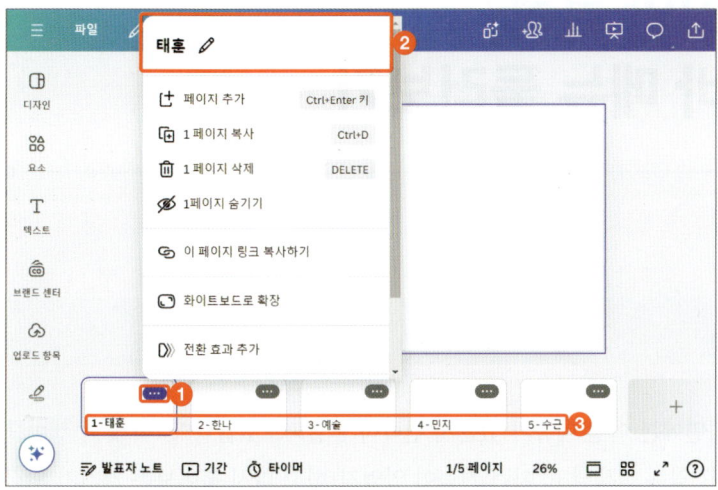

07 추가된 페이지를 공유해보겠습니다. ❶ 오른쪽 상단에 있는 [공유]를 클릭합니다. ❷ [링크 복사]를 클릭하여 ❸ Google 클래스룸 등으로 학생들에게 공유합니다. 학생들이 링크를 통해 작업 페이지에 접속하면 동시에 필요한 작업을 진행할 수 있습니다. 앞에서 제시한 명함 만들기, 자기소개, 스토리보드 등의 활동을 이처럼 함께 진행해봅니다.

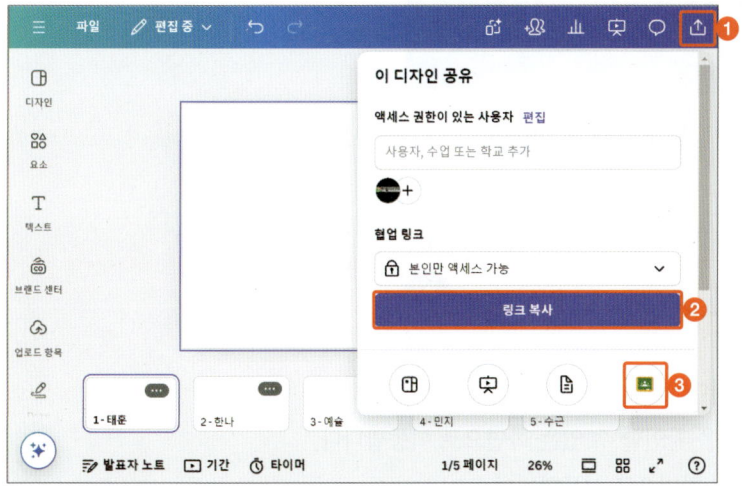

TIP 실제 학교 현장에서는 선생님이 캔바의 에디터 화면에 접속할 수 있는 QR코드를 출력하여 학생에게 나누어줍니다. 학생들은 학급에 비치된 패드를 활용해 QR코드를 촬영한 후 캔바에 접속합니다. 만약 학교에서 마무리하지 못한 작업이 과제로 주어지면 집으로 돌아와 부모님의 스마트폰이나 패드를 활용해 못다한 작업을 이어나갈 수 있습니다.

LESSON 04
핵심만 콕콕, 캔바 메뉴 둘러보기

캔바 홈 화면의 대표 메뉴

캔바를 활용하기에 앞서 캔바의 홈 화면에는 어떤 메뉴가 있는지 간략하게 살펴보겠습니다. 이제 막 캔바를 접한 선생님, 이미 캔바의 도움을 받고 있는 선생님도 '이런 기능이 있었지' 하고 다시 훑어보는 계기가 되길 바라며 메뉴의 정확한 기능을 확인해보겠습니다.

캔바 홈 화면에서 선택할 수 있는 메뉴는 다음과 같습니다.

① **홈** | 캔바의 홈 화면으로 이동합니다.
② **프로젝트** | 캔바에서 작업한 내용을 확인할 수 있는 화면으로 이동합니다.
③ **템플릿** | 템플릿을 검색할 수 있는 화면으로 이동합니다.
④ **브랜드 센터** | 주로 사용하는 디자인이나 로고 등을 설정해둘 수 있는 화면으로 이동합니다.
⑤ **앱** | 캔바와 연결하여 활용할 수 있는 다양한 앱이 있는 화면으로 이동합니다.

심플한 에디터 화면 한눈에 살펴보기

본격적으로 작업을 진행하는 공간을 살펴보겠습니다. 캔바는 다른 디자인 툴에 비해 직관적이고 매우 간편합니다. 어떤 메뉴와 기능들이 있는지 가볍게 살펴봅니다.

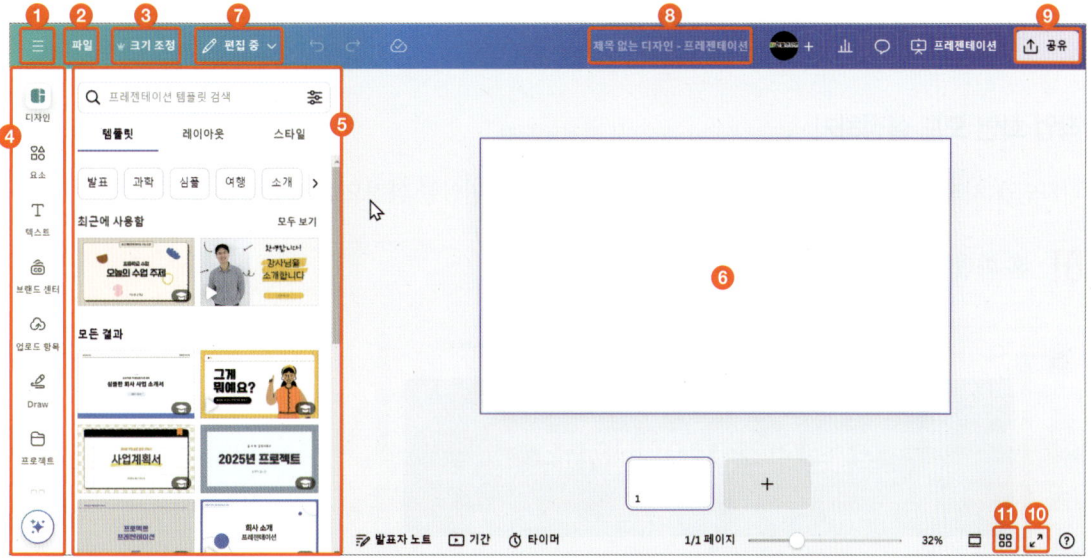

① **메뉴** | 새로운 디자인을 만들거나 홈 화면으로 이동, 최근에 작업한 목록을 확인할 수 있습니다.

② **파일** | 작업의 이름을 설정하고 새로운 디자인을 만들거나 저장, 다운로드 등 작업을 관리하는 메뉴들이 있습니다.

③ **크기 조정** | 현재 작업하는 페이지의 크기를 조정하거나 카테고리별로 크기를 변환할 수 있습니다. 캔바 프로(Pro, 유료) 버전에서만 사용할 수 있습니다.

④ **디자인 도구 바** | 작업하면서 각종 필요한 도구들이 모여 있습니다. 디자인 도구 바에 없다면 [앱]을 선택한 후 [앱] 패널의 검색창에서 필요한 도구 이름을 검색하여 찾습니다.

⑤ **패널** | 디자인 도구 바에서 필요한 도구를 선택하면 해당 도구와 관련된 메뉴나 디자인 요소, 템플릿 목록 등이 나타납니다.

⑥ **페이지** | 실제로 작업이 이루어지는 공간(캔버스)입니다.

⑦ **편집 중** | 현재 작업하고 있는 화면을 말합니다. 클릭하면 [댓글 달기] 또는 [보기 모드]로 설정할 수 있습니다.

⑧ **디자인 작업 이름** | 작업의 이름을 입력하거나 변경할 수 있습니다. 이름을 설정하지 않으면 '제목 없는 디자인'으로 표시됩니다.

⑨ **공유** | 작업이 완료되면 [공유]를 클릭하고 [다운로드]를 클릭합니다. 다양한 파일 형식으로 다운로드하고 공유할 수 있습니다.

⑩ **페이지 확대/축소** | 작업하고 있는 페이지를 확대하거나 축소할 수 있습니다.
⑪ **그리드뷰** | 여러 페이지를 작업할 때 목록으로 나타낼 수 있습니다.

작업을 편안하게 해주는 작업 환경 설정하기

작업 화면 모드 설정하기

디자인을 시작하기에 앞서 에디터 화면을 작업하기에 좀 더 편안한 환경으로 설정할 수 있습니다.

01 홈 화면에서 [설정]을 클릭합니다.

02 [내 계정] 페이지에서 아래로 스크롤하면 테마 영역이 나타납니다. 캔바의 표시 형식을 [라이트]나 [다크] 중에서 설정할 수 있습니다.

03 [다크]를 선택했을 때의 화면입니다.

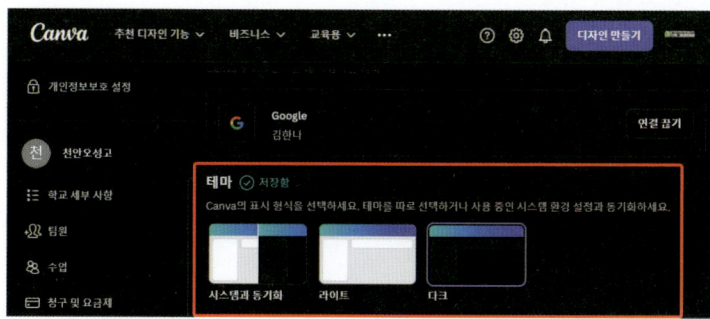

TIP [시스템과 동기화]를 클릭하면 개인의 컴퓨터 설정에 따라 색상이 변하게 됩니다. 다크는 눈을 편안하게 하여 오랜 작업을 해야 할 경우 효율성을 극대화할 수 있습니다. 라이트는 색상을 더욱 두드러지게 보이게 하여 색상을 눈에 띄게 표현하고 싶은 작업에 용이합니다. 작업에 따라 화면의 표시 형식을 변경하여 작업하는 것도 하나의 디자인 스킬입니다.

눈금자와 가이드 표시

04 조금 더 세밀한 작업 환경을 구성해보겠습니다. ❶ 화면 상단의 [디자인 만들기]를 클릭합니다. ❷ [인스타그램 게시물(정사각형)]을 선택합니다.

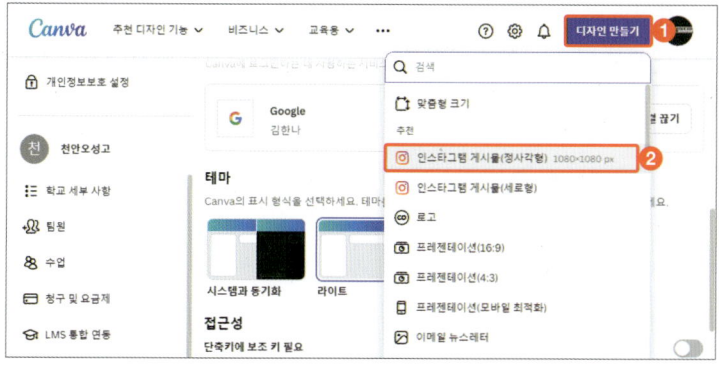

TIP 원하는 문서의 크기를 정하거나 정해진 크기를 선택하여 새로운 디자인 문서를 생성하면 됩니다.

05 ❶ 다음과 같이 에디터 화면이 나타나면 왼쪽 상단의 [파일]을 클릭합니다. ❷ [설정]-[눈금자 및 가이드 표시]를 선택합니다.

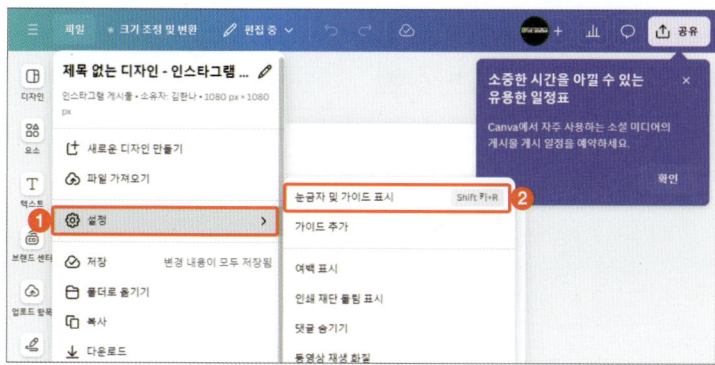

06 페이지에 눈금자가 표시됩니다. 현재 페이지(캔버스)의 크기를 확인할 수 있고, 요소와 텍스트 크기를 적절하게 조절하면서 정교한 작업을 할 수 있습니다.

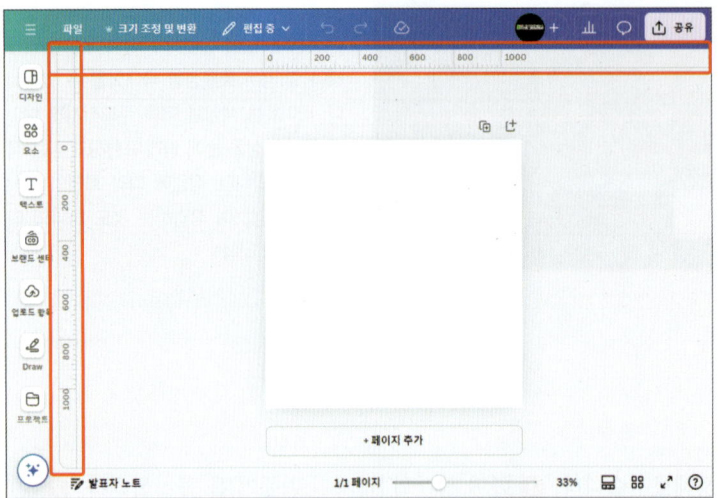

07 ❶ 다시 [파일]을 클릭하고 [설정]-[가이드 추가]를 클릭합니다. ❷ 원하는 가이드를 선택하고 ❸ [가이드 추가]를 클릭하면 현재 작업하는 문서 내에서 더욱 정교한 가이드 선을 볼 수 있습니다. 요소나 텍스트의 세밀한 정렬이 필요할 때 유용합니다.

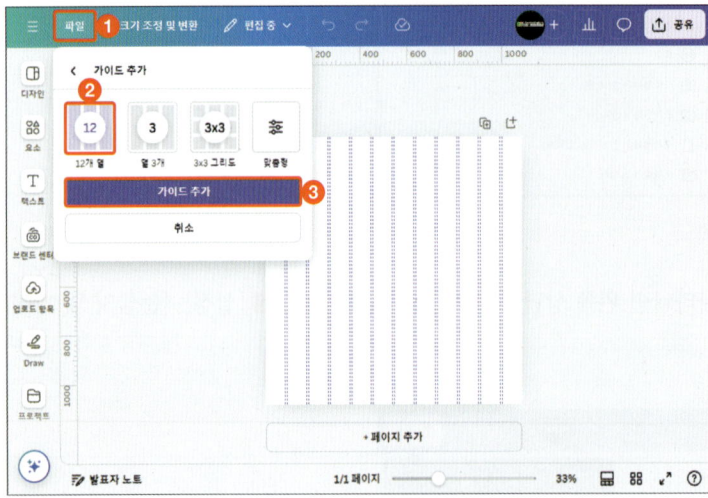

여백 표시

08 ❶ [파일]을 클릭하고 [설정]-[여백 표시]를 클릭합니다. ❷ 여백이 점선으로 표시됩니다. 여백 안쪽에서 작업하면 작업 요소가 잘리는 것을 방지할 수 있어 안전합니다.

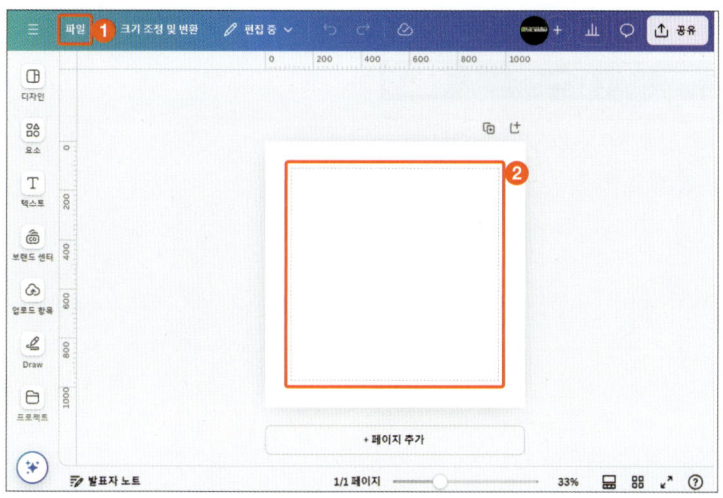

TIP 명함이나 카드뉴스를 제작할 때 여백을 표시하면 작업물을 업로드하는 플랫폼 환경에 따라 해상도가 깨지거나 작업물의 가장자리가 잘리는 것을 방지할 수 있습니다. 만약 500×500px로 작업했을 때 플랫폼에서는 360×360px로만 업로드를 할 수 있다면 해상도의 차이가 생기거나 작업물이 상하좌우로 잘리는 경우가 발생하기도 합니다.

인쇄 재단 물림 표시

09 ❶ [파일]을 클릭하고 [설정]-[인쇄 재단 물림 표시]를 클릭합니다. 여백이 표시된 상태에서 인쇄 재단 물림 표시를 하면, ❷ 재단 물림 표시가 가이드 선처럼 여백 바깥쪽에 표시됩니다. 현수막을 제작하는 경우 등의 다양한 상황에서 작업했던 요소들이 잘리지 않도록 방지할 수 있습니다.

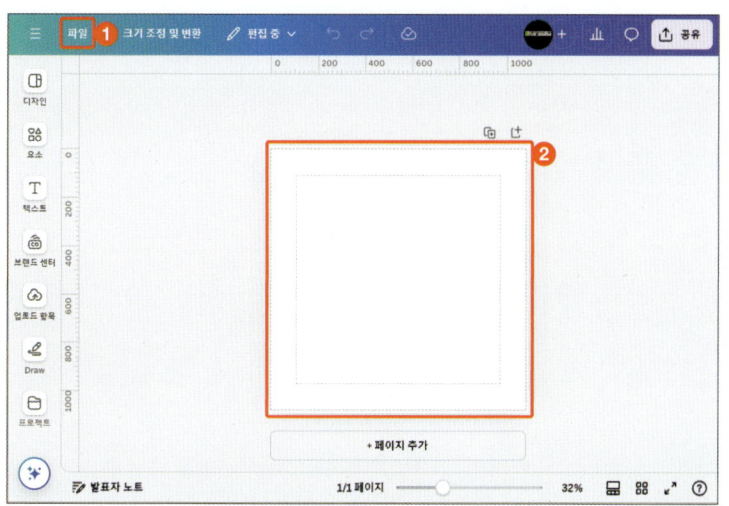

TIP 캔바에서 현수막을 제작할 경우, 현수막은 부착할 때 각 가장자리에 고리를 부착하거나 고정핀을 삽입하는 등의 작업을 해야 합니다. 이때, 인쇄 재단 물림 표시를 하여 물리는 부분을 표시하는 선을 두고 작업을 하게 되면 열심히 작업했던 부분들이 잘리는 일이 없이 깔끔하게 작업할 수 있습니다.

동영상 재생 화질

10 ❶ [파일]을 클릭하고 [설정]-[동영상 재생 화질]을 클릭합니다. ❷ [표준]은 중간 정도의 화질이며 [고화질]은 화질은 높지만 용량이 커지므로 주의합니다. 보통 [자동]으로 설정하는데 용량이 큰 경우에는 [저화질] 또는 [표준]으로 설정합니다.

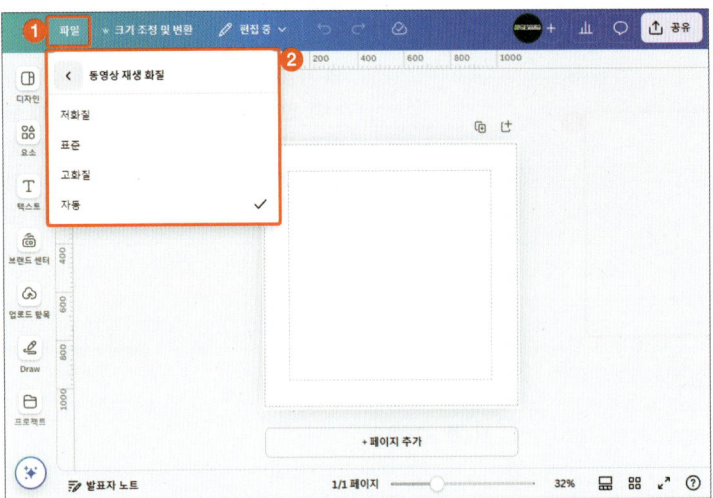

 김예슬 선생님의 꿀팁 | **기본 기능을 꼼꼼하게 익혀야 하는 이유**

캔바를 활용하면 문서뿐만 아니라 현수막, 배너, 명함, 로고, 카드뉴스, 동영상 등 다양한 작업물을 생성할 수 있습니다. 따라서 기본 기능을 꼼꼼하게 익혀 두면 무궁무진하게 활용할 수 있고, 어렵지 않게 작업을 진행할 수 있습니다. 작업 속도도 빨라지고 수정도 능숙하게 할 수 있습니다.

LESSON 05
캔바를 수업에 활용하기

새 학기, 나를 소개해 봐!

명함 만들기

선생님의 교육용 캔바 링크를 학생들에게 전달했다면 학생들은 캔바에 로그인합니다. 이제부터 캔바를 활용하여 만들 수 있는 창의적 활동 중에 간단한 작업물인 명함 만들기를 소개합니다. 원하는 템플릿을 검색하는 과정까지 설명하고, 이후 자기만의 스타일로 꾸며보는 과정은 045쪽을 참고하여 만들어봅니다.

01 ❶ 캔바 홈 화면에서 [템플릿]을 클릭합니다. ❷ 검색창에 **명함만들기**를 입력한 후 검색합니다.

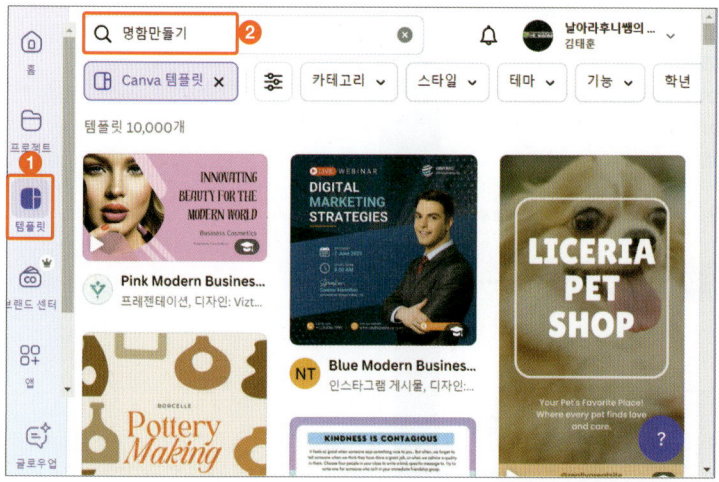

02 많은 수의 관련 템플릿이 검색됩니다. 학생들이 원하는 템플릿을 고를 수 있도록 지도하거나 선생님이 지정해주어도 좋습니다. 임의로 템플릿을 선택해보겠습니다.

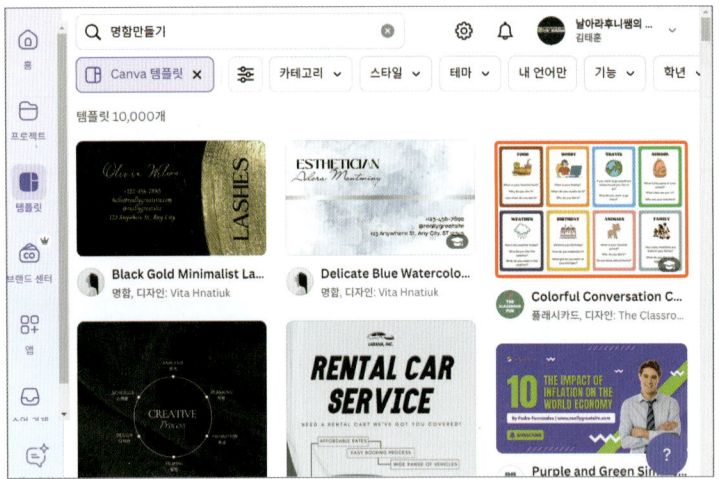

TIP 선생님의 교육용 캔바 계정으로 학생들을 초대하면 학생들도 캔바의 프로 버전을 사용할 수 있습니다. 프로 버전은 왕관 마크가 있습니다.

03 선택한 템플릿의 상세 정보 팝업창이 나타납니다. [이 템플릿 맞춤 편집하기]를 클릭하면 작업할 수 있는 에디터 화면이 나타납니다.

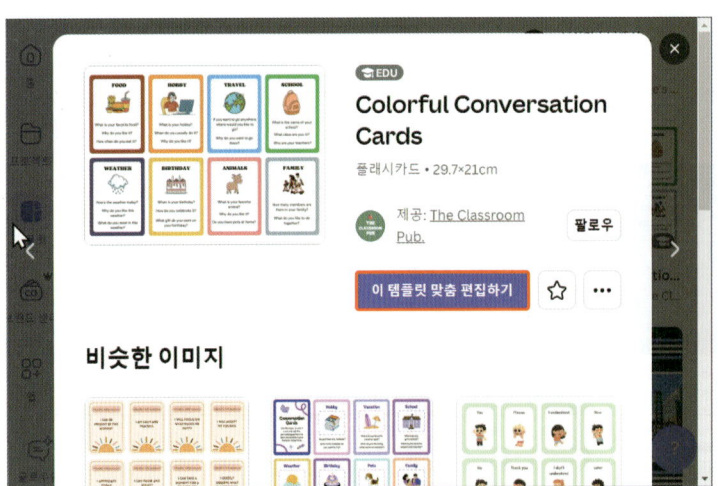

학생들 각자의 개성이 담긴 명함을 만들도록 지도합니다. 글꼴 크기와 요소를 변경하여 제작해봅니다. 새 학기에 자신을 소개해보는 활동으로 아주 좋습니다. 완성된 명함은 서로 주고받을 수 있도록 개인별로 적당한 개수를 출력해서 나누어줍니다.

자기소개 만들기

04 이번에는 자기소개 프레젠테이션을 만들어봅니다. 디지털로 소통하면서 자신의 특징과 강점을 소개할 수 있습니다. 검색창에 **자기소개**를 입력한 후 검색합니다.

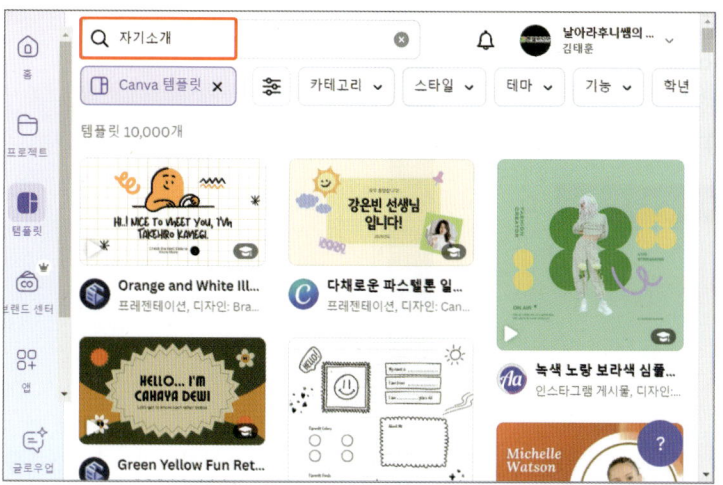

05 많은 수의 자기소개 템플릿이 검색됩니다. 선생님이 특정한 템플릿을 지정해도 되지만 학생들 스스로 마음에 드는 이미지를 고르게 하는 방법도 좋습니다. 임의로 템플릿을 선택해보겠습니다.

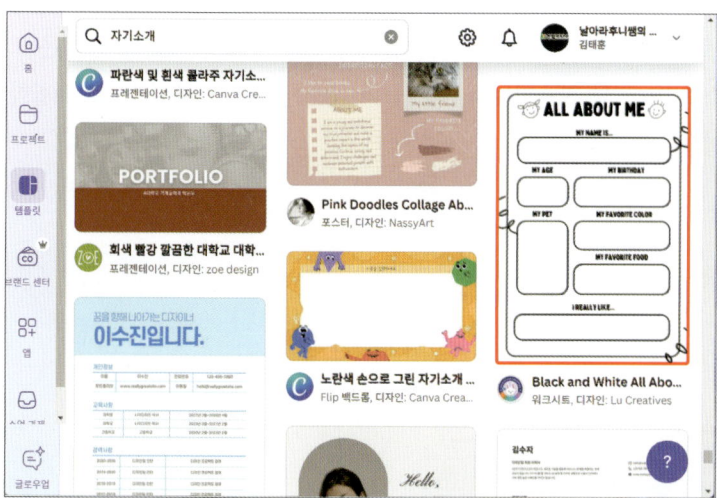

06 선택한 템플릿의 상세 정보 팝업창이 나타납니다. [이 템플릿 맞춤 편집하기]를 클릭하면 작업할 수 있는 에디터 화면이 나타납니다.

글자와 요소를 변경하여 학생 각자의 강점과 좋아하는 것, 흥미와 취미 등을 담아 표현합니다. 자기소개를 담은 결과물도 출력하여 교실에 게시해두면 교우 관계 개선에도 도움을 줍니다.

모둠별로 만들어보면 협동심도 쑥쑥, 스토리보드 만들기

캔바를 통해 학생들의 의견을 이미지로 쉽고 재미있게 표현할 수 있습니다. 토론 수업을 하는 경우 혹은 모둠별로 과제를 수행해야 하는 경우 스토리보드를 활용합니다. 학생들의 다양한 의견을 실시간으로 취합할 수 있고, 한눈에 내용을 파악하기가 쉽습니다.

07 검색창에 **스토리보드**를 입력한 후 검색합니다.

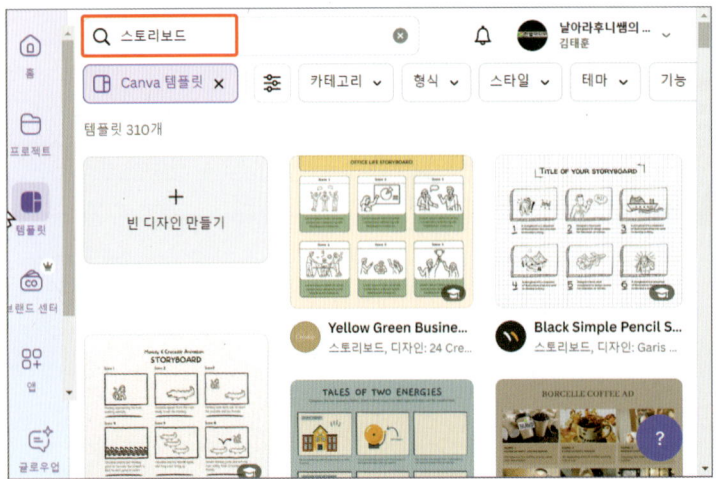

08 다양한 스토리보드 템플릿이 검색됩니다. 교과서의 일부 내용을 네 컷 만화로 요약해서 설명할 수도 있습니다. 아래로 스크롤하여 원하는 템플릿을 선택합니다.

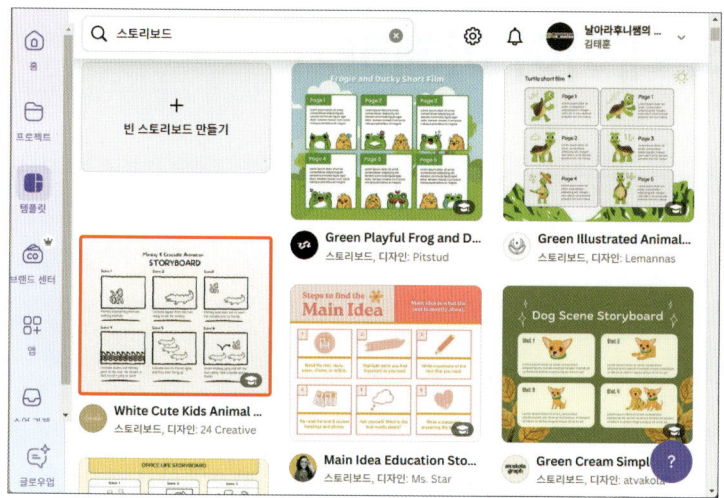

09 선택한 템플릿의 상세 정보 팝업창이 나타납니다. [이 템플릿 맞춤 편집하기]를 클릭하면 작업할 수 있는 에디터 화면이 나타납니다.

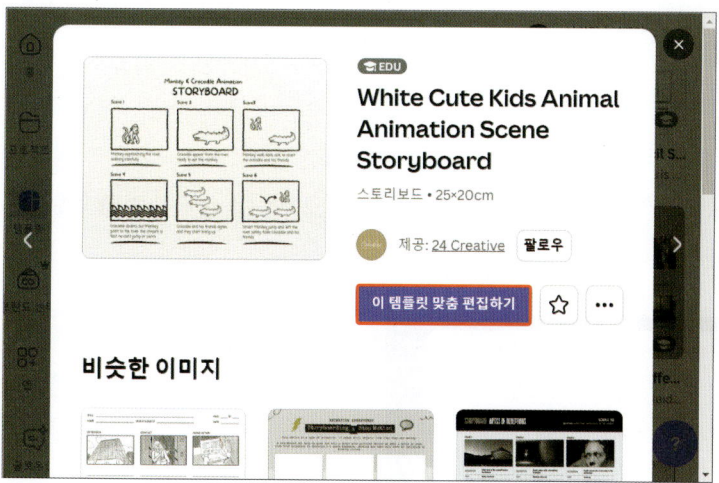

지난 시간에 배운 내용이나 스토리보드로 담고 싶은 교과서의 내용을 자유롭게 만들어보도록 지도합니다.

LESSON 06

캔바 레이어 이해하기

레이어의 개념

캔바로 어떤 작업을 할 수 있는지 앞의 장에서 간략히 알아보았습니다. 캔바를 알게 되면 다양한 콘텐츠를 무궁무진하게 제작할 수 있다는 사실에 놀랄 것입니다. 본격적으로 캔바로 실습을 하기에 앞서 레이어의 개념을 이해하고 갑니다. 레이어를 활용하여 여러 장의 페이지를 하나의 층, 하나의 사진으로 보여줄 수 있습니다. 레이어는 층을 말합니다. 아파트를 예로 들면 아파트의 옥상에서는 1층, 2층, 3층 등 각 층이 보이지 않지만 아파트는 많은 층으로 이루어져 있습니다. 우리가 활용해볼 캔바도 마찬가지입니다. 레이어를 이해하기 위해서 배경 설정, 텍스트 입력, 사진 삽입, 요소 활용 등의 간단한 실습을 따라 해봅니다.

배경 설정하기

01 캔바 홈 화면의 왼쪽 상단에 있는 [디자인 만들기]를 클릭합니다. ❶ [교육용]을 클릭하고 ❷ [교육 프레젠테이션]을 클릭합니다.

02 작업할 수 있는 에디터 화면이 나타납니다. 제목을 지정하지 않았기 때문에 페이지 이름이 [제목 없는 디자인-프레젠테이션]으로 나타납니다.

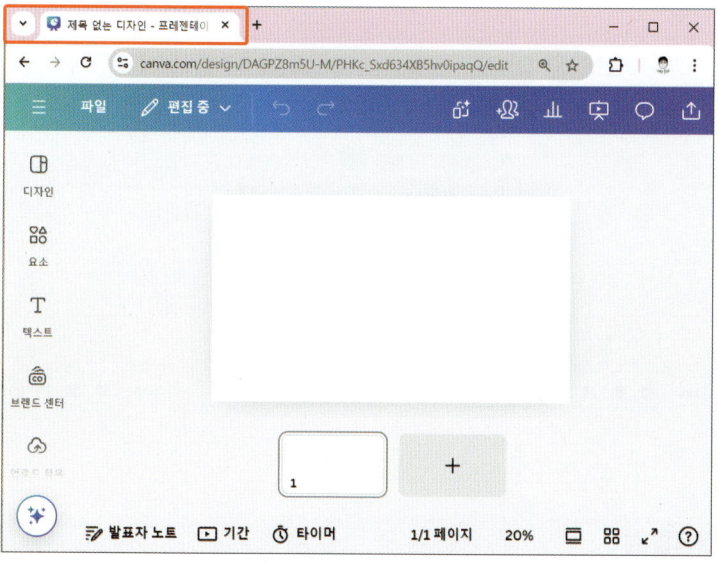

03 레이어를 이해하기 위해 먼저 배경을 설정해보겠습니다. 왼쪽 디자인 도구 바에서 [배경]을 클릭합니다.

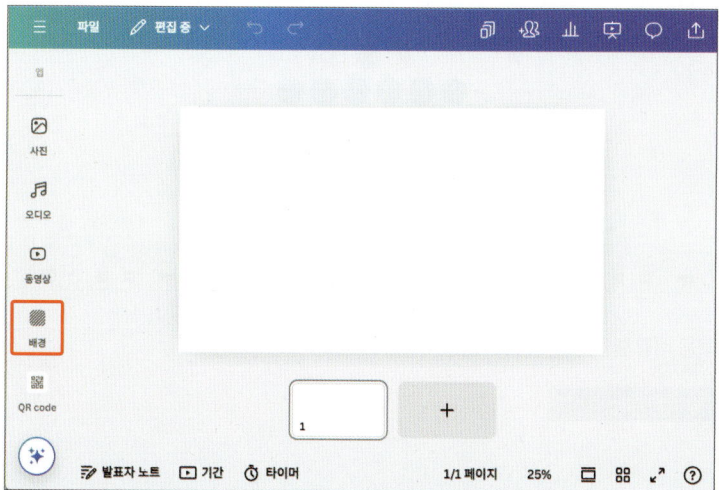

TIP 왼쪽 디자인 도구 바에 [배경]이 없다면 [앱]을 클릭합니다. 그런 다음 [앱] 패널이 열리면 검색창에 배경을 입력한 후 검색합니다. 검색된 [배경] 앱을 선택하면 디자인 도구 바에 [배경]이 추가됩니다.

04 다음과 같이 왼쪽에 [배경] 패널이 열리고 다양한 종류의 배경 템플릿이 나타납니다. 색상과 사진, 풍경, 패턴 등 다양한 템플릿이 있습니다. 먼저 배경에 색을 설정해보겠습니다. ❶ 팔레트 모양의 아이콘을 클릭합니다. ❷ [새로운 색상 추가]를 클릭하여 원하는 색을 선택합니다.

김태훈 선생님의 꿀팁 — 배경을 설정할 때 참고할 점

캔바에서 배경을 설정할 때 팔레트 모양의 아이콘을 클릭하면 단색, 그라데이션의 카테고리를 확인할 수 있습니다. 이렇듯 색상도 다양하게 설정할 수 있으니 적극적으로 활용해봅니다.

교육용 인증을 받았다면 학사모 모양의 교육용 배경 템플릿도 마음껏 사용할 수 있습니다.

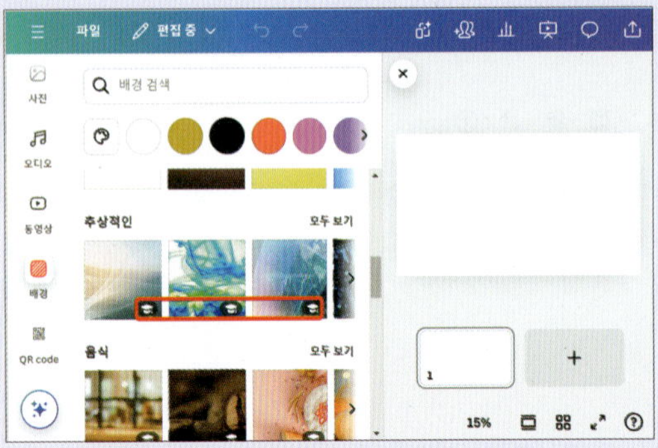

텍스트 입력하기

이번에는 텍스트를 입력해보겠습니다. 캔바에서 제공되는 글꼴은 모두 무료로 사용할 수 있습니다.

05 디자인 도구 바에서 [텍스트]를 클릭합니다. [텍스트] 패널이 열리면 제목, 부제목, 본문 텍스트 추가를 각각 클릭하여 원하는 글꼴로 설정해봅니다. 여기서는 **나눔 손글씨**를 선택했습니다.

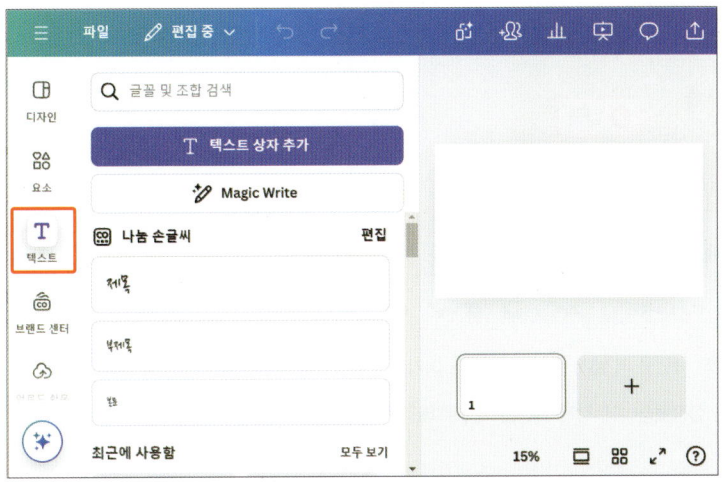

원하는 글꼴 간편하게 설정해두는 방법

교육용 캔바 사용 시 디자인 도구 바의 [텍스트]를 클릭하고 텍스트 스타일을 선택하면 오른쪽에 [편집]이 나타납니다. [편집]을 클릭하면 다음과 같은 화면이 나타납니다. 제목, 부제목 등에 활용할 글꼴을 설정해두면 작업 진행 시 쉽고 빠르게 해당 항목에 글꼴을 적용할 수 있습니다. 펜 모양을 클릭하여 원하는 글꼴을 설정해봅니다.

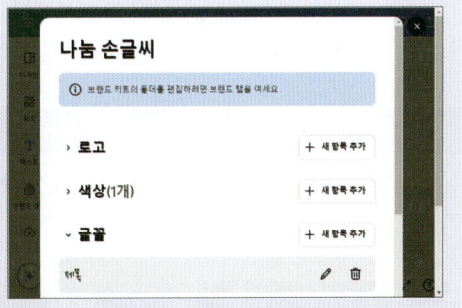

캔바 무료 사용자라면 글꼴 옆에 [편집]이 없어 당황할 수 있습니다. [브랜드 키트] 항목 옆에 있는 [편집]을 클릭하면, 유료로 결제해야 [글꼴] 편집을 설정할 수 있습니다. 유료로 결제하는 대신 디자인 도구 바에서 [텍스트] 패널이 열리면 상단의 [텍스트 상자 추가]를 클릭합니다. 요소 편집 메뉴가 텍스트를 편집할 수 있는 메뉴들로 변경됩니다. [글꼴]을 클릭하면 [글꼴] 탭이 나타납니다. 원하는 글꼴을 검색창에 입력한 후 찾아 적용합니다. 조금 번거로운 과정을 거쳐야 하지만 충분히 무료 버전으로도 다양한 글꼴을 사용할 수 있으니 참고합니다.

06 자기소개하는 화면을 구성해보겠습니다. ❶ [텍스트] 패널에서 [제목 추가]를 클릭한 후 페이지에 [제목 추가]를 더블클릭합니다. ❷ **저를 소개합니다**를 입력합니다. 텍스트가 변경되었습니다.

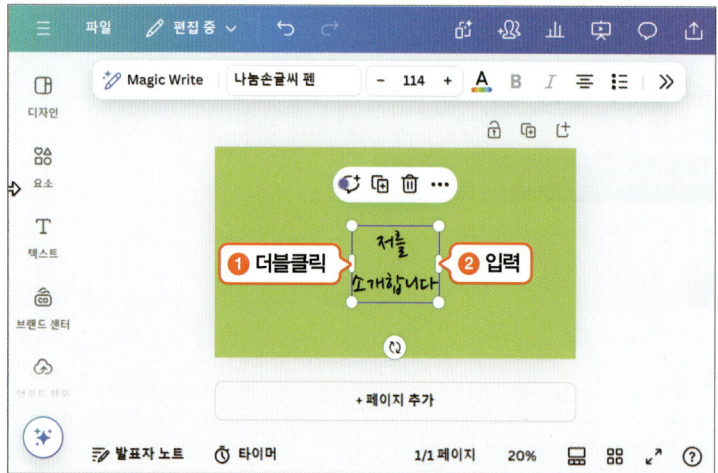

TIP [텍스트] 패널을 닫은 후에 작업하면 에디터 화면을 더 넓게 볼 수 있습니다. 여기서도 텍스트를 변경한 후 패널을 닫았습니다.

TIP 여기서는 임의로 연두색 계열의 배경색을 설정했습니다. 각자 원하는 색으로 배경색을 설정하고 작업을 따라 해봅니다.

이미지 삽입하기

07 이번에는 텍스트를 입력한 페이지에 사진을 넣어보겠습니다. ❶ 디자인 도구 바에서 [사진]을 클릭합니다. [사진] 패널에 다양한 사진이 나타납니다. ❷ 검색창에 **선생님**을 입력한 후 검색합니다. 선생님과 관련된 사진 목록이 나타납니다. ❸ 원하는 사진을 선택하고 도구 바의 패널을 닫습니다.

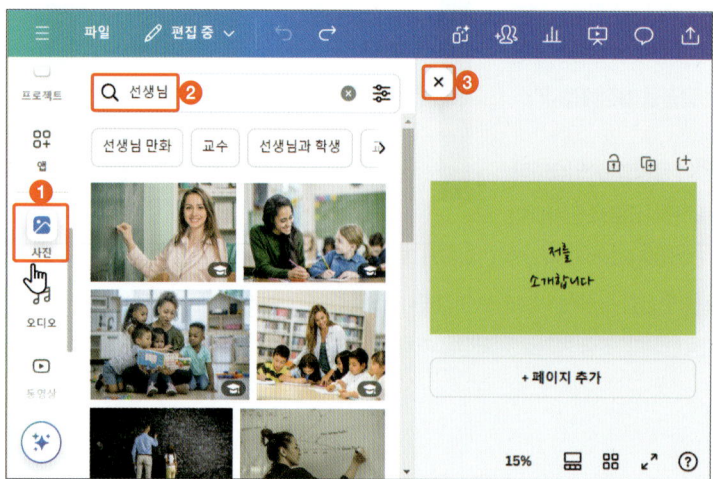

TIP 왼쪽 디자인 도구 바에 [사진]이 없다면 [앱]을 클릭합니다. 그런 다음 [앱] 패널이 열리면 검색창에 사진을 입력한 후 검색합니다. 검색된 [사진] 앱을 선택하면 디자인 도구 바에 [사진]이 추가됩니다.

08 선택한 사진이 페이지 중앙에 삽입됩니다. ❶ 다음과 같이 사진의 모서리를 안쪽으로 드래그하여 적당한 크기로 줄입니다. ❷ 페이지 오른쪽 하단에 배치합니다.

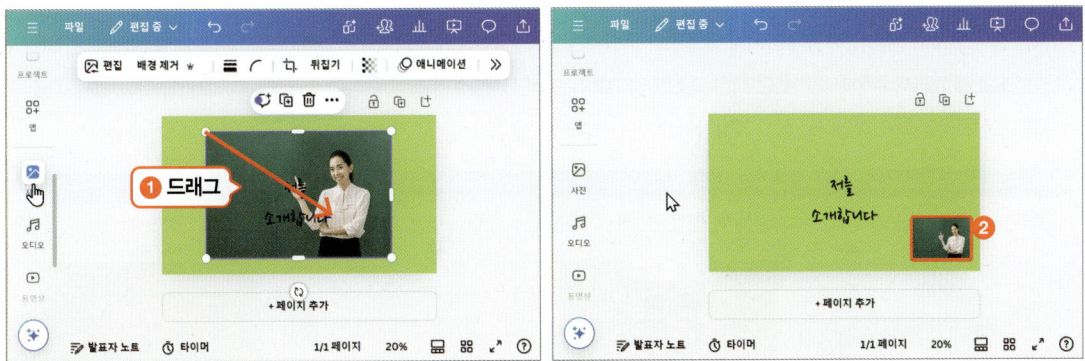

작업한 레이어 확인하기

09 지금까지 배경에 단색 설정, 텍스트 입력, 이미지 삽입 순서대로 작업을 진행했습니다. 레이어를 통해 확인해보겠습니다. ❶ 요소 편집 메뉴에서 [위치]를 클릭합니다. [위치] 패널이 열리고 [정렬]과 [레이어] 탭이 나타납니다. ❷ [레이어] 탭을 클릭하면 작업한 순서를 확인할 수 있습니다. 가장 먼저 작업한 배경 색상 설정 레이어가 맨 아래에 있고, 가장 마지막에 작업한 요소 활용 레이어는 맨 위에 있는 것을 확인할 수 있습니다. 이미지가 들어간 레이어(요소 활용 실습)는 다음 **LESSON 07**을 참고합니다.

배경 레이어를 제외한 각 레이어는 위치를 변경할 수 있습니다. 가령 텍스트와 사진이 서로 겹쳐서 텍스트 일부가 안 보일 경우에는 텍스트 레이어를 사진 레이어 위로 옮깁니다. 옮길 때는 텍스트 레이어를 클릭하고 사진 레이어 위로 드래그하면 됩니다. 이와 같은 간단한 실습을 통해 레이어의 개념을 이해할 수 있습니다.

레이어 순서 바꾸기

작업 중에 요소의 배치가 바뀌어 있거나 불필요하게 겹쳐져 있을 때는 레이어 목록에서 레이어의 순서를 바꿔줍니다. 앞쪽에 있는 요소에 가려져 수정이 어려웠던 작은 요소도 레이어의 순서만 바꿔주면 쉽게 수정할 수 있습니다. 그림과 같이 의자의 배치를 조정하려면 의자 레이어와 책상 레이어의 순서만 변경하면 됩니다.

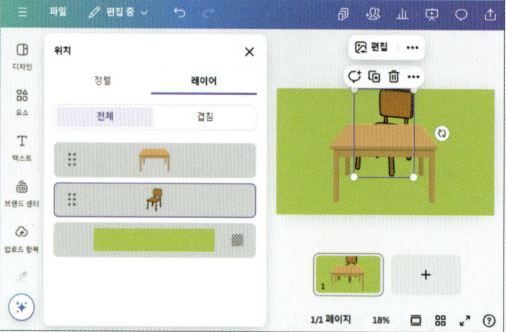

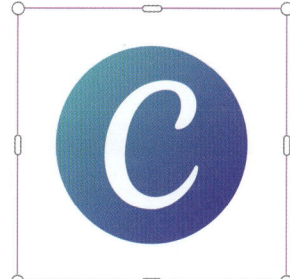

LESSON 07
요소를 활용하여 페이지 꾸미기

프레임 요소에 이미지 삽입하기

캔바에서 가장 많이 클릭하게 되는 도구가 바로 요소가 아닐까 합니다. 꾸미고자 하는 거의 모든 디자인 요소를 검색하여 활용할 수 있습니다. 이번에는 **LESSON 06**에서 실습한 페이지에 그대로 이어서 작업을 진행해보겠습니다.

01 ❶ 디자인 도구 바에서 [요소]를 클릭합니다. 왼쪽에 [요소] 패널이 열립니다. 캔바의 디자인 요소는 매우 많아 원하는 요소를 선택하는 데 꽤 긴 시간이 소요될 수 있습니다. 이때는 [요소] 패널의 상단에 있는 키워드로 쉽게 검색할 수 있습니다. ❷ 화살표, 말풍선, 하트, 동그라미 등 다양한 키워드가 카테고리 역할을 하는 셈입니다.

02 ❶ 검색창에 **자동차**를 입력한 후 검색합니다. 자동차와 관련된 요소들이 검색됩니다. ❷ 다시 **전기차**를 검색한 후 ❸ 원하는 사진을 선택합니다. [요소] 패널을 닫습니다.

03 삽입한 전기차 사진은 모서리를 안쪽으로 드래그하여 크기를 조절합니다. 페이지 왼쪽 하단에 배치합니다.

04 ❶ 다시 [요소]를 클릭합니다. ❷ 검색창에 **프레임**을 입력한 후 검색합니다. 프레임은 사진을 넣을 수 있는 액자라고 이해하면 쉽습니다. ❸ 동그란 프레임을 선택합니다.

05 프레임을 왼쪽 위로 옮깁니다.

06 ❶ 디자인 도구 바에서 [사진]을 클릭합니다. ❷ 검색창에 **학교**를 입력한 후 검색합니다. 학교와 관련된 이미지 목록이 나타납니다. ❸ 원하는 이미지를 선택합니다.

07 선택한 이미지가 페이지 중앙에 삽입됩니다. 이미지를 동그란 프레임 안으로 드래그합니다.

08 다음과 같이 사진이 액자 속에 있는 것처럼 이미지가 프레임 안으로 들어갑니다. 프레임만 클릭해도 사진과 같이 움직입니다.

프레임 속에 있는 이미지 변경하기

09 프레임에 들어간 이미지를 다른 이미지로 변경할 수도 있습니다. ❶ 동그란 프레임을 마우스 오른쪽 버튼으로 클릭한 후 ❷ [이미지 분리하기]를 선택합니다. 이미지가 프레임과 분리되면 Delete 를 눌러 삭제합니다. 새 이미지를 찾아 프레임으로 드래그합니다.

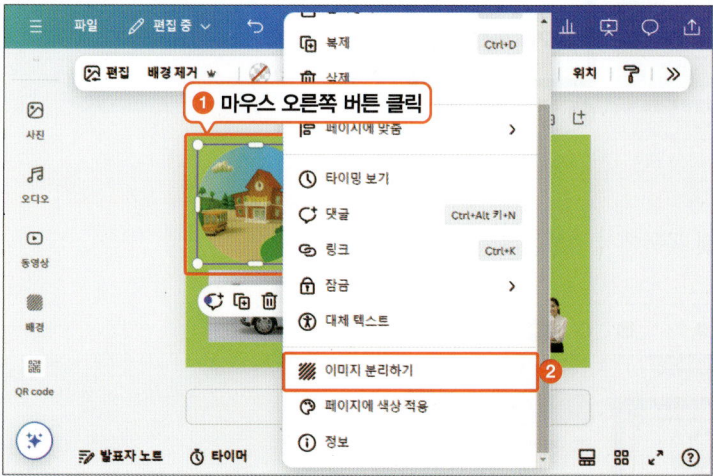

디자인 도구 바의 [요소]에는 헤아릴 수 없을 만큼 많은 디자인 요소가 가득합니다. 학생들과 수업 자료를 만들 때 적극적으로 활용하여 작업물을 풍성하게 꾸며봅니다.

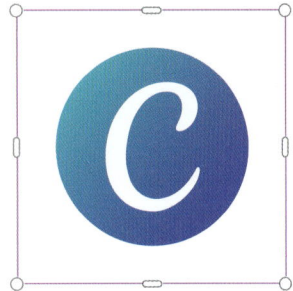

LESSON 08
나만의 개성으로 템플릿 디자인하기

템플릿을 원하는 색상으로 바꾸기

캔바에서 제공하는 템플릿은 셀 수 없이 많으니 그대로 가져와 활용해도 무방합니다. 하지만 아이디어가 샘솟고 창의력이 빛을 발하는 우리 학생들에게 그들만의 개성으로 템플릿의 디자인을 바꿔보라고 하면 어떨까요? 먼저 캔바에서 기본으로 제공하는 템플릿의 색상을 변경해보겠습니다.

01 ❶ 캔바 홈 화면에서 [템플릿]을 클릭합니다. ❷ 검색창에 **카드뉴스**를 입력한 후 검색합니다.

02 검색되는 다양한 카드뉴스 템플릿 목록에서 원하는 템플릿을 선택합니다.

03 상세 정보 팝업창이 나타나면 [이 템플릿 맞춤 편집하기]를 클릭합니다.

04 작업할 수 있는 에디터 화면이 나타납니다.

05 먼저 배경 색을 변경해보겠습니다. ❶ 템플릿의 배경을 클릭합니다. ❷ [그룹 해제]를 클릭하고 ❸ 요소 편집 메뉴에서 [색상]을 클릭합니다.

06 [색상] 패널이 열리면 문서 색상, 사진 색상, 기본 색상 등에서 마음에 드는 색을 선택합니다.

07 이번에는 템플릿 안에 있는 일부 요소만 색상을 변경해보겠습니다. ❶ 변경하고 싶은 요소를 클릭합니다. 여기서는 이미지를 선택했기 때문에 요소 편집 메뉴가 이미지를 편집할 수 있는 메뉴로 변경되었습니다. ❷ 요소 편집 메뉴에 네 개의 [색상]이 표시됩니다. 선택한 요소에 네 개의 색상이 사용되었기 때문입니다.

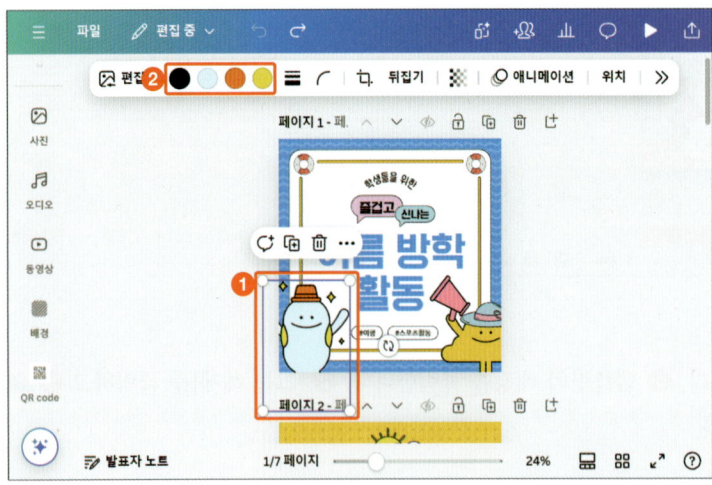

08 첫 번째 [색상]을 클릭합니다. 원하는 색으로 변경합니다.

09 다음과 같이 두 번째 [색상], 세 번째 [색상]도 자유롭게 변경합니다.

10 이번에는 텍스트를 수정하고 귀여운 캐릭터의 위치를 옮겨보겠습니다. ❶ 먼저 텍스트 상자를 더블클릭하고 **캔바 활용법**으로 수정합니다. ❷ 캐릭터를 클릭하고 원하는 위치로 드래그합니다.

선생님이 소개하는 캔바의 기초 | CHAPTER 01　**053**

템플릿 배경에 질감, 그림자 적용하기

11 이번에는 배경에 질감을 적용해보겠습니다. ❶ 디자인 도구 바에서 [요소]를 클릭합니다. ❷ [요소] 패널이 열리면 검색창에 **종이질감**을 입력한 후 검색합니다. ❸ 원하는 질감을 선택한 후 [요소] 패널을 닫습니다.

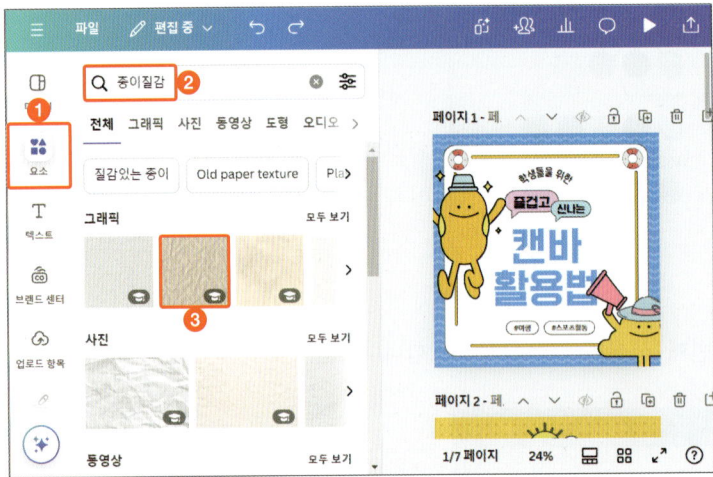

12 ❶ 종이 질감이 선택된 상태에서 ❷ 요소 편집 메뉴의 [투명도]를 클릭합니다. ❸ 투명도를 50으로 설정합니다.

13 다음은 그림자를 포인트로 적용하겠습니다. ❶ 다시 디자인 도구 바의 [요소]를 클릭합니다. ❷ 검색창에 **그림자**를 입력한 후 검색합니다.

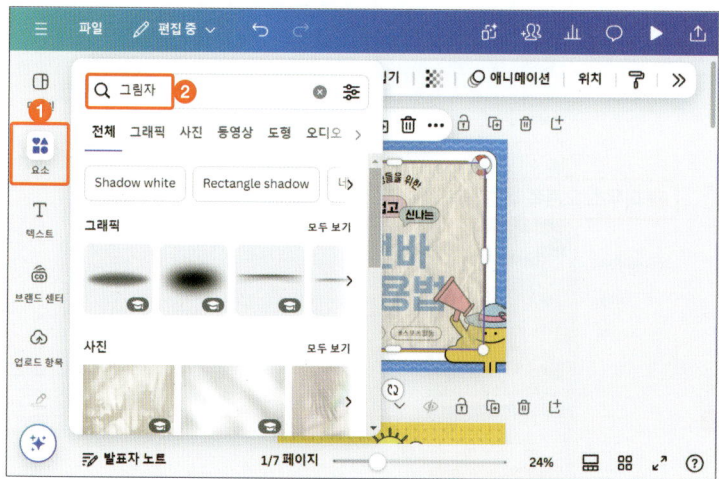

14 ❶ [사진]을 클릭하고 ❷ 원하는 그림자를 선택합니다.

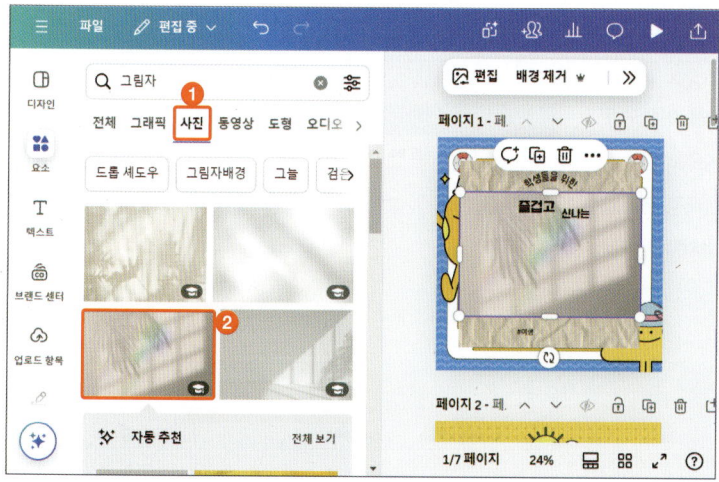

15 그림자로 배경을 교체하겠습니다. ❶ 그림자를 마우스 오른쪽 버튼으로 클릭한 후 ❷ [배경 교체]를 선택합니다. 그림자 배경이 마음에 들지 않는다면 다른 요소로 배경을 꾸며봅니다. 지금까지 기본 메뉴 위주로 템플릿을 변형했는데도 높은 품질의 작업물을 완성했습니다. 다양하게 활용해봅니다.

김태훈 선생님의 꿀팁

배경에서 이미지 분리하기

배경으로 넣은 이미지가 다른 요소와 조화를 이루지 못하거나 마음에 들지 않을 때는 이미지를 수정하면 됩니다. 배경을 클릭하고 요소 편집 메뉴에서 [배경 제거]를 클릭합니다. 그런 다음 다시 원하는 새 이미지를 찾아 배경에 적용합니다.

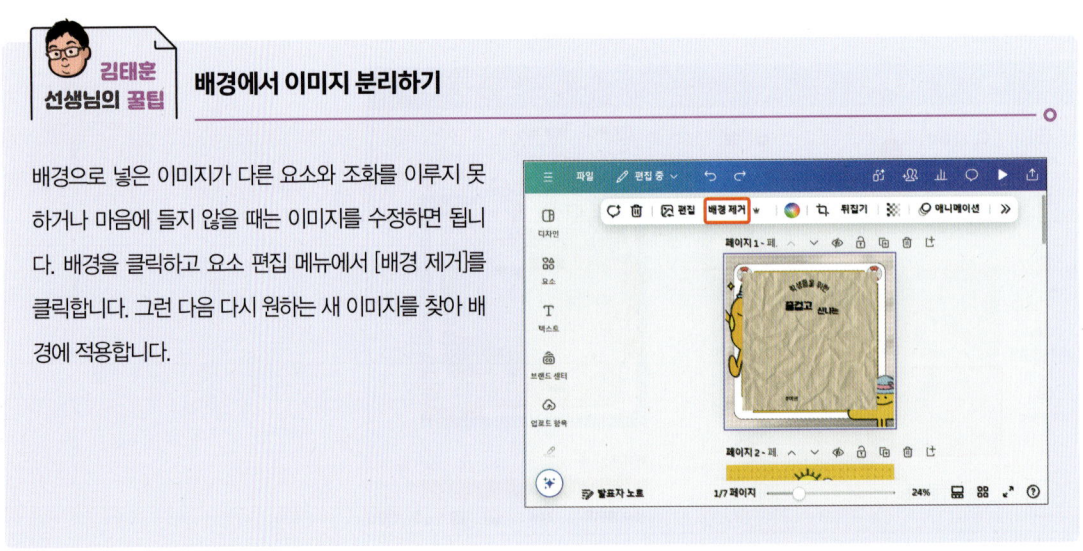

LESSON 09
텍스트에 효과를 적용하여 템플릿 디자인하기

글꼴 변경하기

교육용 캔바에서 제공하는 글꼴은 무료로 사용할 수 있습니다. 글꼴을 변경해보겠습니다. 단, 일부 글꼴은 저작권과 관련된 이슈가 있을 수 있으므로 반드시 확인하고 사용합니다.

01 캔바 홈 화면에서 [프레젠테이션]을 클릭합니다.

02 작업할 수 있는 에디터 화면이 나타납니다. [디자인] 패널의 [템플릿] 탭에서 원하는 템플릿을 선택합니다.

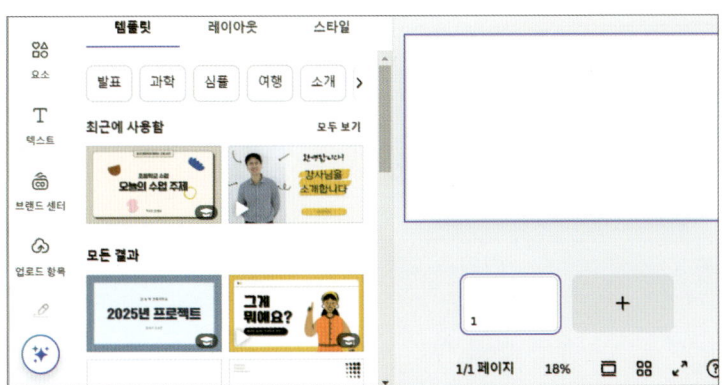

03 템플릿마다 주제가 조금씩 다르므로 포함하고 있는 페이지의 수도 다릅니다. 여기서 임의로 선택한 '사회과학 수업 교육 프레젠테이션' 템플릿은 총 16장의 페이지를 포함하고 있습니다. 해당 템플릿이 포함하고 있는 모든 페이지를 사용해도 되고, 필요한 페이지만 선택해서 사용해도 됩니다. 여기에서는 세 장의 페이지만 활용해보겠습니다.

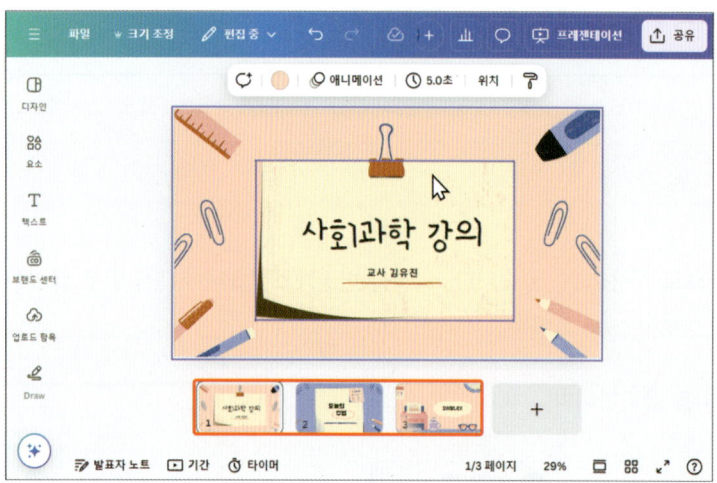

TIP 에디터 화면 하단에 [페이지 추가]를 두 번 눌러 총 세 페이지를 만듭니다. 1페이지를 선택하고 '사회과학 수업 프레젠테이션' 템플릿에서 원하는 페이지를 선택합니다. 1페이지에 방금 선택한 템플릿 페이지가 적용됩니다. 3페이지까지 적용합니다.

04 글꼴을 변경해보겠습니다. ❶ 변경할 텍스트 상자(제목)를 더블클릭한 후 **텍스트 활용방법**을 입력합니다. ❷ 요소 편집 메뉴에서 원하는 글꼴과 크기로 변경합니다.

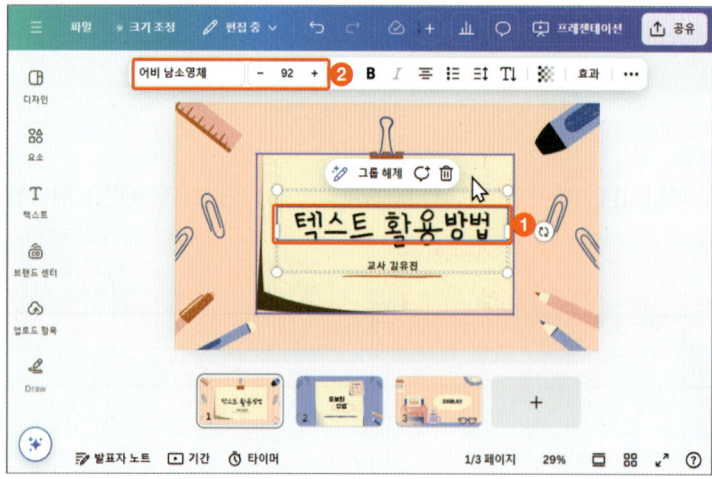

05 ❶ 요소 편집 메뉴에 있는 글꼴(어비 남소영체)을 클릭합니다. ❷ [글꼴] 패널이 열리면 검색창에 **210 밀레니얼**을 입력한 후 검색합니다. ❸ 검색한 글꼴을 선택한 후 ❹ [모두 변경]을 클릭합니다.

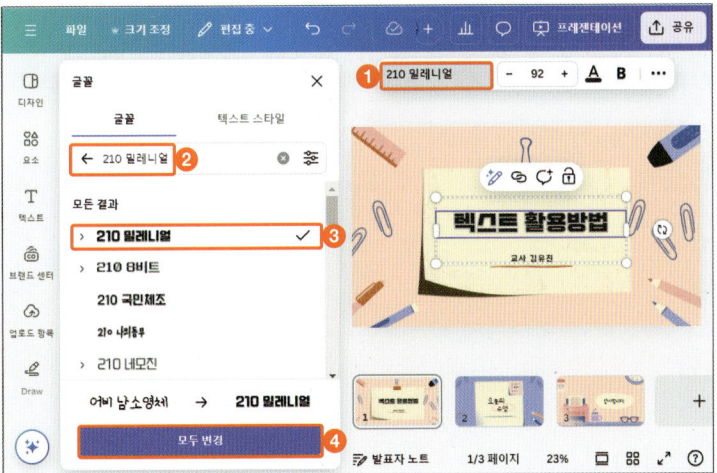

06 2페이지, 3페이지의 제목 글꼴도 모두 변경됩니다.

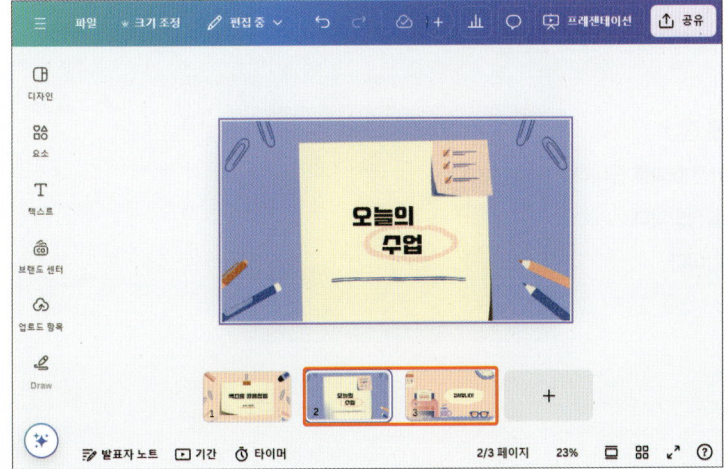

텍스트 상자의 요소 편집 메뉴 살펴보기

페이지에 적용된 텍스트 상자를 클릭하면 요소 편집 메뉴가 해당 요소의 스타일을 변경할 수 있는 메뉴로 바뀝니다.

❶ **글꼴** | 텍스트의 글꼴을 변경합니다.

❷ **글꼴 크기** | 텍스트의 글꼴 크기를 변경합니다.

❸ **텍스트 색상** | 텍스트의 색상을 변경합니다.

❹ **굵게** | 텍스트 굵기를 굵게(진하게) 합니다.

❺ **기울임꼴** | 텍스트에 기울기 효과를 줍니다.

❻ **밑줄** | 텍스트에 밑줄을 긋습니다.

❼ **취소선** | 텍스트에 가운데 선(취소선)을 삽입합니다.

❽ **대문자** | 영문 텍스트의 대소문자를 변경합니다.

❾ **정렬** | 텍스트의 정렬을 왼쪽, 가운데, 오른쪽으로 선택합니다.

❿ **목록** | 텍스트를 각각의 요소들로 구성하여 목록화합니다.

⓫ **간격** | 텍스트 사이의 간격을 조절합니다.

⓬ **세로 텍스트** | 가로 텍스트는 세로로, 세로 텍스트는 가로로 변경합니다.

⓭ **투명도** | 텍스트의 투명도를 조절합니다.

⓮ **효과** | 텍스트에 다양한 스타일의 효과를 줍니다.

⓯ **애니메이션** | 텍스트에 다양한 애니메이션 효과를 줍니다.

⓰ **위치** | 텍스트를 정렬하거나 레이어를 설정합니다.

⓱ **스타일 복사** | 텍스트의 스타일을 복사합니다.

텍스트에 테두리 효과 설정하기

07 다음은 텍스트에 효과를 적용해보겠습니다. ❶ 텍스트 상자가 선택된 상태에서 ❷ 요소 편집 메뉴의 [효과]를 클릭합니다. [효과]가 보이지 않는다면 맨 오른쪽 [더 보기]를 클릭합니다.

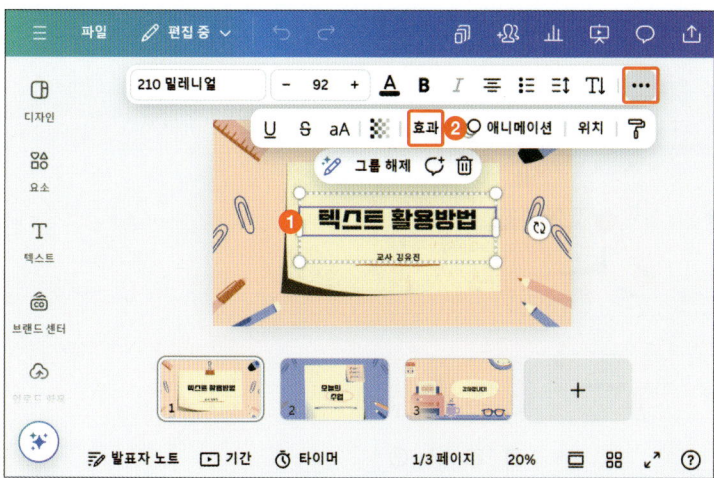

08 [효과] 패널이 열리면 원하는 스타일을 선택합니다. 여기서는 [테두리]를 선택했습니다.

텍스트에 애니메이션 적용하기

09 이번에는 프레젠테이션 화면이 등장하면서 움직이는 텍스트를 만들어보겠습니다. ❶ 텍스트 상자가 선택된 상태에서 ❷ [애니메이션]을 클릭합니다.

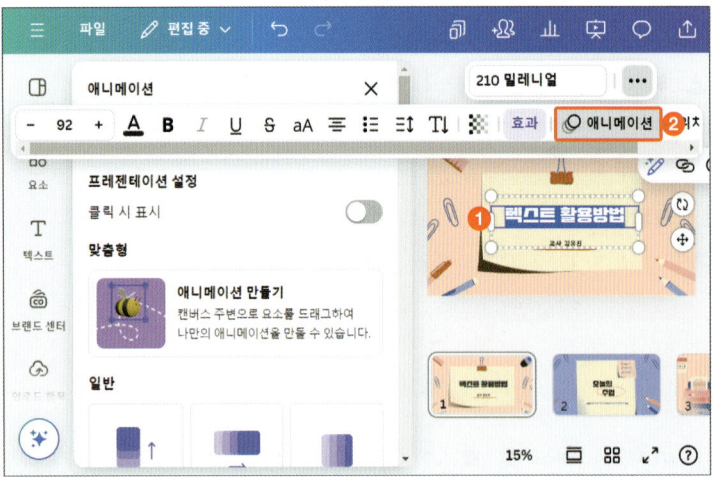

10 [애니메이션] 패널이 열립니다. 타자를 치는 듯한 효과의 애니메이션을 선택하겠습니다. ❶ 아래로 스크롤하고 ❷ 효과에서 [타자기]를 선택합니다.

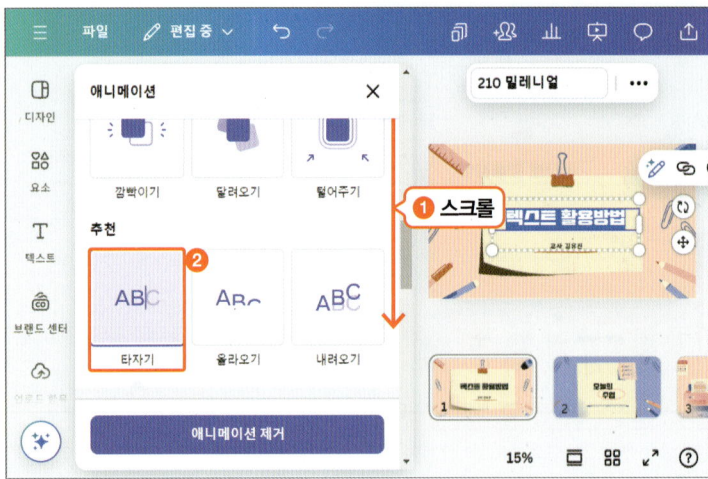

11 애니메이션을 언제 시작할지, 스피드(강도)는 어떻게 할지, 작성 스타일은 글자나 단어 중 어느 스타일로 나타낼지 등을 선택할 수 있습니다.

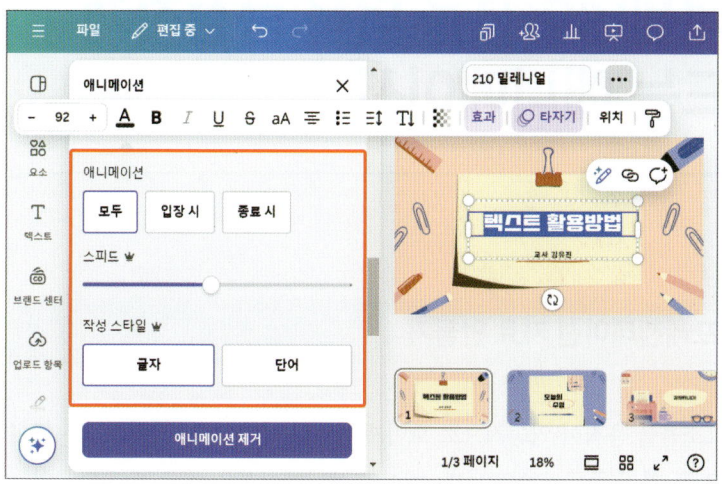

김태훈 선생님의 꿀팁 — 페이지에 애니메이션 설정하기

텍스트뿐만 아니라 페이지 자체에 애니메이션을 설정할 수도 있습니다. ❶ 페이지를 클릭하고 ❷ 요소 편집 메뉴에서 [애니메이션]을 클릭합니다. [애니메이션] 패널이 열리고 다양한 효과를 확인할 수 있습니다. 원하는 효과를 적용합니다.

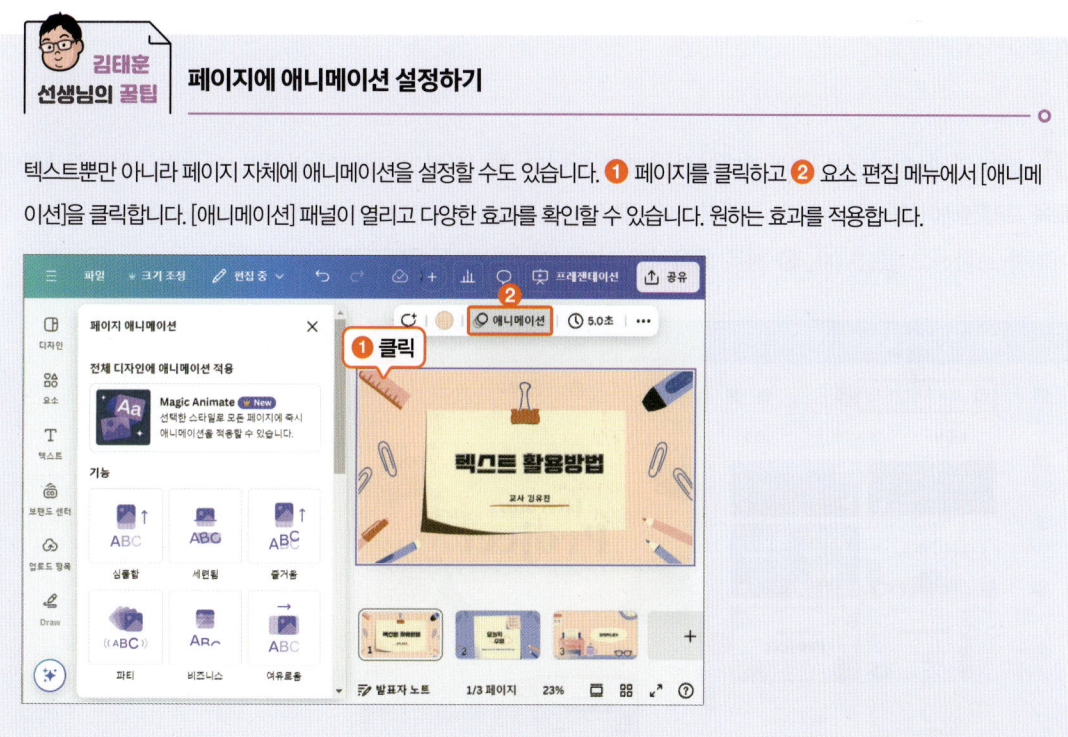

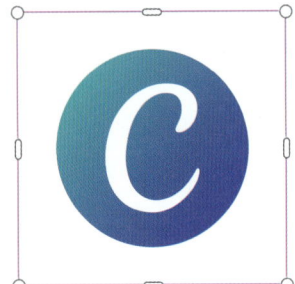

LESSON 10
프레젠테이션을 더욱 풍성하게 만드는 애니메이션

애니메이션 효과로 역동적인 프레젠테이션 자료 만들기

애니메이션은 프레젠테이션에 있는 요소들을 움직여 역동적으로 보이게 합니다. 캔바 애니메이션에는 페이지 애니메이션과 요소 애니메이션으로 두 가지 종류가 있습니다. 페이지 애니메이션은 해당 페이지에 있는 모든 요소에 애니메이션을 적용하는 기능이고, 요소 애니메이션은 해당 요소에만 애니메이션을 적용하는 기능입니다.

01 캔바의 홈 화면에서 [프레젠테이션]을 클릭합니다. ❶ [디자인] 패널이 열리면 [템플릿] 탭의 검색창에 **교육 프레젠테이션**을 입력한 후 검색합니다. ❷ 원하는 템플릿을 선택합니다. 선택한 템플릿은 총 13장의 페이지를 포함하고 있습니다. ❸ 제목 페이지만 선택하고 [디자인] 패널을 닫습니다.

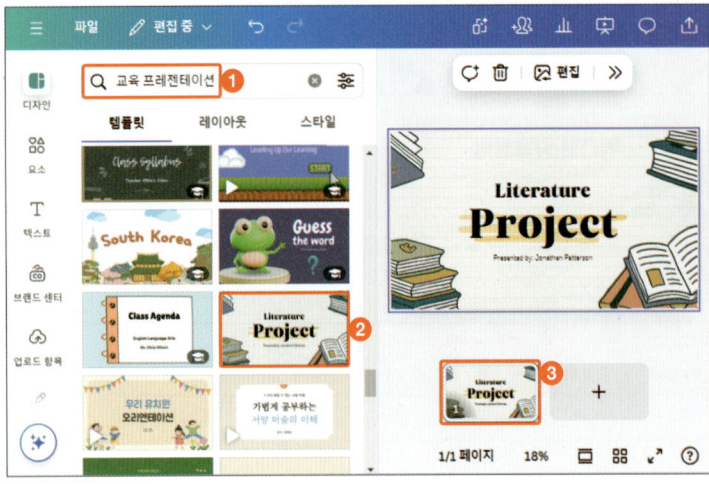

02 먼저 페이지 애니메이션을 살펴보겠습니다. 페이지가 선택된 상태에서 ❶ 요소 편집 메뉴의 [애니메이션]을 클릭합니다. [페이지 애니메이션] 패널에서 원하는 효과를 선택합니다. ❷ [Magic Animate]를 클릭할 경우 인공지능이 추천하는 애니메이션을 적용할 수도 있습니다.

03 다음은 요소 애니메이션을 살펴보겠습니다. ❶ 페이지에서 원하는 요소나 텍스트를 클릭하고 ❷ 요소 편집 메뉴의 [애니메이션]을 클릭합니다. ❸ 요소를 선택하면 [요소] 탭이 나타나고, 텍스트를 선택하면 [텍스트] 탭이 나타납니다. 원하는 효과를 선택합니다. 애니메이션 효과의 종류에 따라 적용 시점, 스피드(강도) 등을 설정할 수 있습니다.

멋지고 훌륭한 효과도 과하게 활용하면 오히려 주의와 집중력을 떨어뜨릴 수 있습니다. 프레젠테이션에 애니메이션 효과는 강조하고 싶은 부분이나 청중의 시선을 사로잡아야 하는 시점에 적절히 활용합니다.

 **캔바로 5초 만에 만드는 QR코드**

일상생활에서 자주 접하는 QR코드를 캔바로 쉽게 만들 수 있습니다. 지금부터 5초 안에 QR코드를 만드는 방법을 빠르게 배워보겠습니다.

01 ❶ 캔바(canva.com)에 접속합니다. ❷ 홈 화면에서 [프레젠테이션]을 클릭합니다.

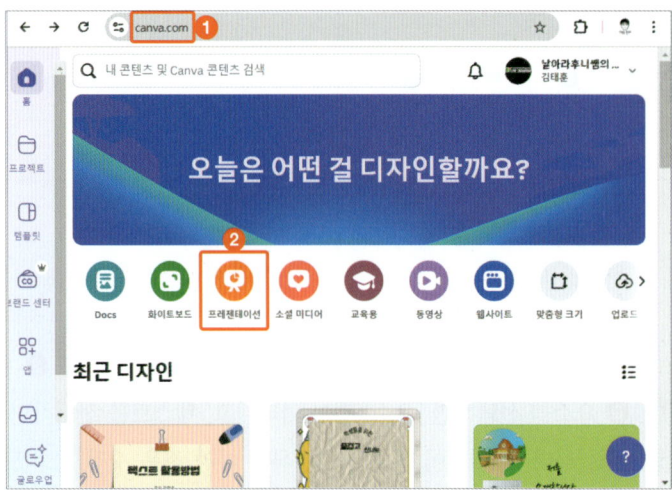

02 ❶ 에디터 화면이 나타나면 디자인 도구 바에서 [앱]을 클릭합니다. [앱] 패널이 열리면 ❷ 검색창에 **QR 코드**를 입력한 후 검색합니다. ❸ 원하는 앱을 선택합니다.

03 다음과 같은 화면에서 [열기]를 클릭합니다.

04 ❶ URL을 입력합니다. 여기서는 저자의 유튜브 채널인 **날아라후니쌤 TV** URL 주소를 입력했습니다. ❷ [코드 생성]을 클릭합니다.

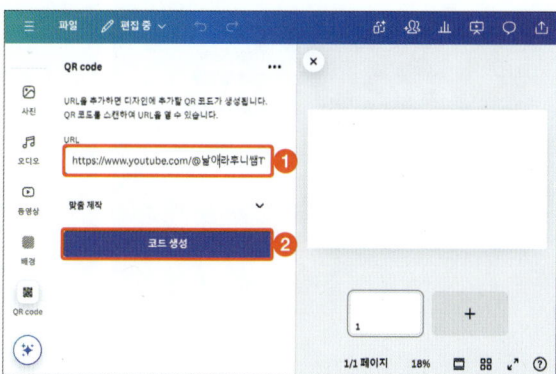

05 다음과 같이 QR코드가 생성됩니다. 필요한 곳에 활용하려면 QR코드를 내 컴퓨터에 저장해야 합니다. 오른쪽 상단의 [공유]를 클릭하고 원하는 파일 형식으로 다운로드합니다.

CHAPTER 02

선생님이 추천하는 캔바의 AI 기능

LESSON 01.
나 대신 글 좀
작성해 줘!
Magic Write

LESSON 02.
글을 넣었더니 그림과
영상이? Magic Media

LESSON 03.
내 마음대로 이미지
수정하기, Magic Edit

LESSON 04.
이미지를 확장하는
Magic Expand

LESSON 05.
이미지에서 대상
추출하기, Magic Grab

LESSON 06.
이미지의 텍스트를 인식
하다, 텍스트 추출

LESSON 07.
원하는 부분을 지우자!
Magic Eraser &
배경 제거 도구

LESSON 08.
사진의 배경을 모두
통일하는 방법,
Product Photos

LESSON 09.
비트를 탈 줄 아는 캔바,
Beat Sync

LESSON 10.
이미지가 말을 한다!
D-ID AI Presenters

LESSON 11.
원하는 질감 표현하기,
Magic Morph

LESSON 12.
이미지를 변환해주는
다양한 앱

LESSON 13.
스케치를 이미지로
바꾸다, Sketch To Life

[김한나 선생님의 특강]
캔바 디자인으로
굿즈 제작하기

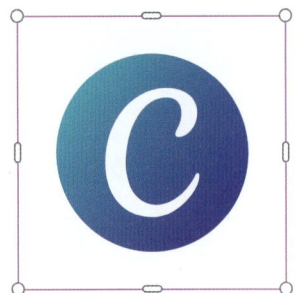

LESSON 01
나 대신 글 좀 작성해 줘! Magic Write

캔바에서 제공하는 다양한 AI 기능

2023년 3월에 열린 Canva Brand New Era에서 캔바의 다양한 기능을 발표했습니다. 그중에서도 세간의 화제를 일으킨 것은 인공지능 기능입니다. 기존에 있던 인공지능 기능이 업그레이드되기도 하고, 생성형 인공지능 등 새로운 인공지능 기술이 적용되기도 했습니다.

캔바 AI 기능은 크게 두 가지로 구분할 수 있습니다. 캔바에서 제공하는 기본 AI 기능을 사용하는 것과 앱을 통해 외부의 AI 기능을 추가하여 사용하는 것입니다. Magic Write, Magic Edit, Magic Eraser, 배경 제거 도구, Product Photos 등은 캔바에서 제공되는 기본 AI 기능이고, Animeify, Sketch To Life, D-ID AI Presenters 등은 앱을 활용한 기능입니다. 이번 장에서는 캔바에서 만날 수 있는 다양한 인공지능 기능 중 먼저 Magic Write에 대해 살펴보겠습니다.

2022년 말에 ChatGPT가 등장하면서 지금까지 생성형 인공지능에 대한 관심이 뜨겁습니다. 생성형 인공지능이란 이용자의 특정 요구에 따라 데이터를 만들어내는 인공지능을 말합니다. 기존에 인간의 고유 영역이라 불렸던 창작의 기능이 인공지능에도 탑재되기 시작한 것입니다. 이런 생성형 인공지능은 텍스트, 이미지, 동영상 등 다양한 결과물을 생성해냅니다.

캔바에도 생성형 인공지능이 도입되었습니다. 캔바는 ChatGPT를 만든 OpenAI사와 파트너 관계를 맺어 AI 기반 글쓰기 어시스턴트인 Magic Write를 개발했습니다. Magic Write는 원하는 주제를 입력하면 해당 주제에 맞는 글을 자동으로 생성합니다.

캔바에서 사용하는 크레딧의 의미

Magic Write의 경우 캔바 무료 사용자의 경우 총 50크레딧, 교육용 사용자의 경우 월 500크레딧이 제공됩니다. 여기서 크레딧이란 프리미엄 콘텐츠를 사용할 수 있는 가상 화폐를 말합니다. 제공되는 크레딧의 수는 콘텐츠에 따라 다르므로 콘텐츠를 사용하기 전에 미리 확인합니다. 크레딧은 콘텐츠 사용 시 자동으로 차감되며, 크레딧이 모두 소진될 때까지 해당 기능을 무료로 이용할 수 있습니다. 또한, 교육용 인증을 받으면 무료 사용자보다 사용할 수 있는 범위도 넓고 횟수도 많아 수업에 적극적으로 활용할 수 있습니다.

Magic Write로 원하는 글 작성하기

01 캔바(canva.com)에 접속합니다. 홈 화면에서 [프레젠테이션]을 클릭합니다.

02 ❶ 왼쪽 하단에 있는 [빠른 작업]을 클릭하고 ❷ [Magic Write]를 선택합니다.

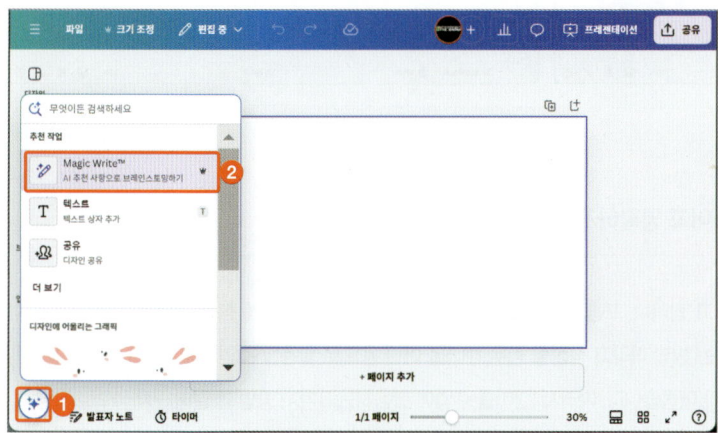

03 ❶ Magic Write 팝업창이 나타나면 원하는 주제를 입력합니다. 여기서는 **캔바를 수업에 활용하는 3가지 방법**을 입력했습니다. ❷ [생성하기]를 클릭합니다.

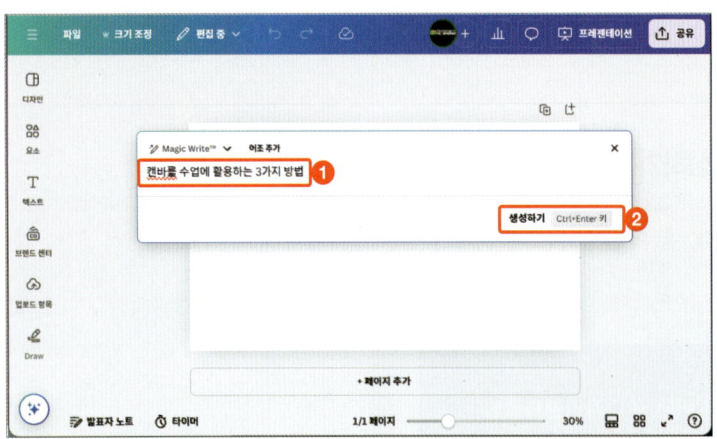

04 ❶ 다음과 같이 입력한 주제에 대해 자세한 답변이 생성되면, [삽입]을 클릭하여 페이지에 적용합니다. ❷ 글꼴과 글씨 크기 등을 조절합니다.

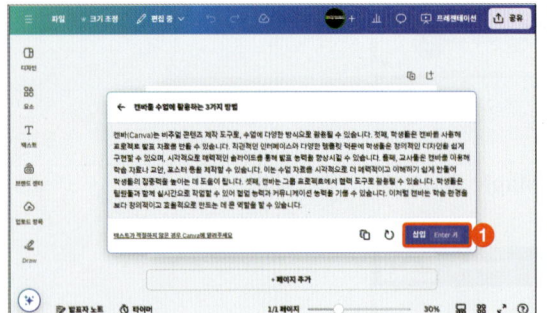 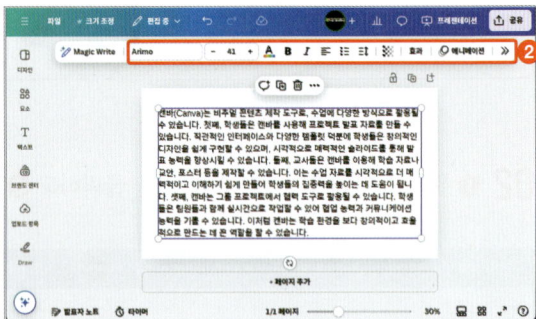

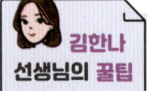

김한나
선생님의 꿀팁

프롬프트는 구체적이고 명확하게 작성하기

생성형 AI에 입력하는 명령을 프롬프트라고 합니다. 프롬프트를 작성할 때는 구체적이고 명확하게 작성하는 것이 좋습니다. 이를테면 Magic write에 '캔바를 활용하는 방법'이라고 작성할 경우 캔바를 어떤 용도로 활용할 것인지에 대한 내용이 없기 때문에 인공지능이 원하는 글을 생성하기가 어렵습니다. 따라서 '캔바를 수업에 활용하는 3가지 방법'과 같이 구체적으로 작성할수록 내가 원하는 글을 생성해줄 확률이 높습니다.

05 ① 텍스트 상자가 선택된 상태에서 ② 요소 편집 메뉴의 [Magic Write]를 클릭합니다. ③ [더 재미있게]를 선택합니다.

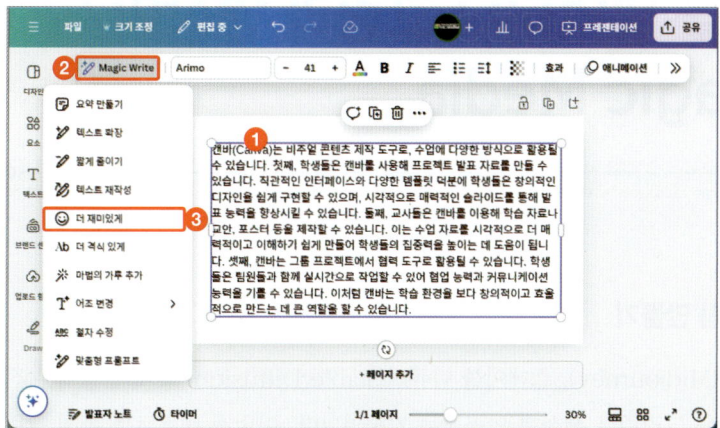

TIP▶ 요약 만들기는 해당 텍스트를 짧게 요약해주는 기능이고, 텍스트 재작성은 내가 입력한 주제로 새롭게 글을 작성하는 기능입니다.

TIP▶ [더 재미있게]가 적용된 내용으로 바꿀 것인지 기존 내용의 아래에 추가할 건지 묻는 팝업창이 나타납니다. 여기서는 [바꾸기]를 클릭했습니다.

06 기존에 생성된 글이 보다 재미있게 변경되었습니다.

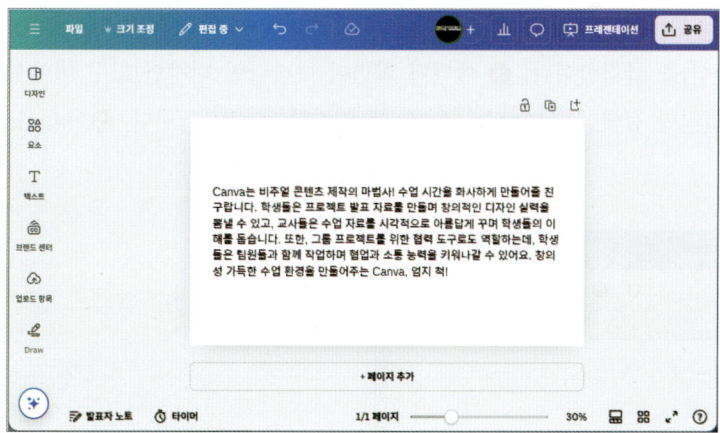

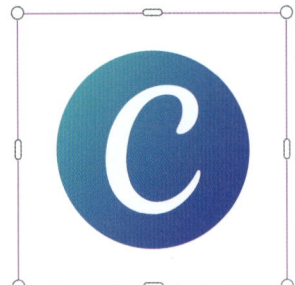

LESSON 02
글을 넣었더니 그림과 영상이? Magic Media

Text to Image로 원하는 그림 만들기

여러분은 달리(DALL · E), 미드저니(Midjourney), 스테이블 디퓨전(Stable Diffusion)에 대해 들어본 적이 있나요? 텍스트를 입력하면 그림을 그려주는 생성형 인공지능 기술입니다. 이렇게 텍스트를 통해 그림을 그리고 나아가 영상까지 생성하는 인공지능 기술이 캔바에도 적용되었습니다. 바로 Magic Media입니다. Magic Media는 Text to Image(그래픽)와 Text to Video로 이루어져 있습니다. Text to Image는 텍스트를 넣어 원하는 이미지(그래픽)를 생성하는 기능이고, Text to Video는 텍스트를 넣어 비디오를 생성하는 기능입니다. 먼저 Text to Image에 대해 살펴보겠습니다.

> TIP 교육용 캔바 사용자의 경우 Text to Image 및 그래픽은 월 500회, Text to Video는 월 50회 무료로 사용할 수 있습니다.

01 캔바 홈 화면에서 [프레젠테이션]을 클릭합니다. ❶ 에디터 화면이 나타나면 디자인 도구 바에서 [앱]을 클릭합니다. ❷ [앱] 패널이 열리면 검색창에 **Magic Media**를 입력한 후 검색합니다. ❸ [Magic Medai] 앱을 선택합니다.

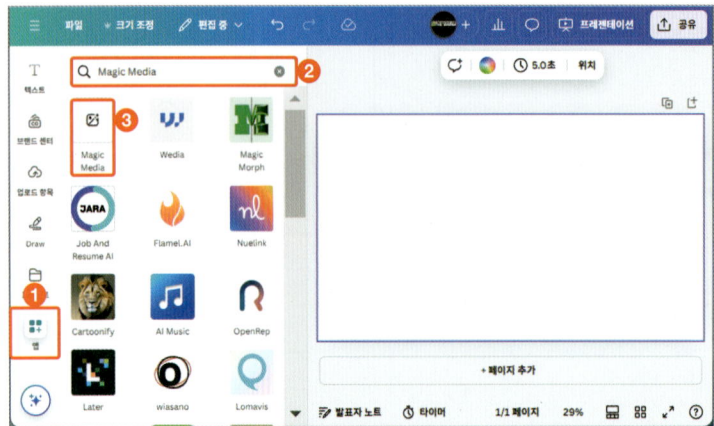

> TIP [Magic Media] 앱을 선택하면 앱이 실행됨과 동시에 디자인 도구 바 하단에 해당 앱이 추가됩니다. 이후에 앱을 사용할 때는 디자인 도구 바에 추가된 앱 아이콘을 클릭하면 됩니다.

02 ❶ [Magic Media] 패널에서 [이미지] 탭의 명령 프롬프트 입력란에 원하는 텍스트를 입력합니다. 여기서는 **축구 하는 기린**이라고 입력했습니다. ❷ 스타일에서 [모두 보기]를 클릭합니다.

03 다양한 스타일을 확인할 수 있습니다. 미술에서 [수채화]를 선택합니다.

04 [가로세로 비율]은 [정사각형], [가로형], [세로형]이 있습니다. [정사각형]을 선택한 후 [이미지 생성]을 클릭합니다.

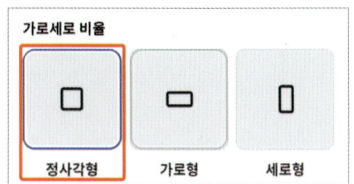

05 잠시 후 축구하는 기린 이미지 네 개가 생성됩니다. 원하는 이미지를 선택합니다. 선택한 이미지는 작업을 진행할 때 요소로 사용할 수 있습니다.

텍스트만 입력했는데도 원하는 그림을 생성할 수 있어 신기합니다. 만약 원하는 그림이 생성되지 않았다면 [다시 생성하기]를 클릭합니다. 어떤 그림을 생성하면 좋을지 모를 때는 자신이 좋아하는 동물과 취미를 연결하여 생성해봅니다. 왼쪽 상단의 [메뉴]를 클릭하고 [홈]을 클릭하여 캔바의 홈 화면으로 이동합니다.

Text to Video로 원하는 동영상 만들기

06 이번에는 텍스트를 입력하여 짧은 영상을 생성해보겠습니다. 캔바 홈 화면에서 [프레젠테이션]을 클릭하여 에디터 화면을 엽니다. ❶ 디자인 도구 바의 [Magic Media]를 클릭하고 ❷ 패널이 열리면 [동영상] 탭을 클릭하고 ❸ 명령 프롬프트 입력란에 텍스트를 입력합니다. 여기서는 **팝아트 스타일의 도시 모습**을 입력했습니다. ❹ [동영상 생성하기]를 클릭합니다.

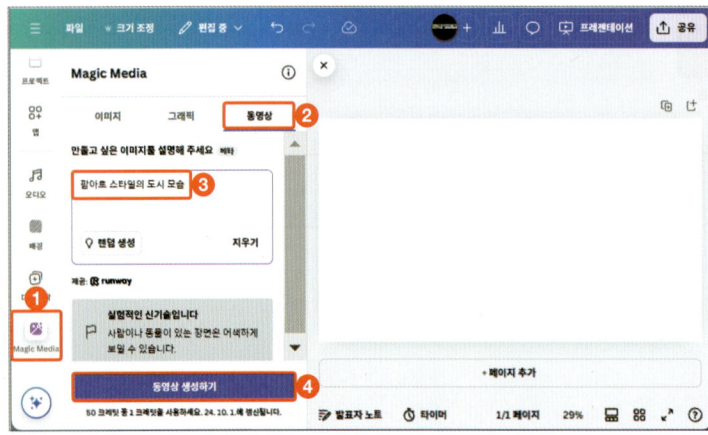

07 팝아트 스타일의 도시가 담긴 짧은 영상이 생성됩니다. 재생 버튼을 클릭하여 확인해봅니다.

TIP Text to Video 기능은 Text to Image보다 생성 시간이 오래 걸립니다.

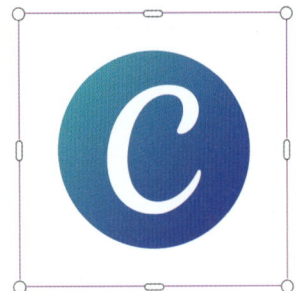

LESSON 03
내 마음대로 이미지 수정하기, Magic Edit

Magic Edit로 그림의 특정 영역 수정하기

캔바에서 이미지를 클릭하고 [사진 편집]을 클릭하면 이미지에 관한 캔바의 자체적인 AI 기능을 확인할 수 있습니다. 그중에서도 Magic Edit 기능은 이미지의 특정 영역을 원하는 모습으로 수정할 수 있습니다. 해당 기능은 무료로 제한 없이 사용할 수 있습니다. **LESSON 02**에서 생성한 축구하는 기린 이미지를 Magic Edit를 활용하여 변경해보겠습니다.

TIP 캔바에서 작업한 결과물은 별도의 과정 없이 자동으로 저장됩니다. 캔바 홈 화면에서 '최근 디자인' 영역에 그동안 작업한 결과물이 있으니 수정이나 보완이 필요하다면 선택하여 작업을 진행합니다.

01 캔바 홈 화면의 최근 디자인 영역에 축구하는 기린 작업물을 선택합니다. ❶ 에디터 화면이 열리면 기린을 클릭하고 ❷ 요소 편집 메뉴에서 [편집]을 클릭합니다. ❸ [Magic Studio] 패널이 열리면 ❹ [Magic Edit]를 선택합니다.

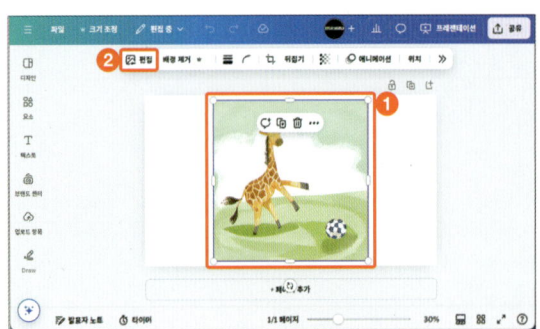

02 [Magic Edit] 패널이 열리면 ❶ [브러시]와 [클릭] 중에서 선택합니다. 브러시는 수정할 영역을 지정할 수 있으며, 클릭은 인공지능이 자동으로 개체를 인식하고 그중 원하는 개체를 선택할 수 있습니다. 여기서는 [브러시]를 선택했습니다. ❷ 브러시 크기는 **40**으로 설정되어 있습니다. ❸ 수정하고 싶은 영역을 드래그하면 보라색으로 해당 영역이 지정됩니다. 여기서는 기린의 발 앞에 있는 축구공을 칠하겠습니다.

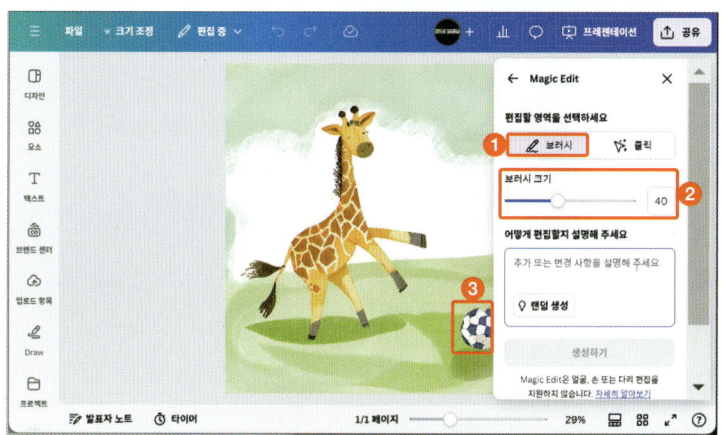

03 ❶ 브러시로 칠한 영역(축구공)을 어떤 대상으로 변경하고 싶은지 명령 프롬프트 입력란에 입력합니다. 축구공을 농구공으로 변경하기 위해 **농구공**을 입력했습니다. ❷ [생성하기]를 클릭합니다.

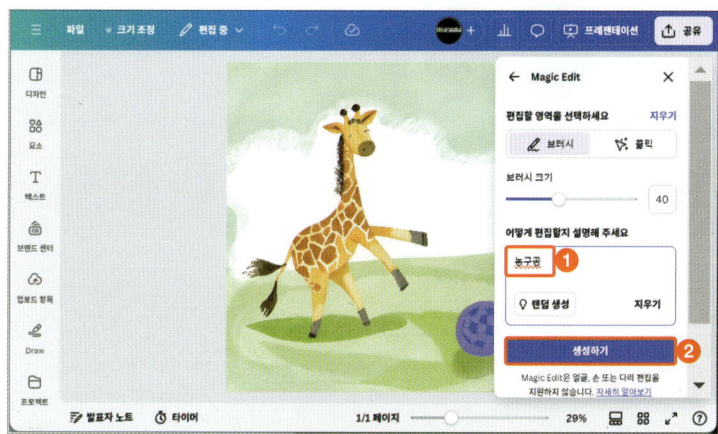

> TIP 만약 큰 농구공을 원할 경우, 프롬프트에 '큰 농구공'이라고 적지 않고 브러시의 영역을 넓게 설정합니다.

04 축구공이 농구공으로 바뀌었습니다. 패널에는 네 가지 농구공 이미지가 생성되었습니다. ❶ 원하는 이미지를 선택합니다. ❷ 원하는 이미지가 없을 경우 [다시 생성하기]를 클릭하면 다른 이미지가 생성됩니다.

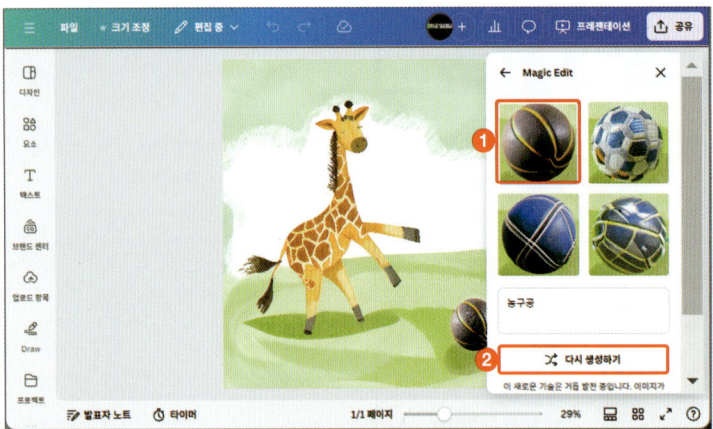

05 원하는 이미지를 선택하고 [완료]를 클릭합니다. 해당 이미지를 하나의 요소로 사용할 수 있습니다.

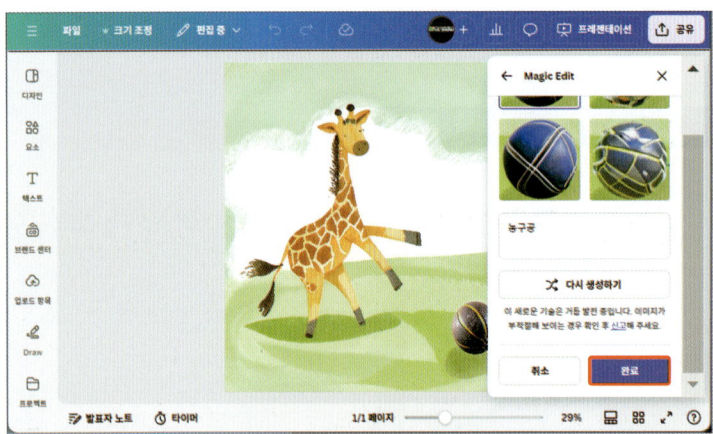

TIP 소설 속 주인공, 상상의 동물, 세상에 없는 발명품 등 상상력이 필요한 그림을 그릴 때 활용하면 좋습니다.

LESSON 04
이미지를 확장하는 Magic Expand

Magic Expand로 이미지 이어서 그리기

Magic Expand는 잘린 이미지를 이어서 그릴 수 있는 기능입니다. 인공지능이 이미지를 즉석으로 생성하기 때문에 생성할 때마다 다른 결과가 나타납니다. 이는 인공지능이 창의성을 갖추고 있다는 의미이기도 합니다.

01 캔바 홈 화면에서 [프레젠테이션]을 클릭하여 에디터 화면을 엽니다. ❶ 디자인 도구 바에서 [요소]를 클릭합니다. ❷ [요소] 패널이 열리면 검색창에 **eyes**를 입력한 후 검색합니다. ❸ 검색창 아래 [사진]을 클릭하면 눈(eyes)에 관한 이미지 목록이 나타납니다. ❹ 원하는 이미지를 선택합니다.

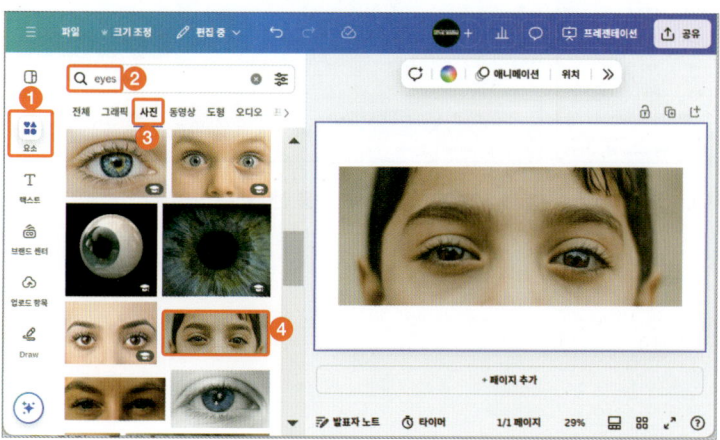

02 ❶ 이미지의 모서리를 드래그하여 크기를 조절하고 적당한 위치로 옮깁니다. ❷ [편집]을 클릭합니다. ❸ [Magic Studio] 패널이 열리면 [Magic Expand]를 선택합니다.

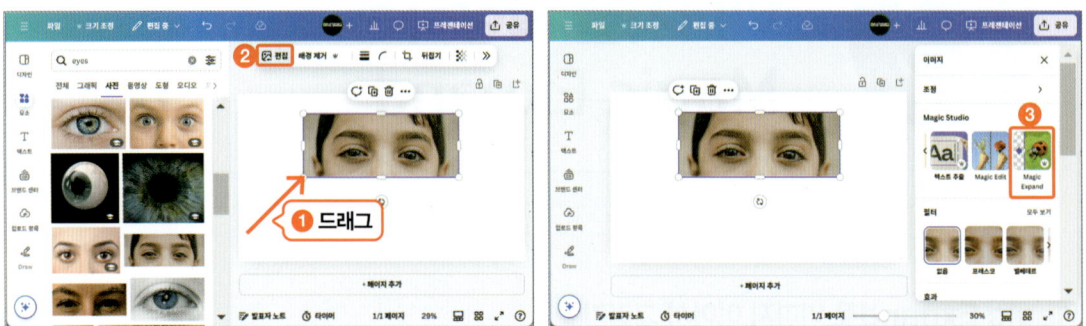

03 ❶ [Magic Expand] 패널의 [확장하기] 탭이 열리면 사이즈 선택에서 [전체 페이지]를 선택합니다. ❷ [Magic Expand]를 클릭합니다.

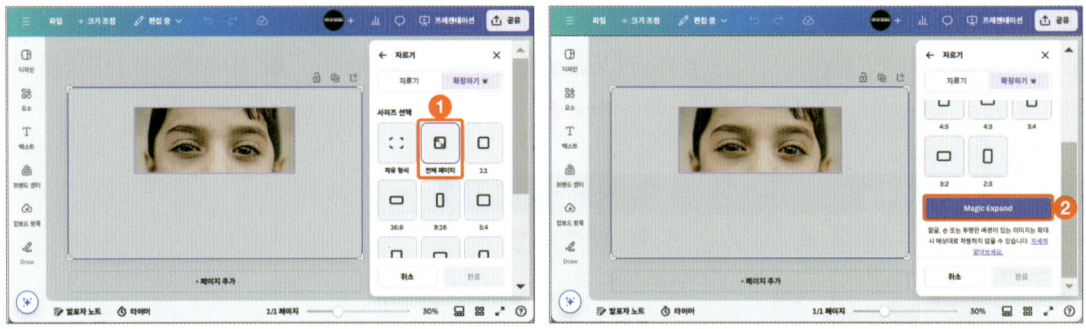

TIP 사이즈는 전체 페이지 외에도 자유 형식, 1:1, 16:9, 9:16, 5:4, 4:5, 4:3, 3:4, 3:2, 2:3 사이즈를 선택할 수 있습니다.

04 ❶ 선택한 사이즈에 맞게 이미지의 잘려있던 부분이 나타나며 ❷ 네 버전으로 생성됩니다.

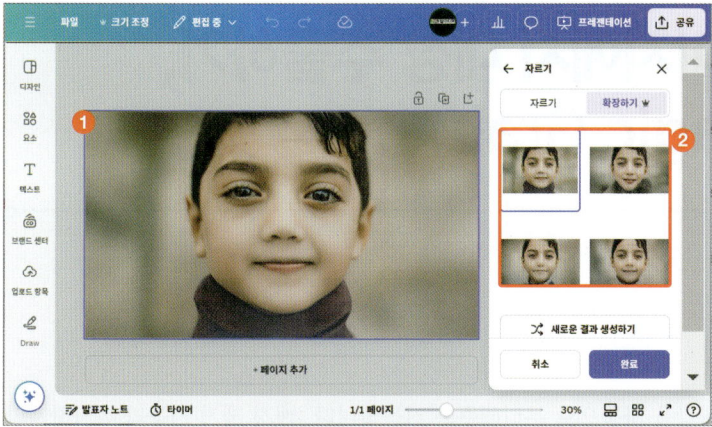

05 원하는 이미지가 없을 경우 [새로운 결과 생성하기]를 클릭하면 다른 결과물을 확인할 수 있습니다.

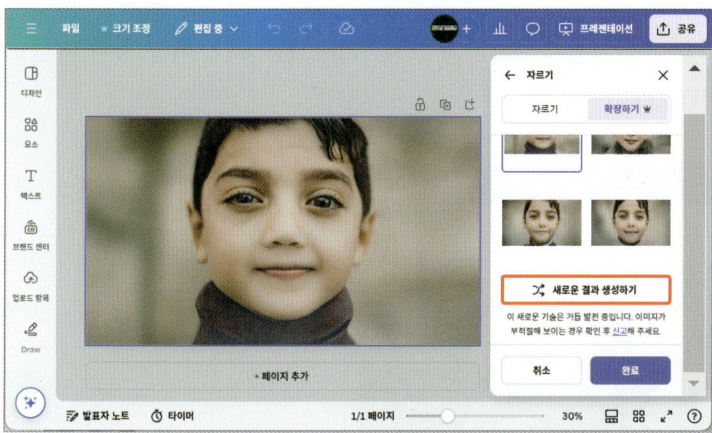

> **TIP** 이처럼 이미 만들어진 이미지에 도화지를 덧붙여 그리는 방식을 아웃페인팅(Out Painting)이라고 합니다. 아웃페인팅은 원본 이미지의 스타일과 내용, 패턴 등을 분석하여 이미지의 바깥 부분을 자연스럽게 확장하는 AI 기술입니다.

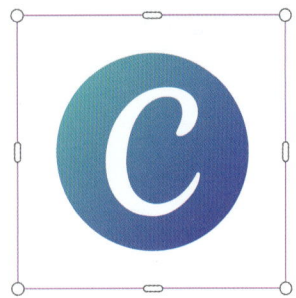

LESSON 05
이미지에서 대상 추출하기, Magic Grab

이미지에서 배경과 대상 분리하기

Magic Grab은 이미지에서 배경과 대상을 자동으로 분리해주는 기능입니다. 배경 제거 기능과 유사하지만 차이가 있습니다. 배경 제거 기능은 이미지에서 배경을 삭제하지만 Magic Grab은 배경을 삭제하는 것이 아닌 그대로 보존하여 배경과 요소를 각각 편집할 수 있도록 합니다.

01 캔바 홈 화면에서 [프레젠테이션]을 클릭하여 에디터 화면을 엽니다. ❶ 디자인 도구 바에서 [요소]를 클릭합니다. ❷ [요소] 패널이 열리면 검색창에 **동물**을 입력한 후 검색합니다. ❸ 검색창 아래 [사진]을 클릭하고 ❹ 풀밭에 있는 토끼 사진을 선택합니다.

02 ❶ 토끼 사진이 선택된 상태에서 ❷ 요소 편집 메뉴의 [편집]을 클릭합니다. ❸ [Magic Studio] 패널이 열리면 [Magic Grab]을 선택합니다.

03 ❶ [클릭]이 선택된 상태에서 ❷ 토끼를 클릭하고 ❸ [추출하기]를 클릭합니다. ❹ 풀밭에 있는 토끼가 풀밭과 분리된 것을 확인할 수 있습니다.

TIP Magic Grab은 AI가 자동으로 객체를 인식하고 배경과 분리합니다. 따라서 객체가 배경과 잘 구분이 되지 않거나 객체가 너무 작을 경우 원하는 결과를 얻을 수 없습니다.

04 배경과 분리된 토끼는 요소로 활용할 수 있습니다. ❶ 토끼가 선택된 상태에서 Ctrl + D 를 두 번 눌러 복제합니다. ❷ 복제한 두 마리의 토끼를 앞뒤로 적절히 배치하고 크기를 조절합니다.

05 ❶ 토끼 요소 하나를 선택합니다. ❷ 요소 편집 메뉴에서 [뒤집기]를 클릭하고 ❸ [수평 뒤집기]를 클릭합니다.

요소로 분리된 객체는 확대 및 축소, 이동, 복제, 뒤집기를 적용할 수 있습니다. 또한, [편집]을 클릭하면 Magic Studio, 필터, 효과 등 요소에 적용할 수 있는 모든 기능을 사용할 수 있습니다.

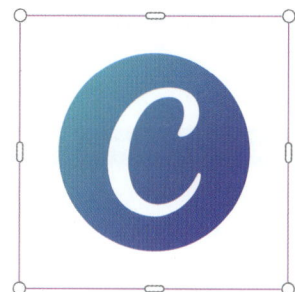

LESSON 06
이미지의 텍스트를 인식하다, 텍스트 추출

이미지에서 텍스트를 추출하여 유사한 디자인으로 변경하기

텍스트 추출은 매우 특별한 기능입니다. 이미지에 있는 텍스트를 인식하고 이를 추출한 후 원하는 텍스트로 변경할 수 있습니다. 이때 텍스트 디자인은 본래 이미지에 있는 디자인과 유사한 것으로 적용됩니다.

01 캔바 홈 화면에서 [프레젠테이션]을 클릭하여 에디터 화면을 엽니다. ❶ 디자인 도구 바에서 [요소]를 클릭합니다. ❷ [요소] 패널이 열리면 검색창에 **슬로건**을 입력한 후 검색합니다. ❸ 검색창 아래 [사진]을 클릭하고 ❹ 텍스트가 포함된 이미지를 선택합니다.

02 ❶ 이미지가 선택된 상태에서 ❷ 요소 편집 메뉴의 [편집]을 클릭합니다. [Magic Studio] 패널이 열리면 ❸ [텍스트 추출]을 선택합니다.

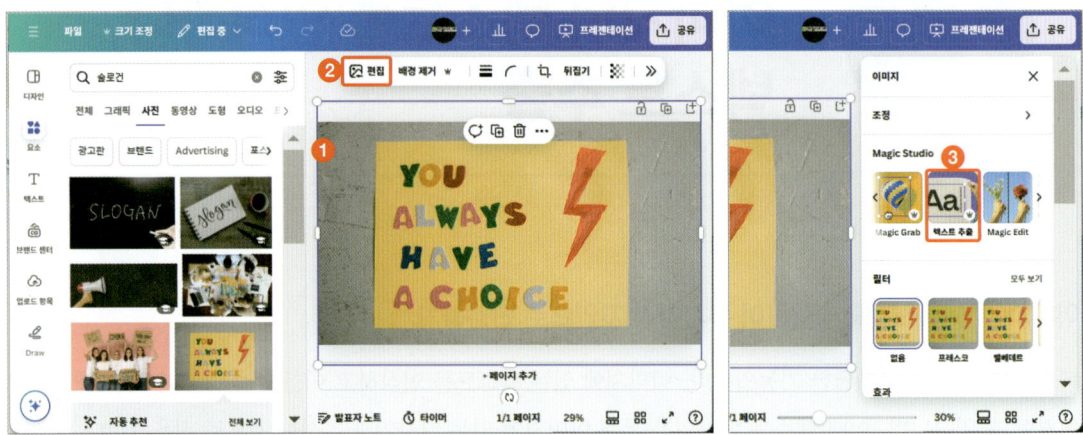

03 ❶ 이미지에서 추출할 텍스트를 선택하고 ❷ [추출하기]를 클릭합니다. ❸ 이미지에서 텍스트 부분이 텍스트 상자로 변환됩니다. 텍스트만 따로 추출되었습니다. 텍스트 스타일은 기존 이미지에 있던 스타일과 비슷하게 변경되었습니다.

> **TIP** 추출된 텍스트에 [Magic Write] 기능을 활용하여 글을 수정할 수 있습니다.

04 텍스트를 원하는 문구로 변경하여 완성합니다.

 **김한나 선생님의 꿀팁** | **활용도가 높은 텍스트 추출 기능**

포스터, 도로 표지판, 엽서, 제품에 쓰인 글씨까지 텍스트가 있는 이미지라면 무엇이든 적용할 수 있습니다. 단, 텍스트가 명확하지 않거나 배경과 구분이 잘 되지 않는 경우는 텍스트 추출 기능이 원활하게 적용되지 않을 수 있습니다.

LESSON 07
원하는 부분을 지우자!
Magic Eraser & 배경 제거 도구

Magic Eraser로 지우기

Magic Eraser는 이미지에서 내가 원하는 부분을 지울 수 있는 기능입니다. 배경 제거 도구는 사진의 배경을 제거해주는 기능입니다. Magic Eraser는 캔바 프로, 단체용 캔바, 교육용 캔바, 비영리 조직용 캔바 사용자에게 지원됩니다. 차례대로 살펴보겠습니다.

01 캔바 홈 화면에서 [프레젠테이션]을 클릭하여 에디터 화면을 엽니다. ❶ 디자인 도구 바에서 [요소]를 클릭합니다. ❷ [요소] 패널이 열리면 검색창에 **패러글라이딩**을 입력한 후 검색합니다. ❸ 검색창 아래 [사진]을 클릭하고 ❹ 푸른 해안가에 떠 있는 패러글라이딩 사진을 선택합니다.

02 사진에서 패러글라이딩만 지우겠습니다. ❶ 사진이 선택된 상태에서 ❷ 요소 편집 메뉴의 [편집]을 클릭합니다. [Magic Studio] 패널이 열리면 ❸ [Magic Eraser]를 선택합니다.

03 ❶ 브러시 크기를 설정하고 ❷ 지우고 싶은 영역을 색칠한 뒤, ❸ [지우기]를 클릭합니다. 잠시 후 패러글라이딩만 사진에서 지워집니다.

배경 제거 도구로 지우기

04 이번에는 배경 제거 도구를 살펴보겠습니다. 캔바 홈 화면에서 [프레젠테이션]을 클릭하여 에디터 화면을 엽니다. ❶ 디자인 도구 바에서 [요소]를 클릭합니다. ❷ **가방**을 입력한 후 검색합니다. ❸ 검색창 아래 [사진]을 클릭하고 ❹ 돌담 위에 놓여 있는 가방 사진을 선택합니다. ❺ 사진이 선택된 상태에서 ❻ 요소 편집 메뉴의 [배경 제거]를 클릭합니다.

05 다음과 같이 배경이 제거되고 가방만 남습니다. 이렇게 배경을 제거한 사진은 하나의 요소로 사용할 수 있습니다.

흔히 '누끼 따기'라고 하는 배경 제거를 통해 개체를 분리합니다. 분리된 개체는 프레젠테이션, 포스터, 영상 등 다양하게 활용할 수 있습니다.

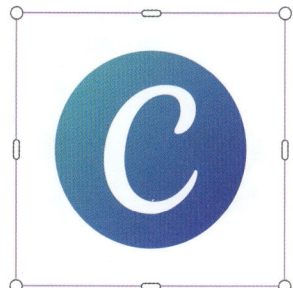

LESSON 08
사진의 배경을 모두 통일하는 방법, Product Photos

Product Photos로 배경 통일하기

Product Photos는 앞 장에서 소개한 배경 제거 도구와 비슷하지만 약간의 차이가 있습니다. Product Photos는 여러 장의 사진 배경을 하나로 통일하는 기능입니다. Product Photos는 무료 기능이기 때문에 부담 없이 사용할 수 있습니다.

01 ❶ 캔바 홈 화면에서 [앱]을 클릭합니다. ❷ 스크롤을 아래로 내려 [Product Photos]를 클릭하고 ❸ [사진 선택]을 클릭합니다.

02 다음과 같이 사진 추가 화면이 나타납니다. 기존에 캔바에 업로드해둔 이미지가 있다면 [업로드 항목에서 선택]을 클릭하고, 새 이미지를 불러오려면 [새 이미지 업로드]를 클릭합니다. 여기서는 [새 이미지 업로드]를 클릭했습니다. 사진은 한 번에 최대 10장까지 추가하여 편집할 수 있으며, 어떤 사진이든 괜찮습니다. 다만 객체와 배경의 구분이 명확할수록 깔끔한 결과물을 얻을 수 있습니다.

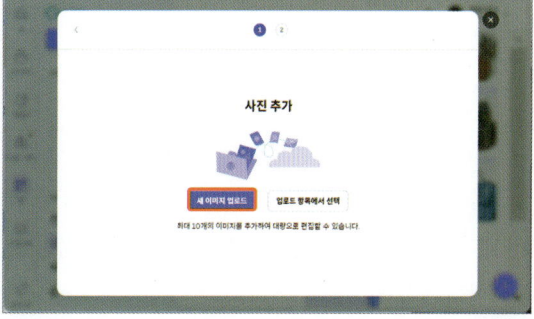

03 ① 배경이 있는 사진을 임의로 불러옵니다. 여기서는 사과, 망고, 바나나 사진을 업로드했습니다. ② [다음]을 클릭합니다.

04 ① 원하는 스타일을 선택합니다. 여기서는 [위스티리어]를 선택했습니다. ② [적용]을 클릭합니다.

05 ① 잠시 후 추가한 사진들의 배경이 선택한 스타일에 맞게 바뀐 것을 확인할 수 있습니다. ② [모두 다운로드]를 클릭하면 이미지를 한 번에 다운로드할 수 있고, 필요한 이미지만 선택하면 해당 이미지만 디자인에 사용하거나 다운로드할 수 있습니다.

사진을 자세히 보면 배경이 통일된 것뿐만 아니라 물체의 그림자도 생긴 것을 알 수 있습니다. 그림자가 있어 보다 생동감 있게 느껴집니다. 학생들의 작품을 촬영한 후 Product Photos를 적용하면 전시회를 할 때 유용합니다.

 **Product Photos를 실제 수업에 활용한 예**

학생들이 수업 시간에 만든 자동차 모형들을 보기 좋게 전시하기 위해 Product Photos를 사용했습니다. 이렇게 깔끔한 배경으로 통일된 사진은 학생들의 작품을 더욱 돋보이게 해줍니다. 한 번에 10개의 이미지를 업로드할 수 있어 작업 속도가 빠르고, 여러 가지 배경을 선택할 수 있어 유용합니다. 배경이 깔끔하게 다듬어진 이미지는 출력하여 우드락에 붙이거나 모니터에 띄워 전시회에 사용할 수 있습니다.

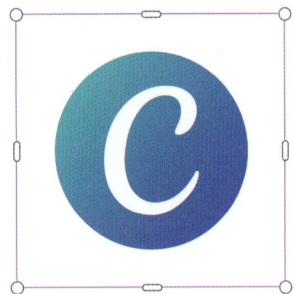

LESSON 09
비트를 탈 줄 아는 캔바, Beat Sync

Beat Sync로 리듬감 있는 영상 만들기

Beat Sync는 동영상을 제작할 때 사용할 수 있는 기능입니다. 인공지능이 음악의 비트가 끊기는 지점을 자동으로 찾아 비트에 맞게 각 영상의 길이를 조정합니다. 동영상 제작 시 영상과 음성이 조화를 이루면 더욱 완성도 있는 결과를 얻을 수 있습니다.

01 캔바 홈 화면에서 [프레젠테이션]을 클릭하여 에디터 화면을 엽니다. ❶ 디자인 도구 바에서 [요소]를 클릭합니다. ❷ [요소] 패널이 열리면 검색창에 **여행**을 입력한 후 검색합니다. ❸ 검색창 아래 [동영상]을 클릭하면 여행에 관한 영상 목록이 나타납니다. ❹ [페이지 추가]를 네 번 클릭합니다. 다섯 개의 페이지가 되면 ❺ [동영상] 패널에서 다섯 개의 영상을 선택해 각 페이지에 추가합니다. 타임라인에 다섯 개의 영상이 추가된 것을 확인합니다. 동영상의 순서를 변경하고 싶을 때는 동영상을 클릭하고 드래그합니다.

02 ❶ [기간]을 클릭하면 타임라인에 재생 버튼이 생성되고, ❷ 각 영상의 왼쪽 하단에 영상의 길이가 표시됩니다. 모든 영상의 길이를 3초로 조정합니다.

TIP 타임라인에서 각 영상의 끝에 마우스를 대면 마우스 모양이 양방향 화살표(↔)로 바뀝니다. 좌우로 드래그하면 영상의 길이를 조절할 수 있습니다.

03 ❶ 디자인 도구 바에서 [업로드 항목]을 클릭합니다. ❷ [오디오] 탭을 클릭하고 ❸ [파일 업로드]를 클릭하여 원하는 배경 음악을 업로드합니다. ❹ 업로드한 음악을 클릭하면 ❺ 타임라인에 나타납니다.

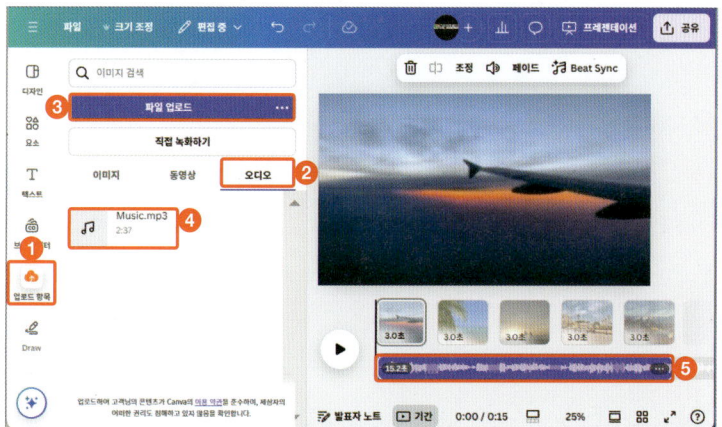

TIP 유튜브 스튜디오의 [오디오 보관함]을 통해 로열티 없는 음악을 무료로 다운로드할 수 있습니다.

TIP 오디오 길이가 전체 영상의 길이보다 짧을 경우, 오디오가 끝난 시점부터는 영상만 재생됩니다.

04 ❶ [Beat Sync]를 클릭합니다. ❷ [지금 동기화]를 활성화합니다. ❸ 영상의 길이가 비트에 맞게 조정된 것을 확인할 수 있습니다. 학교 홍보 영상, 유튜브 영상 등 영상 편집 시 활용하면 더욱 리듬감 있는 영상을 만들 수 있습니다.

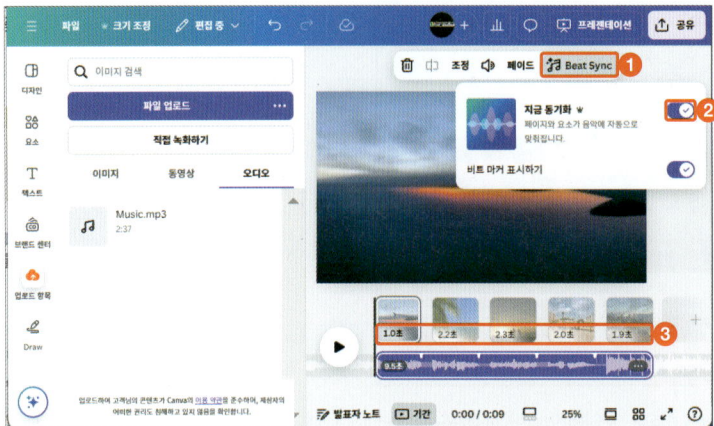

LESSON 10
이미지가 말을 한다! D-ID AI Presenters

D-ID AI Presenters로 말하는 아바타 만들기

나와 똑같이 생긴 인공지능 아바타가 말을 하면 어떨까요? 강의를 하거나 영상을 만들 때 아바타가 나를 대신해 이야기해줄 수 있다면 편리할 것 같습니다. D-ID AI Presenters는 인공지능 아바타가 내가 입력한 텍스트에 맞게 표정을 움직여 이야기하도록 하는 기능입니다. D-ID AI Presenters는 20크레딧을 무료로 제공합니다.

01 캔바 홈 화면에서 [프레젠테이션]을 클릭하여 에디터 화면을 엽니다. ❶ 디자인 도구 바에서 [앱]을 클릭합니다. ❷ [앱] 패널이 열리면 검색창에 **D-ID AI Presenters**를 입력한 후 검색합니다. [D-ID AI Presenters] 앱을 선택하면 [D-ID AI Presenters] 앱 소개가 표시됩니다. ❸ [열기]를 클릭합니다.

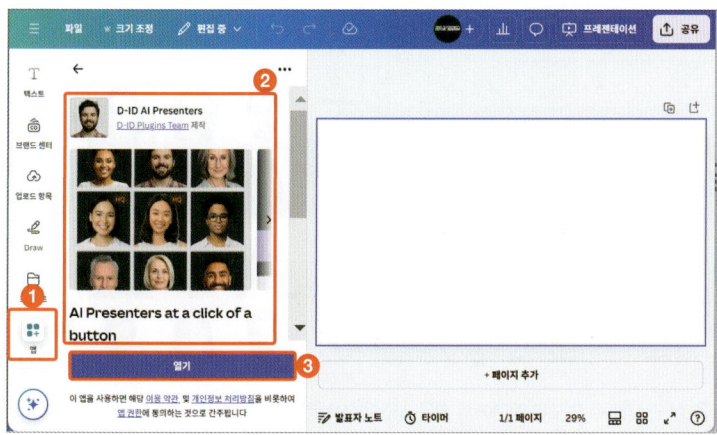

TIP D-ID AI Presenters 앱을 처음 사용할 경우 D-ID AI Presenters에 대해 간단히 소개하는 팝업창이 나타납니다. [열기]를 클릭하면 앱이 실행됨과 동시에 디자인 도구 바 하단에 해당 앱이 추가됩니다. 이후에 앱을 사용할 때는 디자인 도구 바에 추가된 앱 아이콘을 클릭하면 됩니다.

02 ❶ 맨 아래에 있는 [Sign in to generate]를 클릭합니다. ❷ 'D-ID AI Presenters에서 계정을 연결하려고 함'이라는 메시지와 함께 [연결] 버튼이 표시됩니다. [연결]을 클릭하여 D-ID(https://www.d-id.com/)에 가입하거나 구글 계정으로 로그인합니다. 여기서는 구글 계정으로 로그인했습니다.

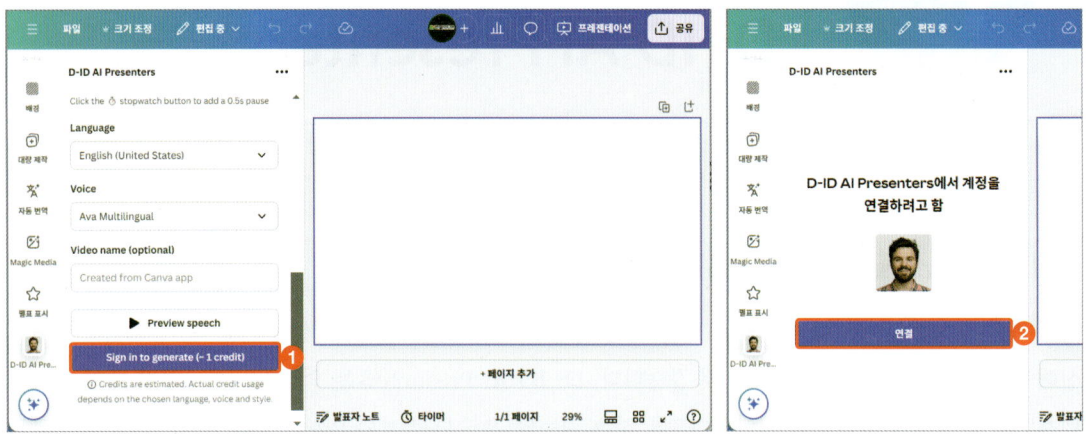

03 [See all]을 클릭하면 다양한 인물 사진이 나타납니다. 원하는 이미지를 선택합니다. 기본적으로 제공되는 이미지를 선택해도 되지만 [Upload]를 클릭하여 원하는 사진을 불러와서 사용할 수도 있습니다.

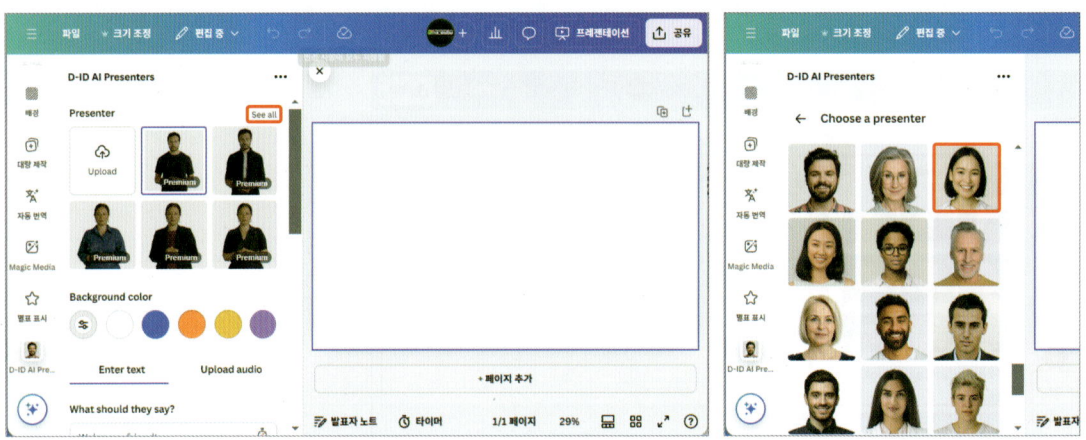

TIP 이미지를 업로드할 때는 인공지능이 얼굴을 잘 인식할 수 있도록 정면에서 찍은 사진을 선택합니다.

04 ❶ [What should they say?]에 원하는 텍스트를 입력합니다. ❷ [Language]에서 언어를 선택합니다. 한국어, 영어 외에도 다양한 언어가 지원됩니다. ❸ [Voice]에서 원하는 목소리를 선택합니다. ❹ [Preview speech]를 클릭하여 미리 음성을 들어봅니다. 음성을 확인했다면 ❺ [Generate presenter]를 클릭하여 영상을 생성합니다.

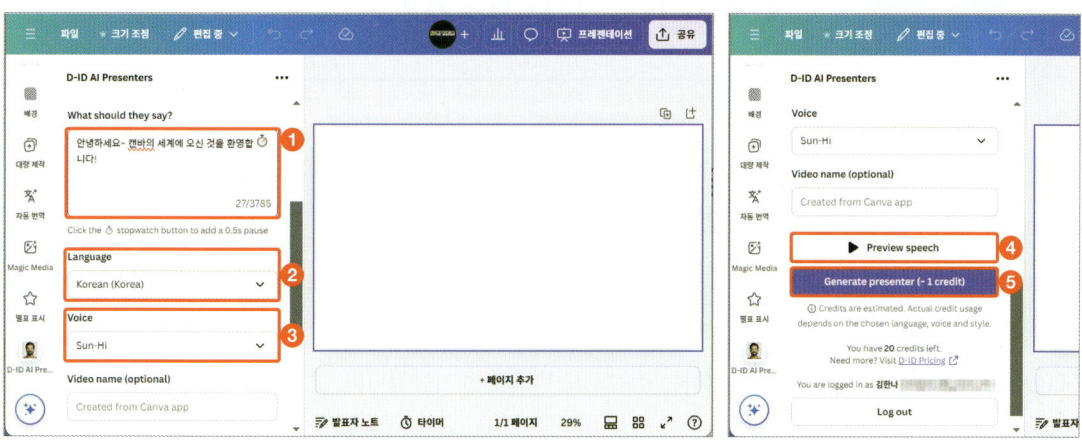

05 선택한 이미지로 말하는 아바타가 생성된 것을 확인할 수 있습니다. 아바타는 **04**에서 입력한 텍스트를 얼굴의 근육을 움직이며 말합니다. 마치 사람이 실제로 말하는 것처럼 느껴집니다. 이렇듯 아바타를 활용하여 발표를 하는 데 어려움을 겪는 학생이나 부끄러움을 많이 타는 학생들이 자신의 생각과 의견을 전달하는 연습을 할 수 있습니다.

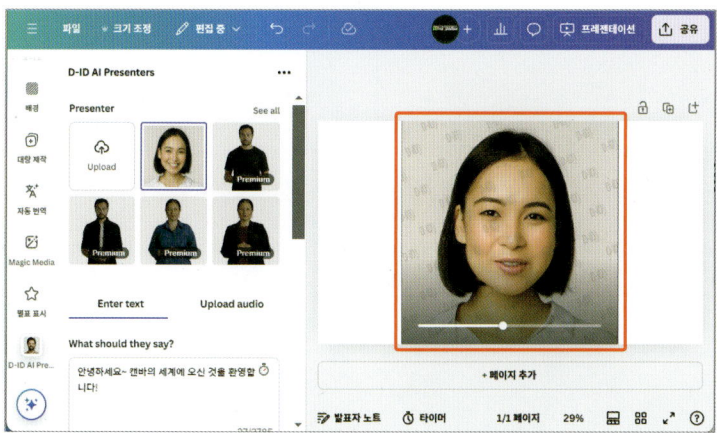

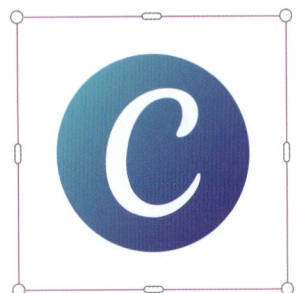

LESSON 11
원하는 질감 표현하기, Magic Morph

Magic Morph로 원하는 질감의 요소 만들기

요소나 텍스트의 질감을 콘셉트에 맞게 변경하고 싶을 때가 있습니다. 파티나 축제의 콘셉트일 때는 풍선 느낌으로, 정글에 있을 때는 애니멀 프린팅으로 변경하면 보다 생동감 있는 디자인을 할 수 있습니다. Magic Morph는 요소나 텍스트를 원하는 질감으로 바꿔주는 기능입니다.

01 캔바 홈 화면에서 [프레젠테이션]을 클릭하여 에디터 화면을 엽니다. ❶ 디자인 도구 바에서 [앱]을 클릭합니다. ❷ [앱] 패널이 열리면 검색창에 **Magic Morph**를 입력한 후 검색합니다. [Magic Morph] 앱을 선택하면 Magic Morph 앱 소개가 표시됩니다. ❸ [열기]를 클릭합니다.

02 디자인 요소를 선택합니다. 여기서는 기본적으로 제공되는 강아지 발바닥 모양의 요소를 선택했습니다.

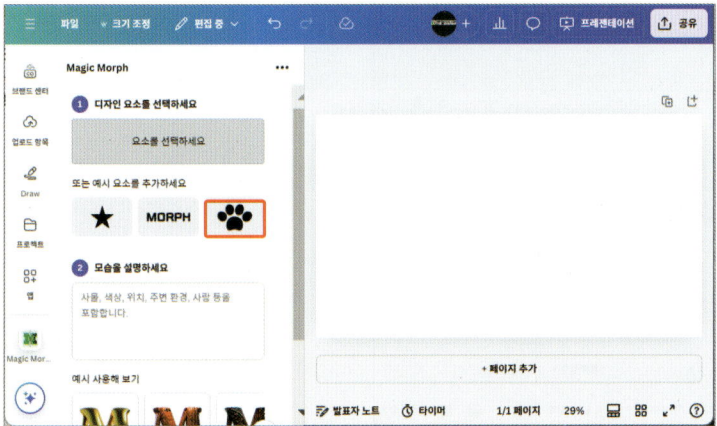

03 ❶ 원하는 모습을 설명합니다. 여기서는 **갈색 털**이라고 입력했습니다. ❷ [Magic Morph]를 클릭합니다.

04 갈색 털 모양의 강아지 발바닥이 생성됩니다. 원하는 이미지가 없을 경우 [다시 만들기]를 클릭하여 새롭게 생성할 수 있습니다.

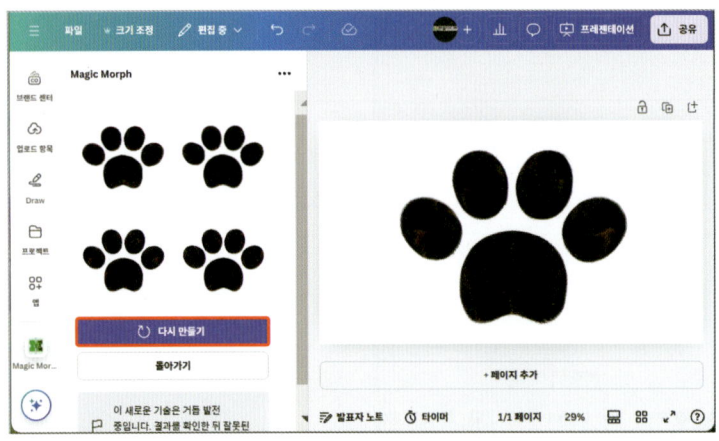

김한나 선생님의 꿀팁 Magic Morph 사용 시 주의할 점

텍스트에 Magic Morph 기능을 적용할 수 있습니다. 단, 텍스트가 너무 얇으면 원하는 질감이 잘 표현되지 않습니다. 두꺼운 텍스트를 사용해야 만족스러운 결과를 얻을 수 있습니다.

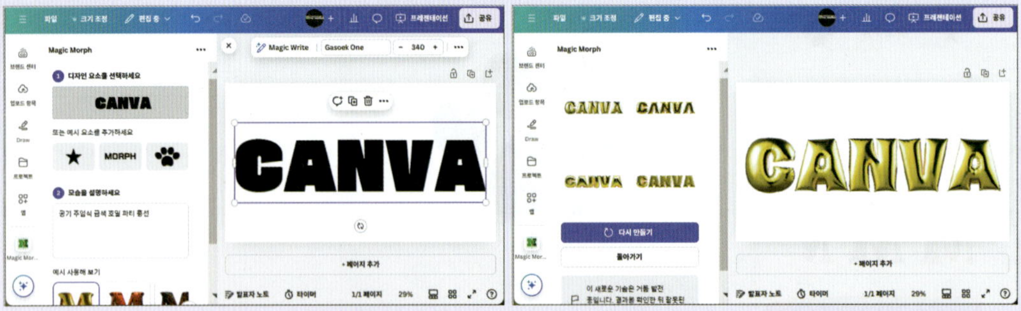

▲ 두꺼운 글꼴에 Magic Morph를 사용한 예

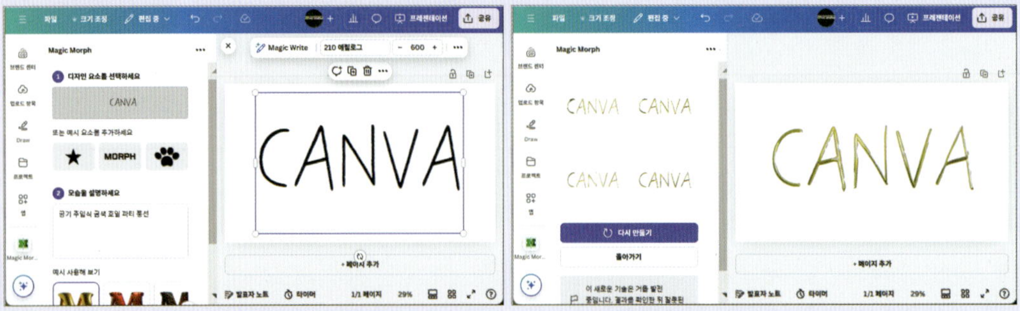

▲ 얇은 글꼴에 Magic Morph를 사용한 예

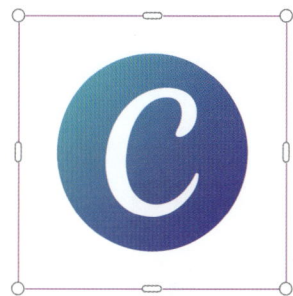

LESSON 12
이미지를 변환해주는 다양한 앱

Animeify로 이미지를 애니메이션 스타일로 바꾸기

캔바에는 이미지를 원하는 스타일로 바꿀 수 있는 다양한 AI 앱이 있습니다. 인공지능을 활용하여 이미지를 변환합니다. 그중 Animeify는 이미지를 애니메이션 스타일로 변환해주는 기능입니다. 하나씩 살펴보겠습니다.

01 캔바 홈 화면에서 [프레젠테이션]을 클릭하여 에디터 화면을 엽니다. ❶ 디자인 도구 바에서 [앱]을 클릭합니다. ❷ [앱] 패널이 열리면 검색창에 **Animeify**를 입력한 후 검색합니다. [Animeify] 앱을 선택하면 Animeify 앱 소개가 표시됩니다. ❸ [열기]를 클릭합니다.

02 ① [Animeify] 패널이 열리면 [Choose file]을 클릭합니다. ② 변환하고 싶은 사진을 불러옵니다. 여기서는 먹음직스러운 파스타 사진을 불러왔습니다. 둥글고 흰 접시 위에 음식이 놓여 있고, 전반적으로 주황빛을 띠며 파스타 면이 녹색 채소, 새우와 함께 어우러져 있습니다.

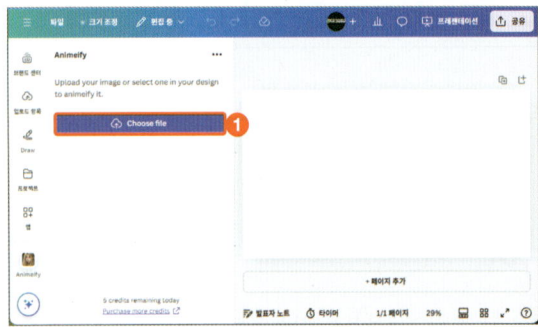 

03 ① 캔바로 사진을 업로드하면 자동으로 변환을 시작합니다. 약 1분 30초~2분 정도의 시간이 소요됩니다. ② 애니메이션 스타일로 변환되었습니다. 앞서 언급한 것처럼 둥글고 흰 접시 위에 파스타면, 녹색 채소, 새우가 놓여 있습니다. 인공지능이 사진의 특징을 잘 파악한 것을 알 수 있습니다.

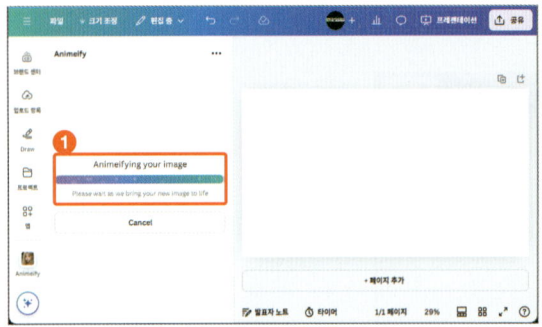 

04 이번에는 풍경과 인물이 자연스럽게 어우러진 사진을 변환해보겠습니다. 배경에는 구름, 산과 나무, 호수를 낀 마을이 있고, 이를 바라보는 사람의 뒷모습이 보입니다.

05 애니메이션 스타일로 변환되었습니다. **04**에서 언급한 특징들이 잘 표현되었습니다. 이처럼 Animeify를 활용하면 원하는 사진을 특징을 살려 애니메이션 스타일로 쉽고 빠르게 변환할 수 있습니다.

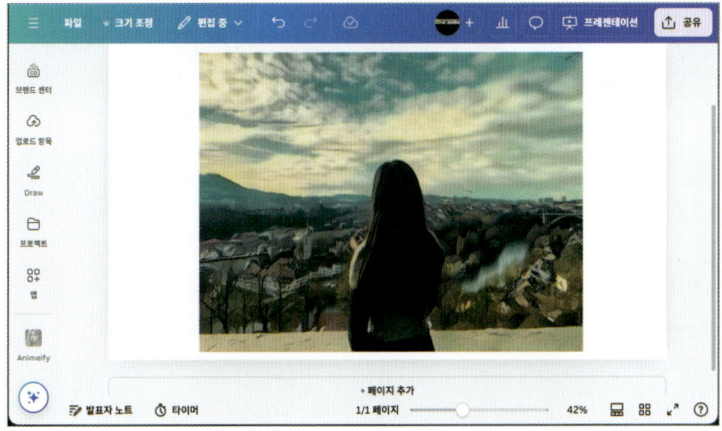

TIP 자신의 얼굴을 드러내고 싶지 않은 학생의 경우 Animeify를 활용하여 애니메이션으로 변환한 캐릭터를 활용해도 좋습니다.

Cartoonify로 이미지를 만화 스타일로 바꾸기

Cartoonify는 이미지를 만화 스타일로 변환해줍니다. 간단한 과정을 통해 확인해보겠습니다.

06 캔바 홈 화면에서 [프레젠테이션]을 클릭하여 에디터 화면을 엽니다. ❶ 디자인 도구 바에서 [앱]을 클릭합니다. ❷ [앱] 패널이 열리면 검색창에 **Cartoonify**를 입력한 후 검색합니다. [Cartoonify] 앱을 선택하면 Cartoonify 앱 소개가 표시됩니다. ❸ [열기]를 클릭합니다.

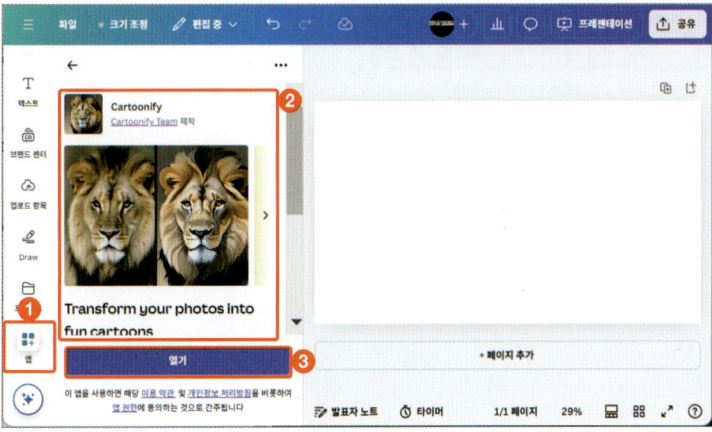

07 ❶ [Cartoonify] 패널이 열리면 [Choose file]을 클릭합니다. ❷ 변환하고 싶은 사진을 불러옵니다. 여기서는 고양이 사진을 불러왔습니다. 나무 그늘 아래에서 나른하게 자고 있는 모습이 인상적입니다.

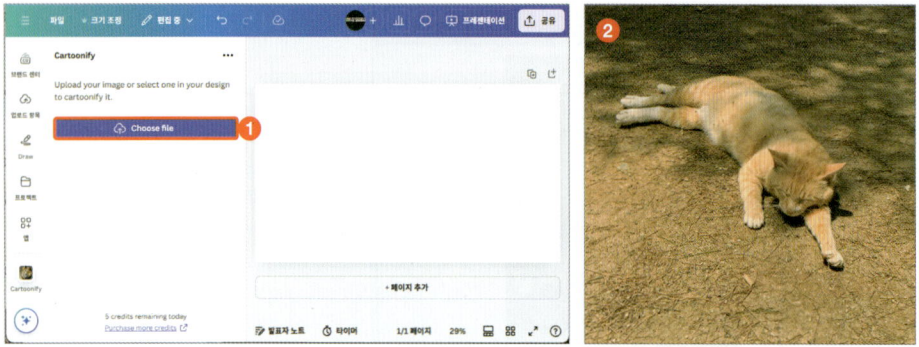

08 캔바로 사진을 업로드하면 자동으로 변환을 시작합니다. 만화 스타일로 변환되었습니다. 나무 그늘 아래 나른하게 자고 있는 고양이의 모습이 잘 표현되었습니다.

Paintify로 이미지를 유화로 바꾸기

Paintify는 이미지를 유화 스타일로 변환해주는 기능입니다. 원하는 이미지를 불러와 캔바로 업로드하면 자동으로 해당 스타일에 맞게 변환되니 간단한 과정으로 멋진 유화를 감상할 수 있습니다.

09 캔바 홈 화면에서 [프레젠테이션]을 클릭하여 에디터 화면을 엽니다. ❶ 디자인 도구 바에서 [앱]을 클릭합니다. ❷ [앱] 패널이 열리면 검색창에 **Paintify**를 입력한 후 검색합니다. [Paintify] 앱을 선택하면 Paintify 앱 소개가 표시됩니다. ❸ [열기]를 클릭합니다.

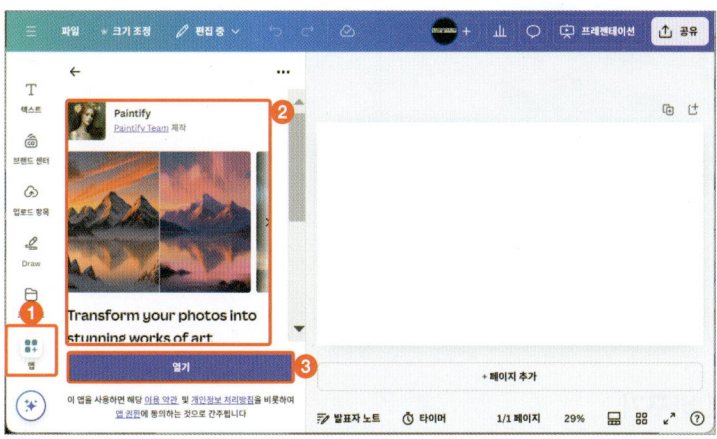

10 ❶ [Paintify] 패널이 열리면 [Choose file]을 클릭합니다. ❷ 변환하고 싶은 사진을 불러옵니다. 여기서는 스위스 알프스 산맥의 설산 사진을 불러왔습니다. 웅장한 설산 아래에 사람이 작게 보입니다.

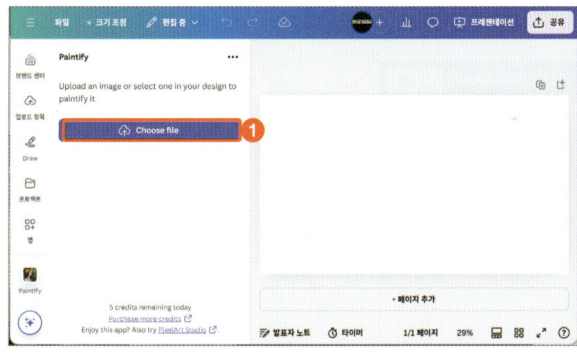

11 캔바로 사진을 업로드하면 자동으로 변환을 시작합니다. 물감으로 그린 듯한 느낌으로 잘 표현되었습니다.

학생들과 각자 원하는 사진을 Paintify로 변환하여 엽서, 포스터 등과 같은 굿즈를 제작해도 좋습니다.

Pixelify로 이미지를 픽셀아트로 바꾸기

Pixelify는 이미지를 픽셀아트로 변환해줍니다. 다음을 살펴봅니다.

12 캔바 홈 화면에서 [프레젠테이션]을 클릭하여 에디터 화면을 엽니다. ❶ 디자인 도구 바에서 [앱]을 클릭합니다. ❷ [앱] 패널이 열리면 검색창에 **Pixelify**를 입력한 후 검색합니다. [Pixelify] 앱을 선택하면 Pixelify 앱 소개가 표시됩니다. ❸ [열기]를 클릭합니다.

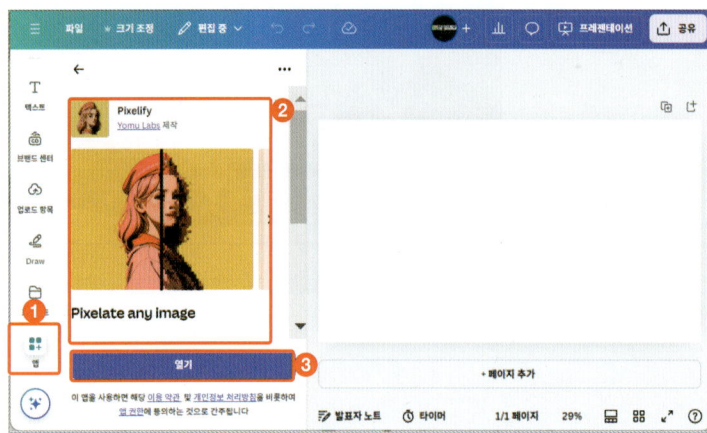

13 ❶ [Pixelify] 패널이 열리면 [Choose file]을 클릭합니다. ❷ 변환하고 싶은 사진을 불러옵니다. 여기서는 캐릭터 일러스트 파일을 불러왔습니다.

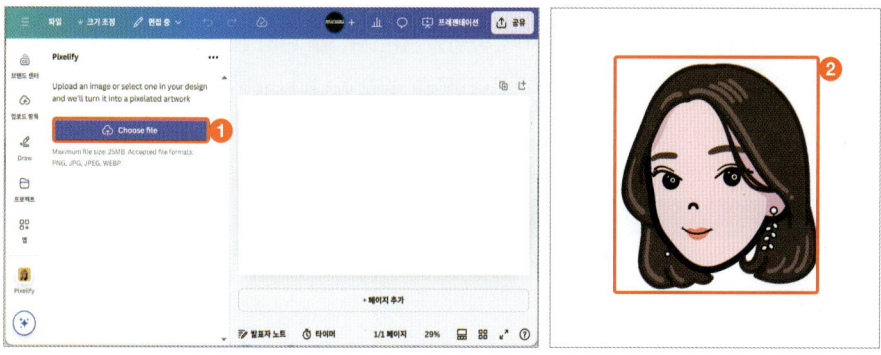

14 ❶ Pixel size를 설정합니다. Pixel size는 1부터 50 사이의 값으로 설정하면 됩니다. ❷ 비교를 위해 오른쪽 캔버스에 변환된 세 개의 캐릭터 픽셀아트를 놓았습니다. Pixel size가 왼쪽은 1, 가운데는 10, 오른쪽은 50입니다. ❸ [Add to design]을 클릭하여 픽셀아트로 변환합니다.

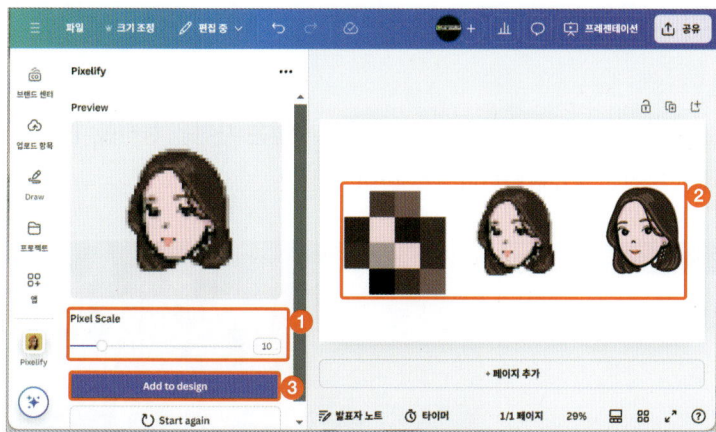

> **TIP** Pixel size가 1에 가까울수록 픽셀의 크기가 커지고, 50에 가까울수록 픽셀의 크기가 작아져 원본과 가까워집니다.

Colorify로 이미지를 픽셀아트로 바꾸기

Colorify는 흑백 이미지를 컬러 이미지로 변환해주는 기능입니다.

15 캔바 홈 화면에서 [프레젠테이션]을 클릭하여 에디터 화면을 엽니다. ❶ 디자인 도구 바에서 [앱]을 클릭합니다. ❷ [앱] 패널이 열리면 검색창에 **Colorify**를 입력한 후 검색합니다. [Colorify] 앱을 선택하면 Colorify 앱 소개가 표시됩니다. ❸ [열기]를 클릭합니다.

16 ❶ [Colorify] 패널이 열리면 [Choose file]을 클릭합니다. ❷ 변환하고 싶은 사진을 불러옵니다. 여기서는 미국 샌프란시스코에서 찍은 해변 사진을 불러왔습니다.

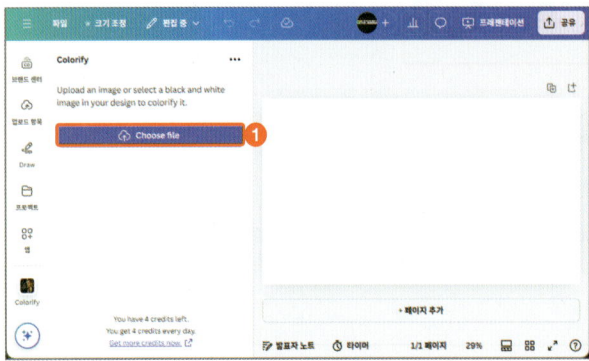

17 캔바로 사진을 업로드하면 자동으로 변환을 시작합니다. AI가 사진을 인식하고 어울리는 색을 찾아 컬러 사진으로 변환했습니다.

역사적 인물, 사건이 담긴 흑백 사진을 컬러 사진으로 바꿔보고 해당 인물과 사건을 설명하는 자료를 만들어봅니다.

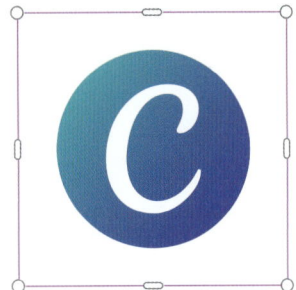

LESSON 13
스케치를 이미지로 바꾸다, Sketch To Life

Sketch To Life로 스케치를 이미지로 바꾸기

원하는 이미지를 그리거나 찾고 싶은데 생각처럼 되지 않을 때가 있습니다. 이때 사용할 수 있는 앱이 바로 Sketch To Life입니다. Sketch To Life를 이용하면 간단한 스케치만으로도 원하는 이미지를 쉽게 구현해 낼 수 있습니다. 인공지능이 내가 그린 스케치와 해당 스케치에 대한 설명을 바탕으로 원하는 이미지를 생성해줍니다.

01 캔바 홈 화면에서 [프레젠테이션]을 클릭하여 에디터 화면을 엽니다. ❶ 디자인 도구 바에서 [앱]을 클릭합니다. ❷ [앱] 패널이 열리면 검색창에 **Sketch To Life**를 입력한 후 검색합니다. [Sketch To Life] 앱을 선택하면 Sketch To Life 앱 소개가 표시됩니다. ❸ [열기]를 클릭합니다.

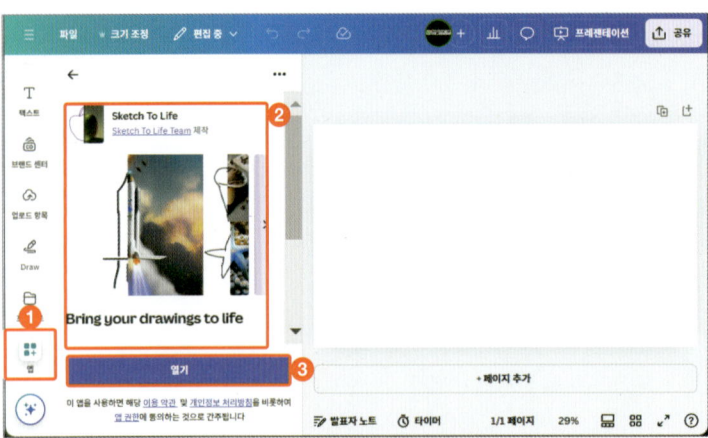

02 ❶ [Sketch To Life] 패널이 열리면 원하는 이미지를 떠올리며 스케치를 합니다. 마우스로 가볍게 그리면 됩니다. 큰 특징이 드러나게 그릴수록 좋습니다. 여기서는 귀여운 곰을 그렸습니다. ❷ [Describe your sketch]에 그림에 대한 설명을 영어로 작성합니다. 여기서는 **A cute bear**라고 입력했습니다. ❸ [Generate]를 클릭합니다.

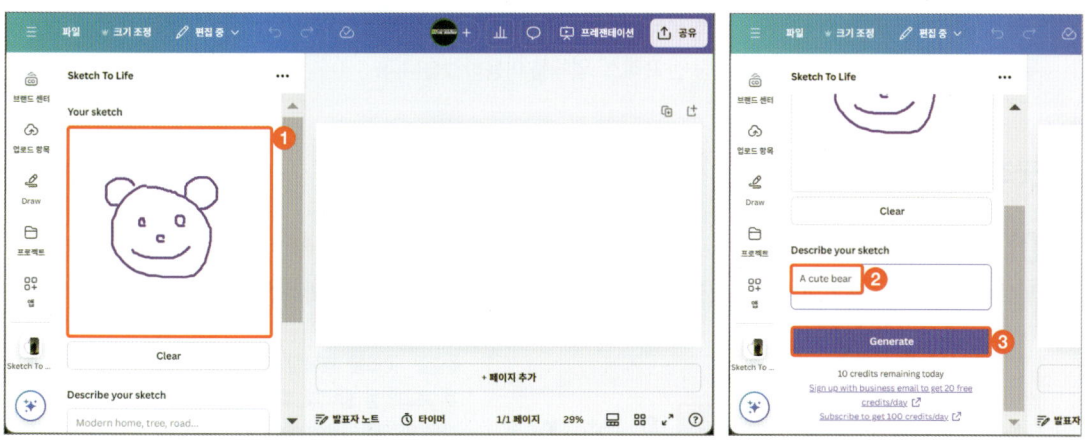

03 잠시 후 스케치와 입력한 텍스트에 기반한 귀여운 곰 이미지가 생성됩니다.

캔바 디자인으로 굿즈 제작하기

캔바를 활용하여 티셔츠, 머그컵, 스티커, 포스터 등 다양한 형태의 굿즈 디자인을 해보겠습니다. 캔바로 디자인한 작품을 실제 상품으로 제작하기 위해 굿즈 제작 업체를 이용하는 과정에 대해서도 알아보겠습니다. 굿즈 제작 업체는 매우 많은데 이번 실습에서는 '레드프린팅 앤 프레스' 업체를 이용하겠습니다.

굿즈 디자인하기

01 ❶ 레드프린팅 앤 프레스(redprinting.co.kr/ko)에 접속합니다. ❷ 아래로 스크롤하여 [BEST] 목록에서 원하는 굿즈의 형태를 선택합니다. 여기서는 [특가 엽서]를 선택하겠습니다.

TIP 굿즈를 제작할 업체를 선정했으면 회원 가입을 한 후 로그인을 합니다. 회원 가입 절차가 번거롭거나 추후에 다른 업체를 이용할 예정이라면 '비회원 주문하기'도 있으니 바로 회원 가입하지 않고 실습을 따라 합니다.

02 제작 가이드와 제작 가능 사이즈(규격)를 확인합니다. 특가 엽서는 150×100mm, 148×105mm 사이즈로 제작할 수 있습니다. 여기서는 150×100mm 사이즈로 제작해보겠습니다.

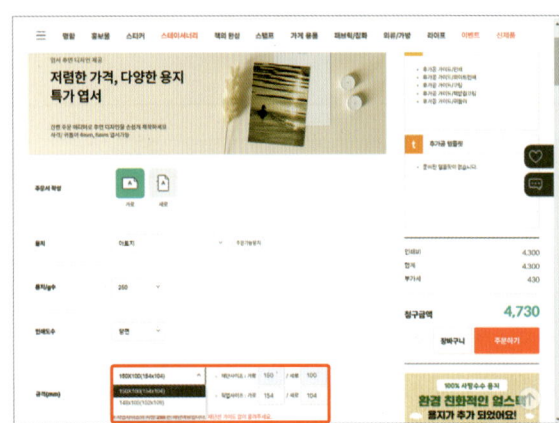

03 새로운 탭을 클릭하고 캔바에 접속합니다. ❶ 캔바 홈 화면에서 [디자인 만들기]를 클릭합니다. ❷ [맞춤형 크기]를 클릭합니다. ❸ 단위는 [mm]를 선택하고 가로는 **150**, 세로는 **100**을 입력합니다. ❹ [새 디자인 만들기]를 클릭합니다.

04 ❶ [디자인] 패널의 검색창에 **graduation**을 입력한 후 검색합니다. ❷ 학사모 템플릿을 선택하고 ❸ 다음과 같이 중앙에 **졸업 축하해**를 입력합니다.

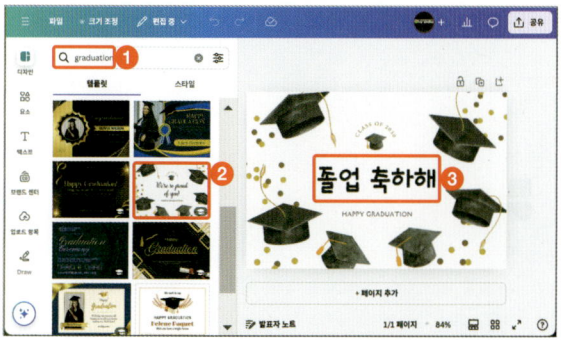

05 ❶ [공유]를 클릭하고 ❷ [다운로드]를 클릭합니다. ❸ 파일 형식은 [PNG]로 두고 ❹ [크기x]는 1로 설정합니다. ❺ [다운로드]를 클릭합니다.

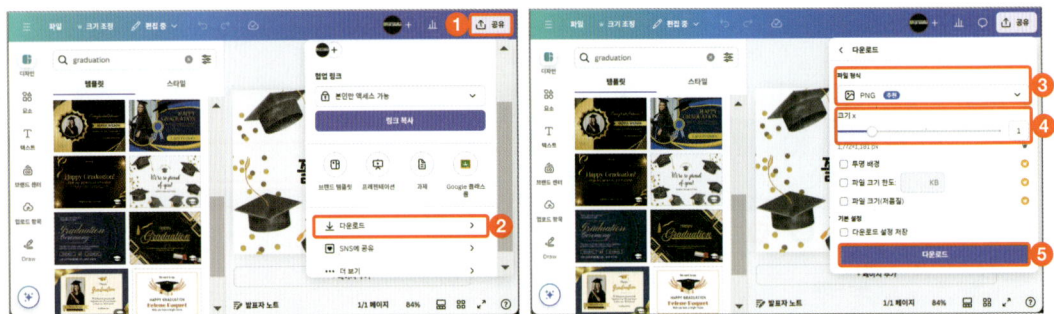

TIP [크기x]에서는 이미지의 배율을 선택할 수 있습니다. 기본적으로 1로 설정되어 있습니다. 숫자가 클수록 배율이 높아지고 이미지의 화질이 높아지지만 그만큼 파일의 크기가 커지므로, 파일 업로드 시 파일 크기 제한을 확인할 필요가 있습니다.

굿즈 주문 제작하기

06 레드프린팅 앤 프레스로 돌아옵니다. 특가 엽서의 주문서를 작성하겠습니다. 이미지 방향, 용지 종류, 수량 등을 선택합니다. 이때 규격은 **02**에서 설정한 사이즈인 150×100으로 선택합니다.

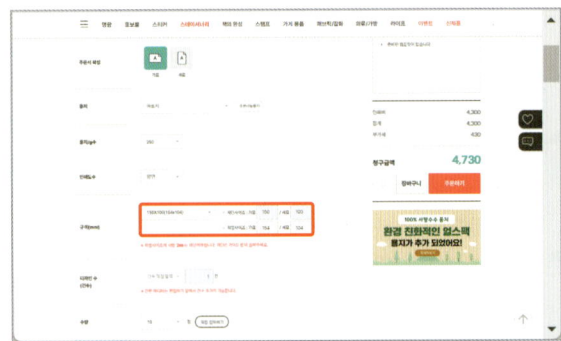

07 ❶ [간편 에디터]를 클릭하고 ❷ [편집하기]를 클릭합니다.

TIP 파일 업로드의 경우 [PDF ONLY]를 통해 PDF 파일을 직접 업로드해도 되지만, [간편 에디터]를 이용하면 편리합니다.

08 편집 화면이 나타납니다. ❶ 안내 사항을 확인합니다. 분홍색 선은 커팅선, 보라색 선은 작업 여유분, 노란색 선은 안전 영역입니다. ❷ [이미지 업로드]를 클릭하고 ❸ 캔바에서 작업한 파일을 불러옵니다.

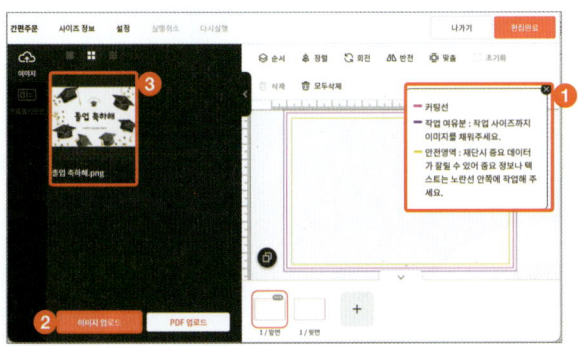

09 ❶ 이미지 파일을 캔버스로 드래그합니다. 이미지를 가이드라인에 맞게 크기 및 위치를 조정합니다. ❷ 같은 방법으로 뒷면의 이미지도 넣습니다. ❸ 편집을 완료하면 오른쪽 상단의 [편집 완료]를 클릭합니다.

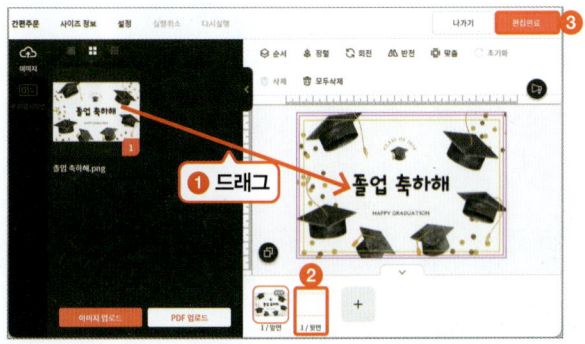

10 금액을 확인하고 [주문하기]를 클릭합니다. 결제를 하면 주문이 완료됩니다. 이제 굿즈가 배송될 날만 기다리면 됩니다. 이와 같은 방법으로 다른 종류의 굿즈를 얼마든지 제작할 수 있습니다.

학생들과 굿즈 디자인을 해보고 직접 제작한 굿즈를 받아보면 학생들이 느끼는 성취감은 이루 말할 수 없이 크고 다른 부분에서도 큰 동기부여를 받습니다. 먼저 간단한 굿즈 디자인 작업을 함께해보며 기억에 남고 의미 있는 수업을 만들어보길 바랍니다.

CHAPTER 03

선생님과 캔바 디자인 200% 활용하기

LESSON 01.
디자인하기 전 나만의 팔레트 만들기

LESSON 02.
사진을 활용하여 사실감 있게 디자인하기

LESSON 03.
특별한 이미지로 퀄리티 있는 수업 자료 만들기

LESSON 04.
애니메이션 효과를 활용하여 생동감 있는
동화 영상 만들기

LESSON 05.
그림으로 영상 만들고, 영상에
음악/음성 삽입하여 공유하기

LESSON 06.
역시 캔바! 모바일 버전도 이용하기

[김예슬 선생님의 특강]
사진을 움직이는 그림으로 만들기

LESSON 01
디자인하기 전 나만의 팔레트 만들기

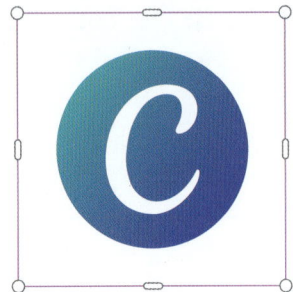

다양한 방식으로 배경 디자인하기

배경을 디자인할 때 가장 중요하게 고려해야 할 것은 현재 작업하고 있는 문서의 전체적인 분위기입니다. 나타내고자 하는 것, 즉 주제에 어울리는 배경을 선택하는 것이 좋습니다. 배경을 설정하는 다양한 방식을 살펴보며 캔바를 200% 활용해봅니다.

01 먼저 색을 활용하여 배경을 설정해보겠습니다. 작업할 캔버스 크기는 [인스타그램 게시물(정사각형)]을 선택하여 진행했습니다. ❶ 에디터 화면이 열리면 디자인 도구 바에서 [앱]을 클릭합니다. ❷ [앱] 패널이 열리면 아래로 스크롤하여 [배경]을 선택합니다.

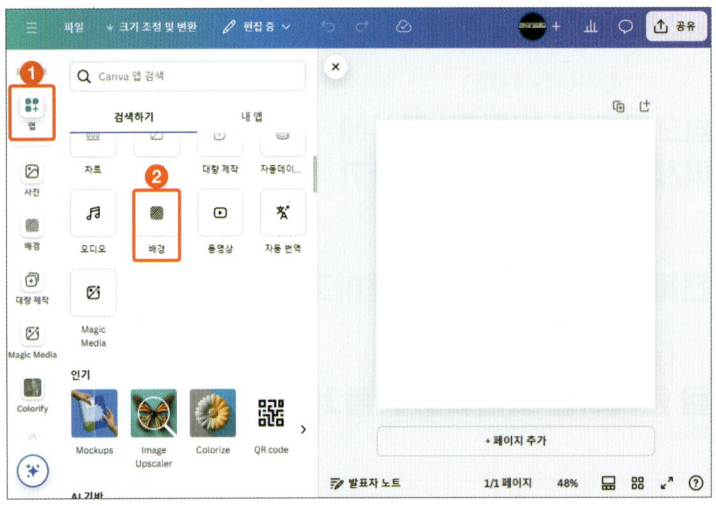

> **TIP** ▶ 캔바 홈 화면에서 [디자인 만들기]를 클릭하고 [인스타그램 게시물(정사각형)]을 선택합니다.

> **TIP** ▶ [앱] 패널의 검색창에 '배경'을 입력한 후 검색해서 선택해도 됩니다.

02 ❶ [배경] 패널이 나타나면 팔레트 모양의 아이콘을 클릭합니다. ❷ 단색에서 선택할 수도 있고, ❸ 아래로 스크롤하여 그라데이션에서 배경을 설정할 수도 있습니다. 원하는 색상을 선택해봅니다.

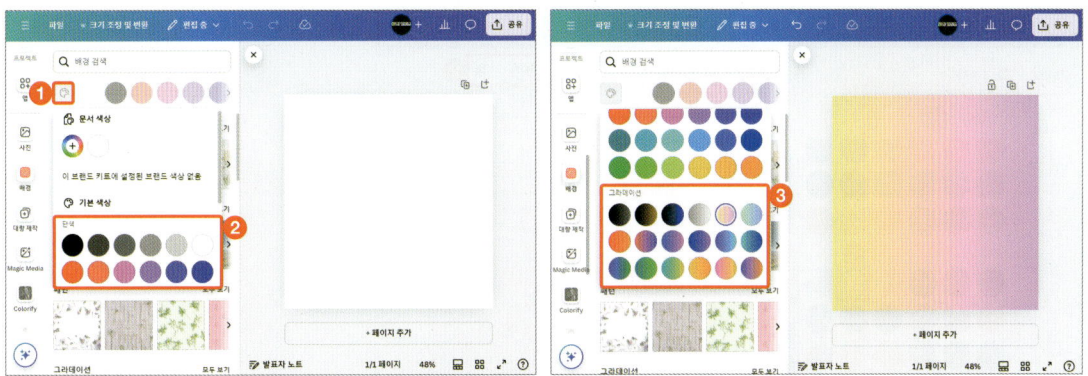

03 원하는 색상이 없다면 ❶ [문서 색상]에서 [새로운 색상 추가]를 클릭합니다. ❷ 색상 코드를 직접 입력하거나 원하는 색을 클릭합니다.

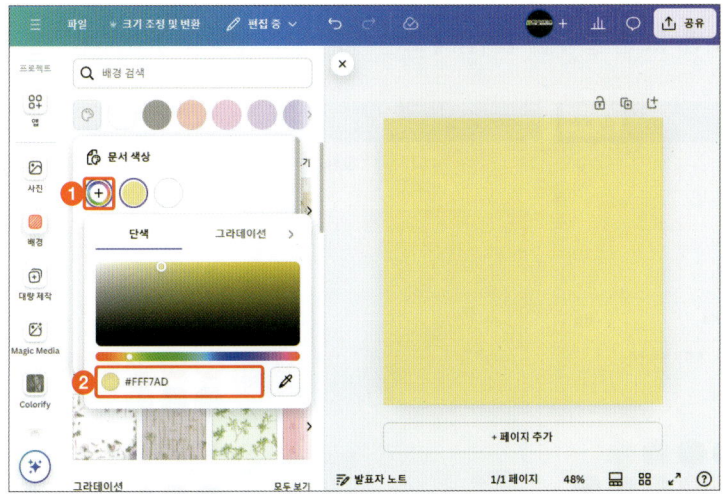

 김예슬 선생님의 꿀팁 | **색상 코드 꼭 활용하기**

색상 설정은 매우 중요한데, 어떤 색상을 어디에 배치하느냐에 따라 작업물의 분위기가 달라지기 때문입니다. 색상 코드는 여섯 자리로 이루어져 있으며 FFFFFF는 검은색, 000000은 흰색입니다. 지정되어 있는 색으로 작업을 해야 하는 경우라면 다음의 사이트를 활용하면 편리합니다.

· RGB 색상 코드 사이트 : https://www.rapidtables.org/ko/web/color/RGB_Color.html

04 ❶ 여기서는 그라데이션에서 원하는 색상을 선택했습니다. ❷ 색상을 설정하고 화면을 클릭하면 오른쪽 상단에 작은 팝업 메뉴가 나타납니다.

05 ❶ [배경 색상]을 클릭합니다. ❷ 번거로운 절차 없이 마음에 드는 색상으로 변경할 수 있습니다.

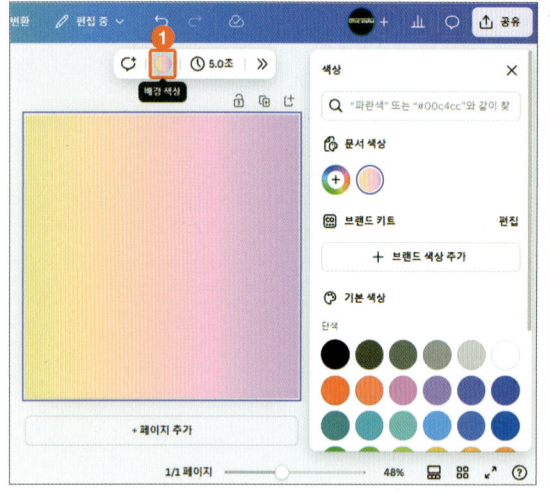 

06 [배경 색상]에서 마음에 드는 배경을 찾지 못했다면 색상 위에 원하는 패턴을 넣어 구성할 수 있습니다. ❶ [요소]에서 **패턴**을 검색하고 ❷ [그래픽]을 클릭합니다. ❸ 원하는 패턴을 선택하고 크기를 조정해 배치하면 패턴 배경이 완성됩니다.

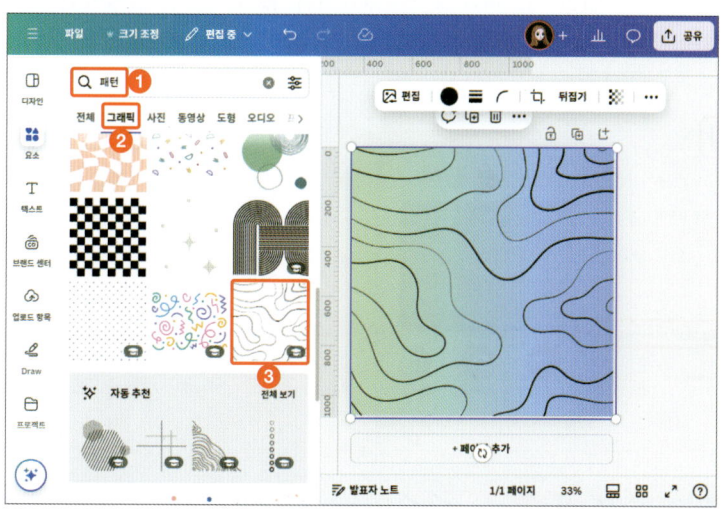

지금까지 배경을 설정하는 다양한 방법에 대해 살펴보았습니다. 단색으로만 배경을 설정하면 자칫 단조롭고 심심할 것 같다고 생각하여 패턴이나 여러 요소를 과하게 삽입할 수 있습니다. 과하면 콘셉트를 드러내기가 어렵습니다. 가령, 로고를 작업할 경우에는 배경을 단색으로 단순하게 설정해야 해당 업체를 대표하는 요소(로고)가 돋보일 수 있습니다. 깔끔하고 모던한 디자인이 필요한 경우 단색으로 설정하면, 그 자체가 하나의 요소가 됩니다. 패턴이나 사진 등 다른 요소로 배경을 꾸밀 경우, 작업물의 콘셉트와 연관된 요소를 활용합니다. 배경은 디자인 작업물의 분위기를 좌우하는 중요한 요소임을 기억합니다.

 **김예술 선생님의 꿀팁** | **색상 조합이 필요할 때 활용할 수 있는 사이트**

메인이 될 색상을 설정했다면 메인 색과 어울리는 서브 색을 찾습니다. 디자인에는 정답이 없어 어떤 색을 사용해도 좋습니다. 단, 작업물의 주제에 따라 색이 주는 효과가 크므로 메인 색과 조화를 이루는 서브 색을 매칭해보는 연습을 꾸준히 합니다.

- 어도비 컬러 : https://color.adobe.com/
- 컬러스 : https://coolors.co/
- 컬러 헌트 : https://colorhunt.co/

분위기를 좌우하고 주제를 전달하는 색

이번에는 색을 활용하여 주제를 명확하게 전달하는 방법을 알아봅니다.

01 캔바 홈 화면의 검색창에서 작업물 주제에 어울리는 색을 찾아보겠습니다. ❶ 검색창을 클릭하면 검색 기록을 다시 찾아볼 수 있고, 원하는 작업물의 스타일도 선택할 수 있습니다. ❷ [교육 프레젠테이션(16,9)]을 선택합니다.

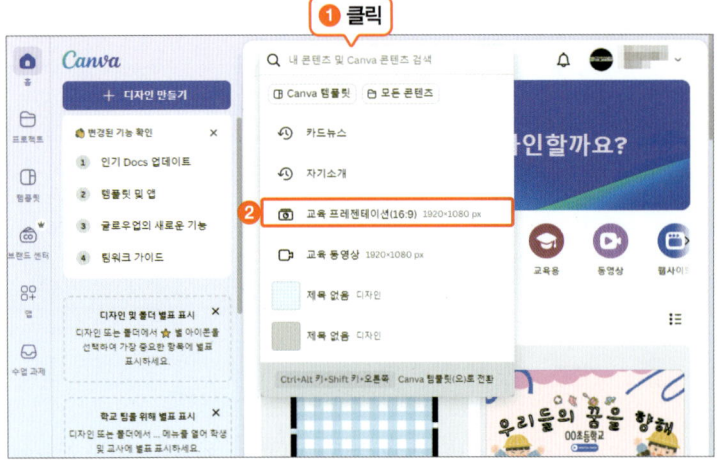

02 [디자인 만들기] 아래로 템플릿에 대한 카테고리가 다양하게 정렬되어 있음을 확인할 수 있습니다. ❶ 다양한 카테고리 내에서 [교육용]을 선택합니다. 하위 카테고리가 세부적으로 나누어져 있음을 확인할 수 있습니다. ❷ [교육용]-[자료 유형]-[프레젠테이션(PPT)] 탭에서 ❸ [모든 필터]를 클릭하고, ❹ [학년] 탭에서 [유치원], [2학년], [3학년], [4학년]을 클릭한 후, ❺ [적용]을 클릭합니다.

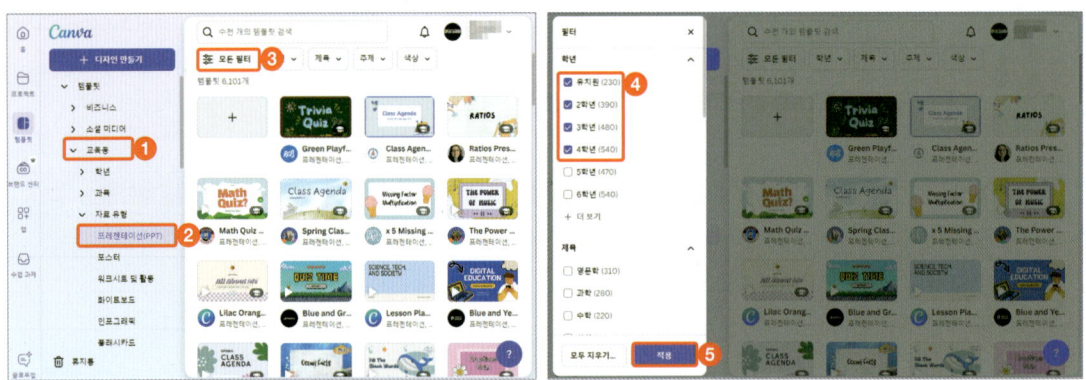

TIP 캔바에서는 전문 디자이너가 제작한 교육 프레젠테이션 템플릿을 무료로 제공하고 있습니다. [모든 필터]에서 여러 가지 필터를 선택할 수 있습니다. 필터를 많이 선택할수록 검색 결과로 나타나는 템플릿의 수는 적습니다.

03 자연과 환경에 대한 주제로, 폭염에 대한 수업 자료를 만들어보겠습니다. ❶ [유치원], [2학년], [3학년], [4학년]이라는 세부 카테고리에 어울리는 템플릿이 1,173개가 검색됩니다. ❷ [색상] 필터를 클릭합니다. 더위, 폭염과 연관이 있는 주황색(#FE884C)을 선택하니 ❸ 템플릿 수가 52개로 줄었습니다. 원하는 색감이 있다면 이 방법으로 템플릿을 선별할 수 있습니다.

04 ❶ 다시 [모든 필터]를 클릭합니다. ❷ ❸ 아래로 스크롤하고 [스타일]에서 [일러스트레이션]을 적용합니다. ❹ [색상] 필터는 노란색으로 적용합니다. 노란색이 포함된 일러스트레이션 느낌의 템플릿이 186개가 검색되었습니다.

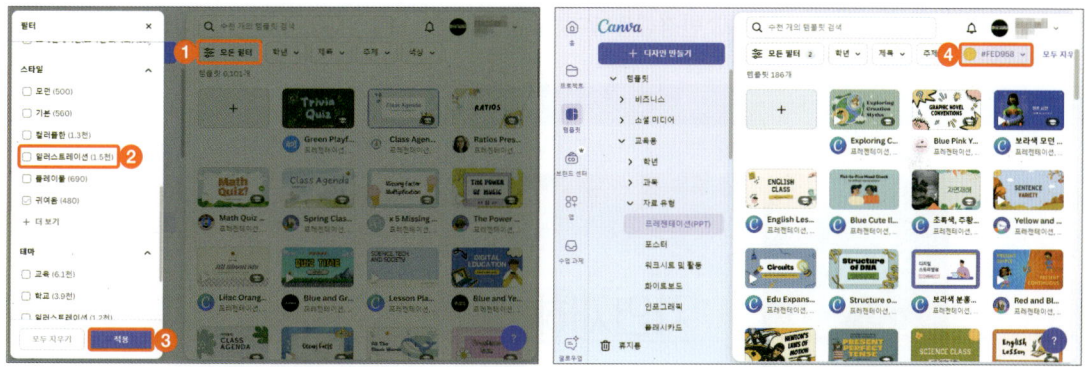

> **TIP** 템플릿 이미지 위에 마우스를 올려둔 후 잠시 기다리면 템플릿의 구성 페이지와 슬라이드를 천천히 보여줍니다. 템플릿을 하나하나 클릭해서 확인하는 번거로움이 없어 매우 편리합니다.

05 원하는 템플릿을 선택합니다. 템플릿 제목과 상세 페이지들을 확인할 수 있습니다. [이 템플릿 맞춤 편집하기]를 클릭하면 나의 작업물로 불러올 수 있습니다. 아래의 '비슷한 이미지' 영역에서 비슷한 느낌의 다른 템플릿을 찾을 수도 있습니다.

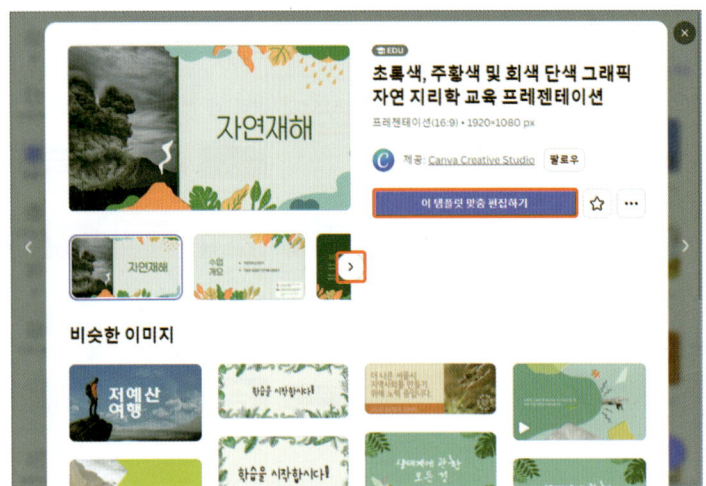

06 선택한 템플릿을 살펴봅니다. 초록, 주황, 노랑의 단색과 파스텔톤을 결합하여 자연과 재해의 느낌을 연출하고 있습니다. 같은 템플릿이라도 색상을 다르게 설정하면 전체적인 분위기가 달라집니다. 배경뿐만 아니라 요소의 색상, 글꼴도 다양하게 변경해봅니다.

07 요소의 색상을 변경하기 위해 하나하나 클릭하면 작업 시간이 오래 걸립니다. ❶ 색상을 변경하고 싶은 요소 하나를 클릭하고 ❷ 요소 편집 메뉴에서 [색상]을 클릭합니다. ❸ 원하는 색상으로 설정하고 ❹ [모두 변경]을 클릭합니다. 템플릿 속의 동일한 요소들이 모두 설정한 색으로 변경되며 ❺ 상단에 [모든 페이지 색상이 변경되었습니다.]라는 메시지가 나타났다가 사라집니다.

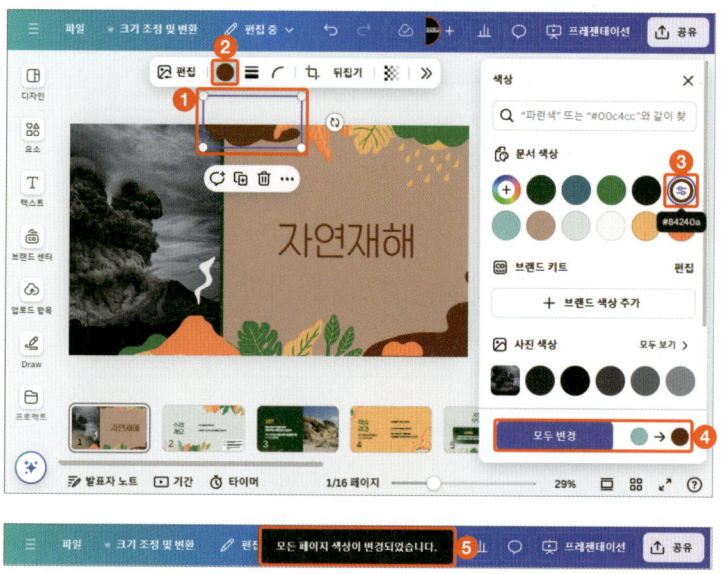

적절한 위치에 요소 배치하기

디자인 작업을 할 때 요소를 어디에 어떻게 배치하느냐에 따라서 작품의 느낌이 180도 달라집니다. 실습을 통해 살펴보겠습니다.

01 ❶ 캔바 홈 화면에서 [디자인 만들기]를 클릭합니다. ❷ ❸ [교육용]-[교육 프레젠테이션]을 클릭합니다.

02 여름 바다와 환경을 주제로 한 작업물을 만들어보겠습니다. ❶ 디자인 도구 바에서 [요소]를 클릭합니다. ❷ [요소] 패널의 검색창에 **여름**을 입력한 후 검색합니다. ❸ 그래픽에서 [모두 보기]를 클릭하여 여름과 관련된 요소를 확인합니다. 여름이라는 주제를 어떻게 나타낼 것인지 고민을 하며 요소를 살펴봅니다.

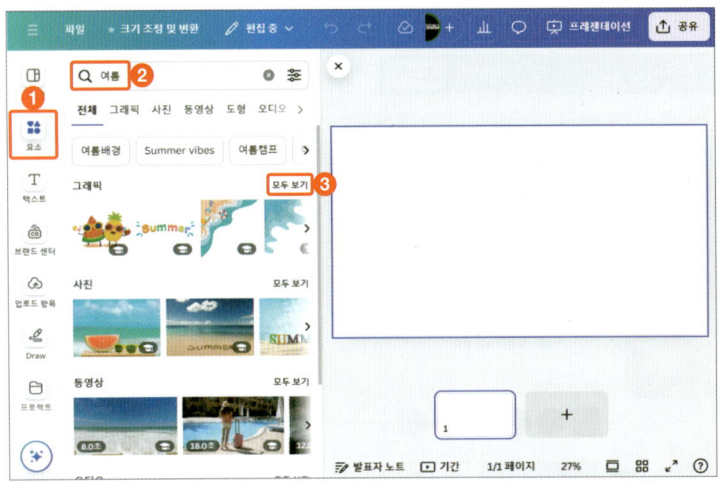

03 첫 페이지는 여름 바다와 관련하여 환경 자료를 구성해보겠습니다. ❶ 바다 이미지를 선택합니다. ❷ 캔버스에 이미지가 적용됩니다. 이미지가 선택되면 이미지의 각 모서리에 점이 생성됩니다. 점을 드래그하여 이미지의 크기를 늘리거나 줄일 수 있습니다.

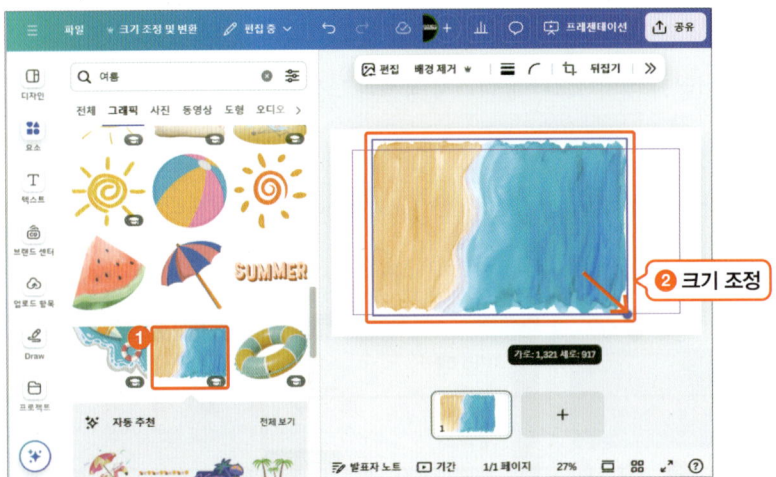

04 다음과 같이 배경으로 사용하기 위해 바다 이미지를 캔버스에 가득 채웁니다.

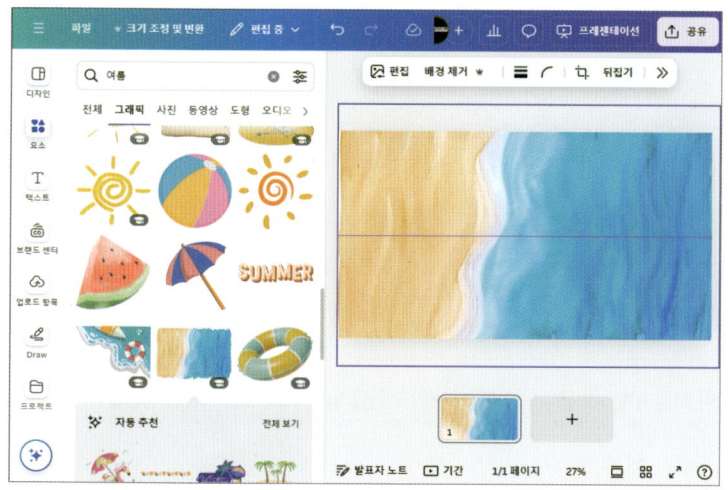

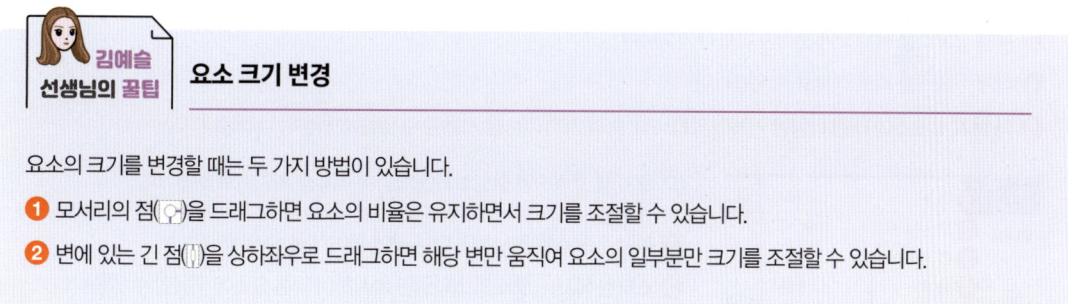

요소 크기 변경

요소의 크기를 변경할 때는 두 가지 방법이 있습니다.

❶ 모서리의 점( )을 드래그하면 요소의 비율은 유지하면서 크기를 조절할 수 있습니다.
❷ 변에 있는 긴 점( )을 상하좌우로 드래그하면 해당 변만 움직여 요소의 일부분만 크기를 조절할 수 있습니다.

05 여름 바다와 관련한 환경 자료라는 주제를 염두에 두고 ❶ 필요한 요소를 찾아서 ❷ 적절한 위치에 배치합니다.

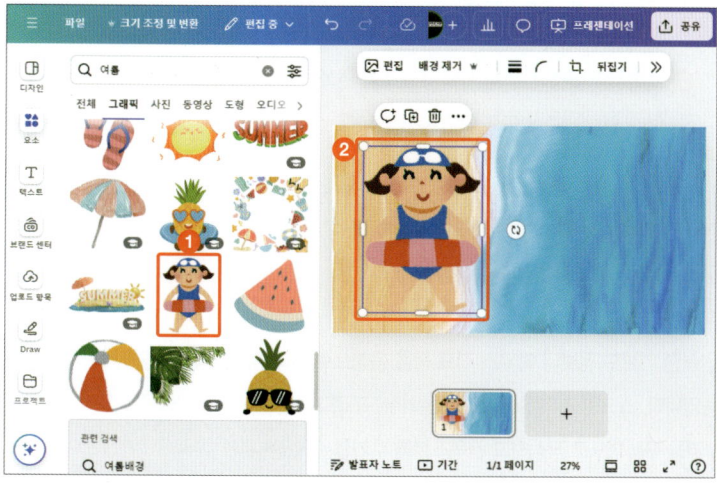

요소의 숨은 기능 활용하기

페이지에 적용된 요소를 클릭했을 때 다양한 버튼이 활성화됩니다. 버튼에 대한 기능을 알면 더욱 효율적으로 작업할 수 있습니다.

① **회전** | 요소의 각도를 조절하여 회전할 수 있습니다.
② **댓글** | 해당 요소에 대한 메모를 남기거나 멘션(@)을 추가할 수 있습니다.
③ **복제** | 요소를 복제하여 문서에 바로 추가합니다.
④ **삭제** | 요소를 바로 삭제할 수 있습니다.
⑤ **더 보기** | 요소에 대한 다양한 기능이 있습니다. 여러 가지 기능을 사용할 수 있는 선택창이 나타납니다.

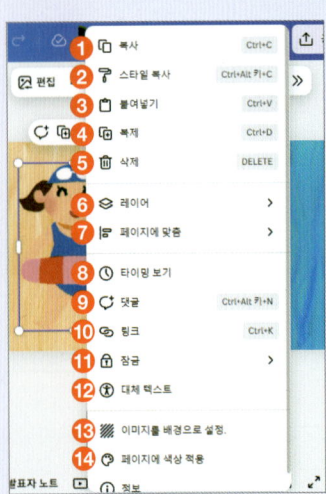

[더 보기]를 클릭하면 활성화되는 다양한 메뉴를 확인해보겠습니다.

① **복사** | 요소를 복사하여 다른 곳에 붙여 넣을 수 있습니다.
② **스타일 복사** | 요소의 스타일만 복사하여 다른 요소에 적용할 수 있습니다.
③ **붙여넣기** | 복사한 요소를 붙여 넣을 수 있습니다.
④ **복제** | 복사한 후 붙여넣기하는 과정 없이 바로 똑같은 요소를 하나 더 생성합니다.
⑤ **삭제** | 요소를 삭제합니다.
⑥ **레이어** | 현재 선택된 요소가 작업물에서 몇 번째로 위에 혹은 아래에 위치할지 결정할 수 있습니다.
⑦ **페이지에 맞춤** | 현재 선택된 요소가 왼쪽, 가운데, 오른쪽, 맨 위, 가운데, 맨 아래 위치할 수 있도록 맞출 수 있습니다.
⑧ **타이밍 보기** | 애니메이션으로 제작할 때 요소가 나타나는 시간을 확인할 수 있습니다.
⑨ **댓글** | 해당 요소에 대한 메모를 남기거나 멘션(@mention)을 추가할 수 있습니다.
⑩ **링크** | 해당 요소를 클릭하면 연결된 링크로 바로 이동할 수 있도록 설정합니다.
⑪ **잠금** | 해당 요소가 움직이지 않도록 잠글 수 있습니다.
⑫ **대체 텍스트** | 화면의 내용과 자신이 입력한 키보드 정보나 마우스 좌표 등을 음성으로 알려주어 시각 장애인이 컴퓨터를 사용할 수 있도록 도와주는 부가적 기능입니다. 스크린 리더(Screen Reader) 프로그램을 사용하는 사람들을 위해 대체 텍스트를 명확하게 유지할 수 있도록 설명을 구체적으로 작성하고 컨텍스트를 추가할 수 있습니다.

- ⑬ **이미지를 배경으로 설정** | 현재의 요소를 배경으로 설정할 수 있습니다.
- ⑭ **페이지에 색상 적용** | 요소의 색상 어느 한 부분 위에서 마우스 오른쪽 버튼을 클릭하여 패널을 불러온 후, 페이지에 색상을 적용하면 배경의 남은 부분이 요소의 색으로 채워집니다.
- ⑮ **정보** | 현재 나타나는 요소의 이름과 만든이, 유료/무료 여부, 요소가 가지고 있는 키워드가 나타납니다. 이 버튼을 클릭하면 비슷한 느낌의 요소를 바로 찾을 수 있습니다.
- ⑯ **정보 패널 내 별표 표시** | 이 요소를 즐겨찾기로 지정할 때 사용할 수 있습니다.
- ⑰ **정보 패널 내 폴더에 추가하기** | 이 요소를 자신의 캔바 클라우드 계정에 폴더를 생성하여 저장해둘 수 있습니다.

두 가지 이상의 요소를 그룹으로 묶기

06 샌들 이미지도 추가했습니다. ❶ 두 가지 이상의 요소를 함께 구성해두고 싶을 때는 두 개의 요소를 드래그하거나 Shift 를 누른 채 요소를 클릭합니다. ❷ 작은 팝업 메뉴에 그룹화가 활성화됩니다. [그룹화]를 클릭합니다. 그룹으로 만들면 요소가 개별적으로 움직이는 것을 방지할 수 있으며 새로운 요소로 디자인할 수 있습니다.

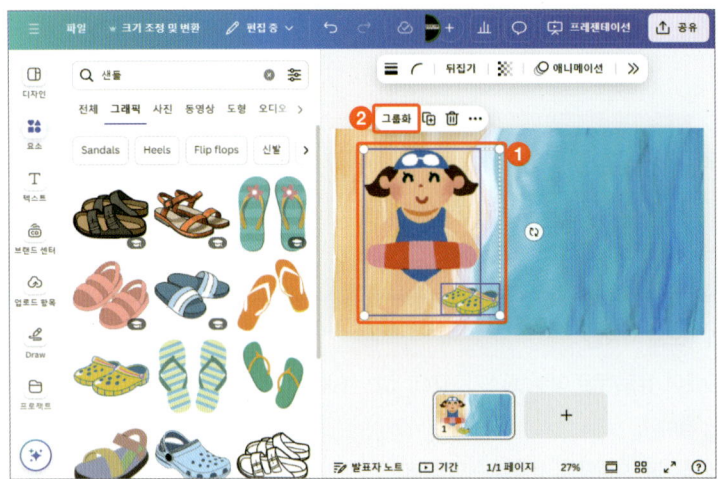

> **TIP** 그룹으로 만든 요소를 해제하고 싶다면 그룹이 선택된 상태에서 [그룹 해제]를 클릭합니다.

07 ❶ [요소] 패널의 검색창에 **쓰레기**를 입력한 후 검색합니다. ❷ 다음과 같이 다양한 요소를 추가하여 바다 위에 떠다니는 쓰레기를 표현합니다.

텍스트에 입력한 후 다양한 효과 주기

이번에는 텍스트에 테두리와 그림자 등 다양한 효과를 주어 텍스트 자체가 디자인이 되도록 구성해보겠습니다.

08 페이지에 텍스트를 추가하겠습니다. 디자인 도구 바에서 [텍스트]를 클릭합니다.

09 ❶ [텍스트] 패널이 열리면 [제목 추가]를 클릭하여 텍스트 상자를 추가합니다. ❷ 텍스트 상자를 더블 클릭하여 원하는 텍스트로 변경합니다.

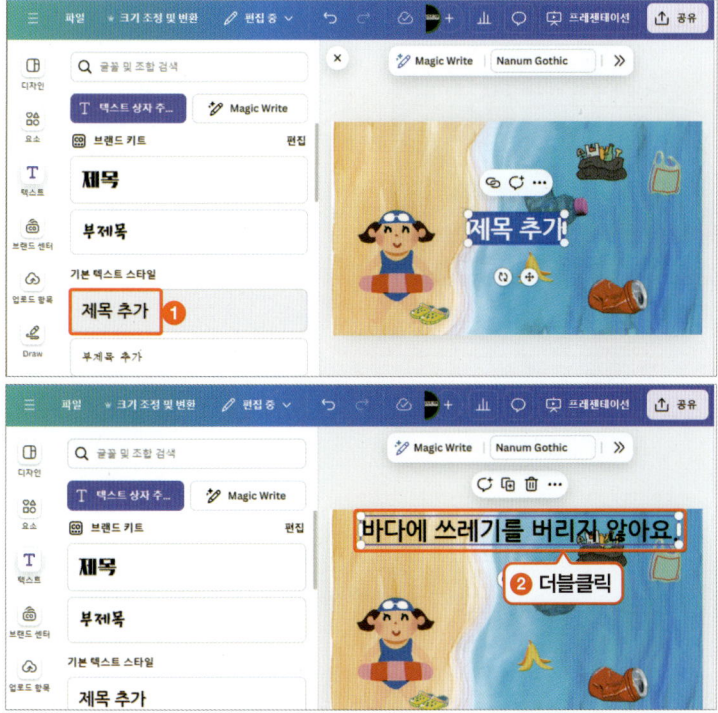

10 ❶ 요소 편집 메뉴에서 글꼴을 클릭합니다. ❷ 패널이 열리면 [글꼴] 탭에 다양한 글꼴이 나타납니다. 이때 제공되는 글꼴은 저작권에 대한 걱정 없이 사용할 수 있습니다. 주제나 분위기에 어울리는 글꼴을 선택하여 텍스트를 디자인합니다. 현재 적용된 글꼴은 기본으로 적용되는 **Nanum Gothic**입니다.

11 제목과 같이 눈에 잘 띄어야 하는 경우 고딕체나 바탕체가 기본이 되는 글꼴을 사용하면 가독성을 높일 수 있습니다. 본문과 같이 수업 자료로 활용하기 위해 부드러운 느낌을 주고 싶을 때는 손글씨 스타일의 글꼴을 설정할 수 있습니다. 여기서 글꼴은 **210 돌담길**, 크기는 **92**로 설정했습니다.

12 이번에는 텍스트 색상을 변경해보겠습니다. ❶ 텍스트 상자가 선택된 상태에서 ❷ 요소 편집 메뉴의 [텍스트 색상]을 클릭합니다. ❸ [색상] 패널이 열리면 [새로운 색상 추가]를 클릭하고 ❹ 스포이트를 클릭합니다.

13 스포이트를 클릭하면 현재 작업 중인 페이지에서 색상을 가져올 수 있도록 ❶ 마우스가 동그란 벌집 모양으로 변경됩니다. 캔버스에서 원하는 색상을 클릭합니다. ❷ 텍스트 색상이 바뀌었습니다.

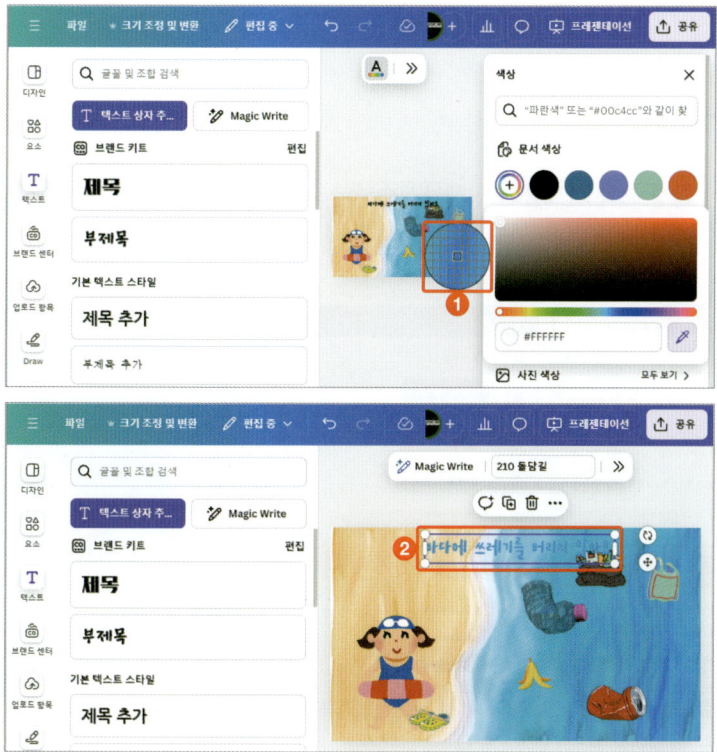

14 텍스트에 테두리 효과를 적용하겠습니다. ① 텍스트 상자가 선택된 상태에서 ② 요소 편집 메뉴의 [효과]를 클릭합니다. ③ [효과] 패널이 열리면 [테두리]를 선택하고 ④ 두께는 **91**로 설정합니다. ⑤ [색상]을 클릭하여 텍스트와 어울리는 색상으로 테두리의 색상을 설정합니다.

새로운 페이지 추가하여 주제 이어가기

15 추가 페이지를 생성하여 또 다른 환경 교육 자료를 구성해보겠습니다. 페이지 목록에서 ① 1페이지를 마우스 오른쪽 버튼으로 클릭하고 ② [1페이지 복사]를 선택합니다.

TIP 페이지 목록에서 현재 페이지를 클릭한 후 Ctrl + C 를 누르고, Ctrl + V 를 누르면 페이지를 손쉽게 복사할 수 있습니다. 또는 현재 페이지가 클릭된 상태에서 Ctrl + D 를 누르면 복사와 붙여넣기가 한 번에 진행됩니다.

16 2페이지의 텍스트 상자를 더블클릭합니다. 전달하고 싶은 내용으로 텍스트를 변경합니다.

17 요소도 텍스트와 어울리도록 변경해줍니다. 복사된 요소들을 Shift 를 누른 채 선택하고 Delete 를 눌러 삭제합니다. ❶ 디자인 도구 바에서 [요소]를 클릭합니다. ❷ 검색창에 **어린이**를 입력한 후 검색합니다. ❸ [그래픽]에서 ❹ 마음에 드는 어린이 요소를 선택합니다. ❺ 다시 검색창에 **쏟아지는 물**을 입력하고 ❻ 원하는 요소를 선택합니다.

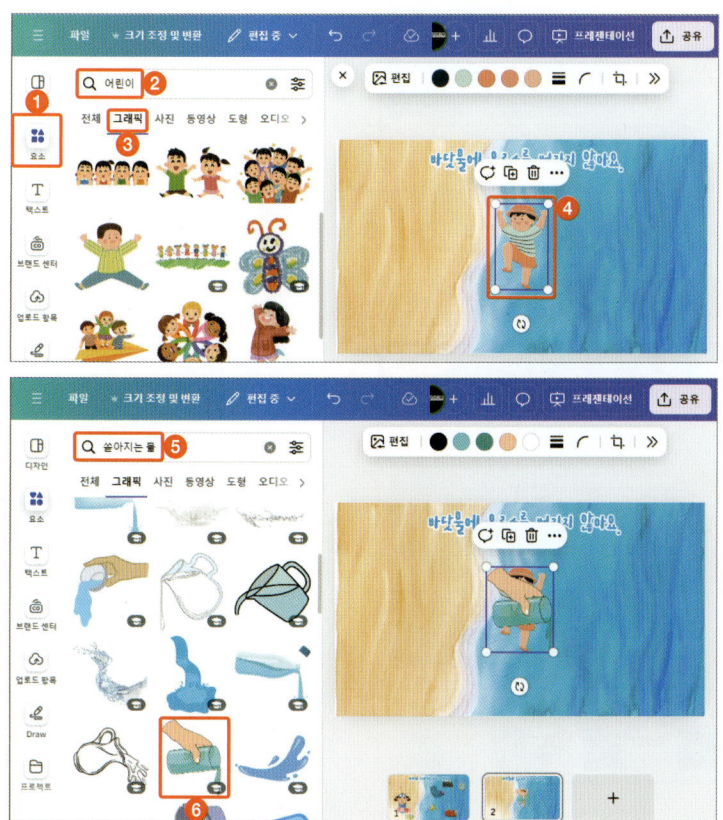

18 추가한 요소의 크기를 조절하고 적절하게 배치합니다. ❶ 어린이 요소를 클릭하고 ❷ 요소 편집 메뉴의 [모두 보기]를 클릭합니다. ❸ [기본 효과]에서 [형식]-[뒤집기]-[수평 뒤집기]를 선택합니다. 어린이가 좌우 반전됩니다. ❹ 쏟아지는 물 요소도 크기를 조절하고 회전한 후 배치합니다. 이때, 어린이의 손에 쏟아지는 물 요소를 맞춘 후 Shift 를 누르며 요소를 다중 선택하여 한 번에 회전하면 더욱 효율적인 작업을 진행할 수 있습니다.

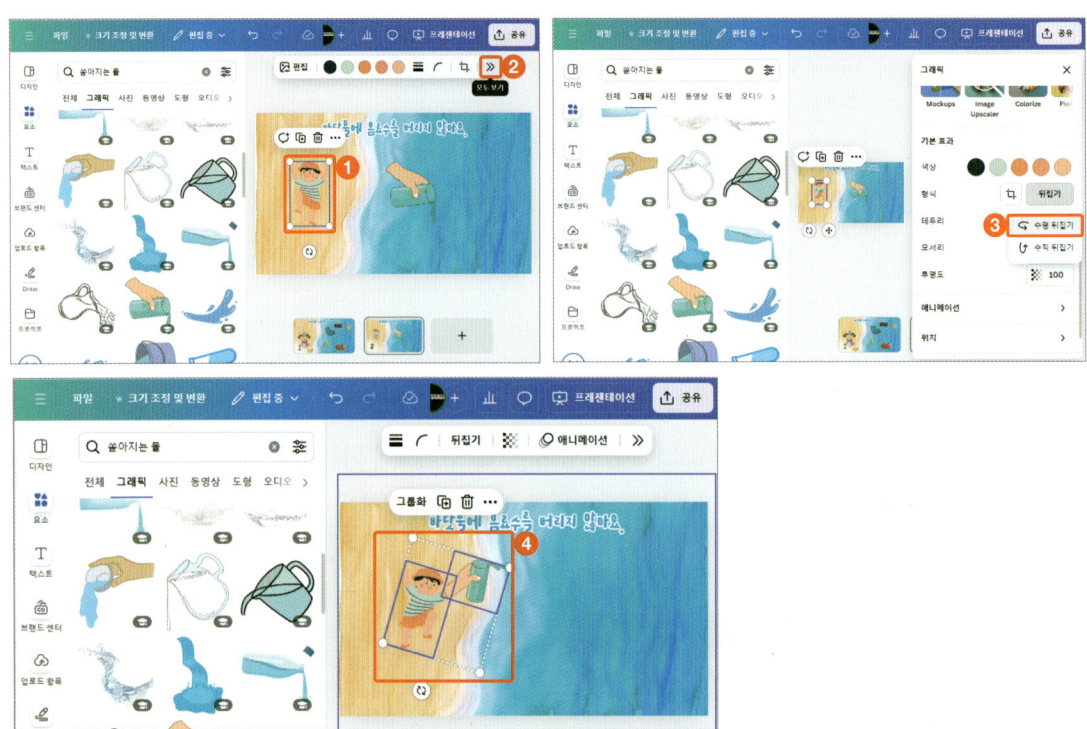

19 주제에 적합한 페이지를 더 생성하여 각자 나름대로 꾸며봅니다. 마지막 페이지에는 열린 생각을 이끌어내는 텍스트를 입력한 후 프레젠테이션을 완성합니다.

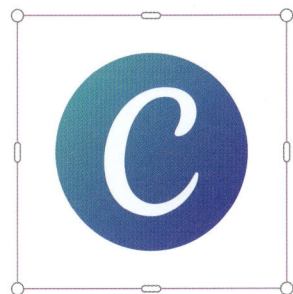

LESSON 02
사진을 활용하여 사실감 있게 디자인하기

실습 파일 | CH03_LE02_팔씨름.jpg, CH03_LE02_학생들이 그린 그림.jpg

직접 찍은 사진으로 재미있는 수업 자료 만들기

학생들의 표정이나 동작이 개성 있게 찍힌 사진이나 우연히 찍은 즐거운 장면 등 혼자만 보기에는 아까운 학생들의 사진이 있을 것입니다. 이러한 멋진 사진을 요소로 활용할 수 있다면 디자인에 차별성을 줄 수 있습니다. 이번에는 직접 찍은 사진을 요소로 활용하여 수업 자료를 만들어보겠습니다.

01 ❶ 캔바 홈 화면에서 [디자인 만들기]를 클릭합니다. ❷ [맞춤형 크기]를 선택하고 ❸ 가로 **1080px**, 세로 **1080px**을 입력한 후 ❹ [새 디자인 만들기]를 클릭합니다.

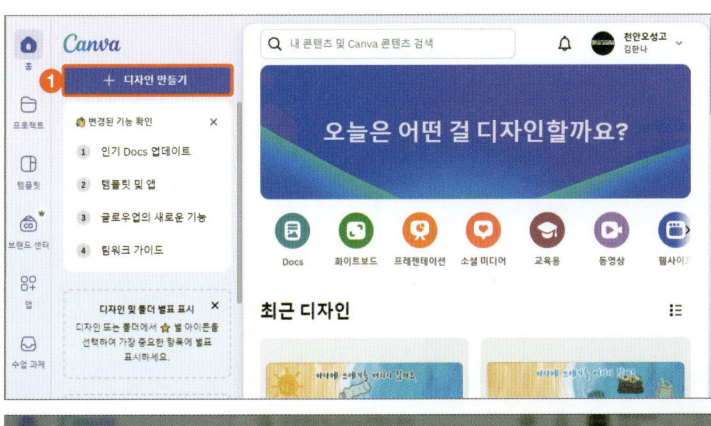

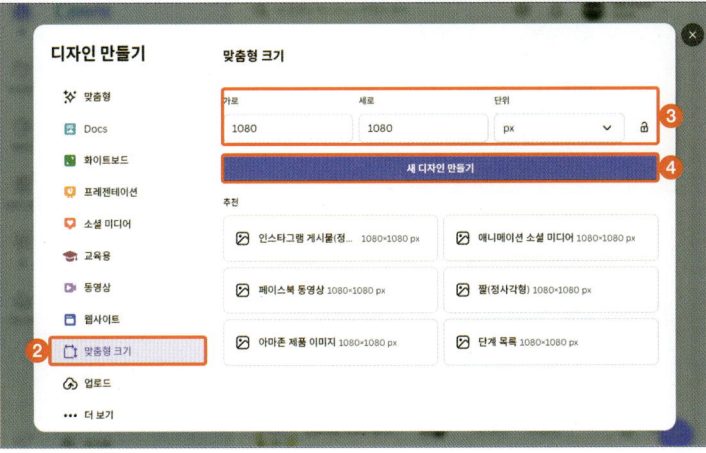

02 두 학생이 수업 시간에 팔씨름한 모습을 찍은 사진이 있습니다. 이 사진을 활용하여 재미있는 수업 자료를 만들어보겠습니다. ❶ 디자인 도구 바에서 [업로드 항목]을 클릭합니다. ❷ 패널이 열리면 [파일 업로드]를 클릭하고 사진을 불러옵니다. ❸ 패널에 사진이 추가되면 선택합니다.

> **TIP** 다른 사진으로 실습을 진행해도 됩니다. 여기서는 예제 파일 중 **CH03_LE02_팔씨름.jpg** 파일을 사용했습니다.

03 ❶ 디자인 도구 바에서 [배경]을 클릭하고 ❷ 원하는 색을 선택합니다. ❸ 배경색이 바뀌며 불러온 사진이 더욱 눈에 띄게 됩니다.

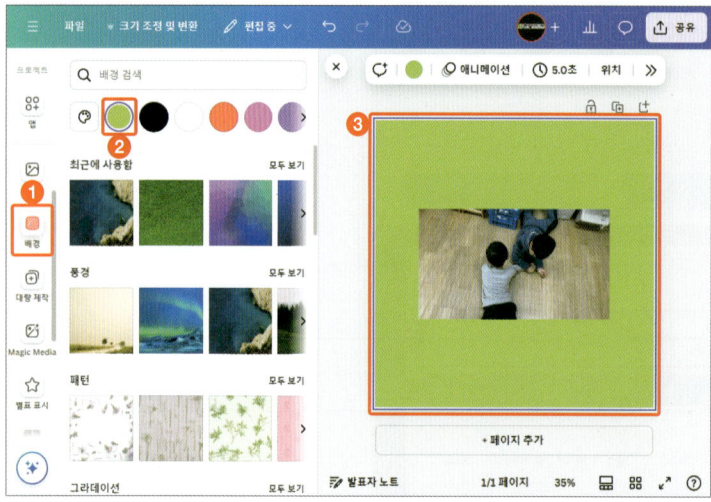

> **TIP** 캔버스의 배경 색상은 임의로 설정합니다. 배경에 넣고 싶은 색상을 먼저 설정하고 작업해도 됩니다.

04 ❶ 사진을 클릭하고 ❷ 요소 편집 메뉴에서 [배경 제거]를 클릭합니다. ❸ 바닥 배경과 주변 소품이 사라지고 인물만 남았습니다. 인물 이미지는 요소로 활용할 수 있습니다.

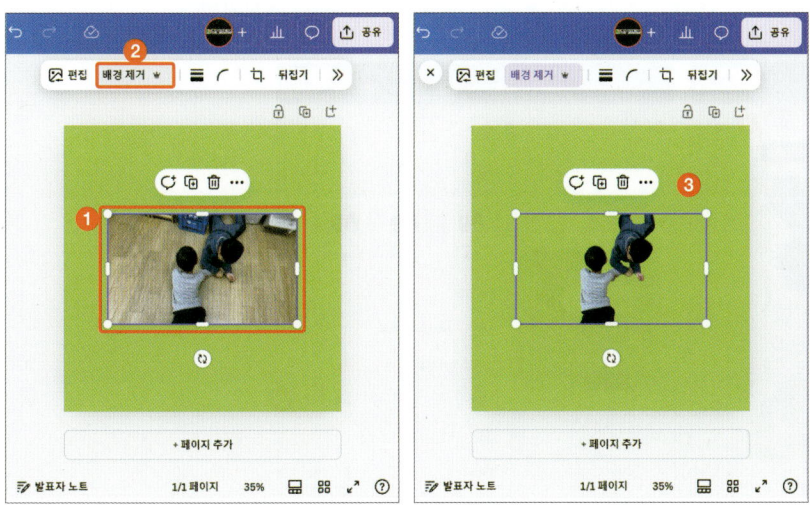

05 '누워서 하는 팔씨름에서 누가 이길까?'라는 포스터를 만들어보겠습니다. 학생들이 수업에 재미와 흥미를 느낄 수 있도록 투표를 권하는 텍스트를 넣어보겠습니다. ❶ 디자인 도구 바에서 [텍스트]를 클릭하고 ❷ [제목 추가]를 클릭합니다.

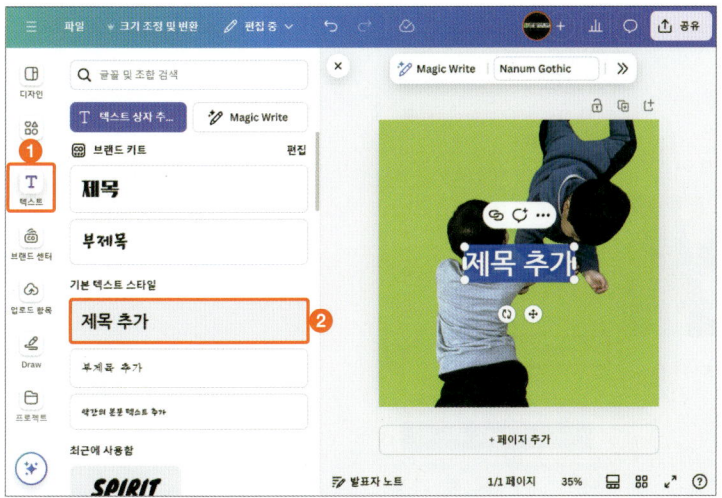

06 포스터에 어울리는 제목과 내용을 삽입하여 포스터의 목적성을 알립니다. ❶ 다음과 같이 제목을 입력하고 ❷ [모두 보기]를 클릭합니다. ❸ [기본 효과] 탭에서 [정렬]을 클릭하여 왼쪽으로 정렬합니다. ❹ 같은 방식으로 오른쪽 하단에 텍스트 상자를 추가하고 내용을 입력한 후 오른쪽으로 정렬합니다.

07 이제 텍스트를 꾸며보겠습니다. ❶ 텍스트 상자를 클릭하고 변경하고 싶은 글꼴로 변경합니다. ❷ 여기서는 **TDTD봄비** 글꼴을 사용했습니다.

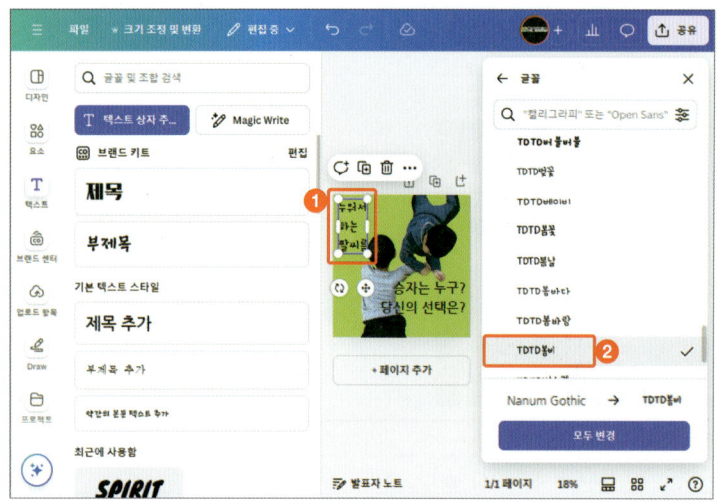

> TIP ▶ [모두 변경]을 클릭하면 원하는 글꼴로 한 번에 변경할 수 있습니다.

08 ❶ 제목 크기는 **90.2**로 다소 크게 설정하고 ❷ 부연 설명의 글꼴 크기는 **57.5**로 제목보다 작게 설정하여 두 텍스트 간의 크기 차이를 줍니다.

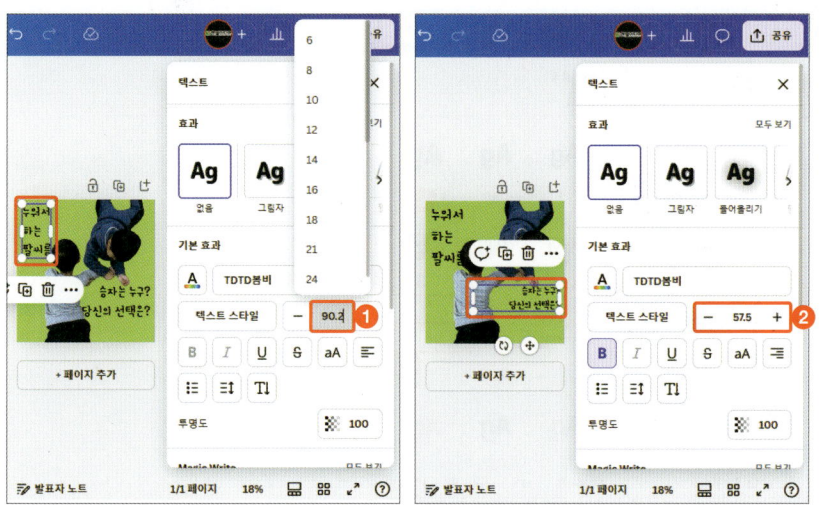

김예슬 선생님의 꿀팁 | 텍스트 크기 빠르게 설정하기

텍스트의 크기를 변경하기 위해서는 [모두 보기]-[기본 효과] 탭에서 숫자로 표시된 [글꼴 크기]를 클릭합니다. 여기서는 6, 8, 10, 144 등 지정된 크기를 선택할 수도 있고, 원하는 글꼴의 크기를 직접 입력할 수도 있습니다.

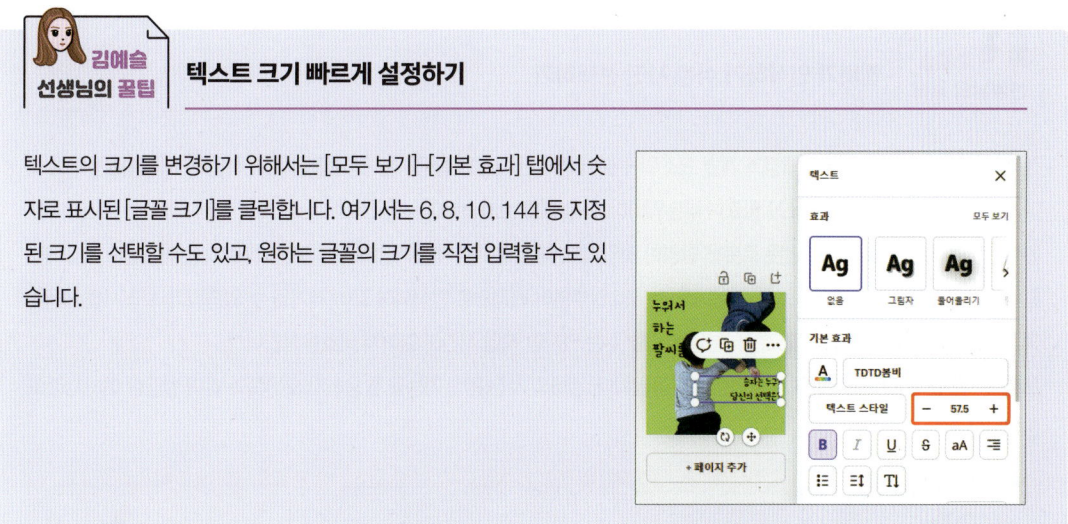

09 텍스트가 돋보일 수 있도록 텍스트 효과를 설정하겠습니다. ❶ [모두 보기]-[효과]-[테두리]에서 ❷ 두께는 120으로 설정하고 ❸ 테두리 색상은 흰색으로 설정합니다.

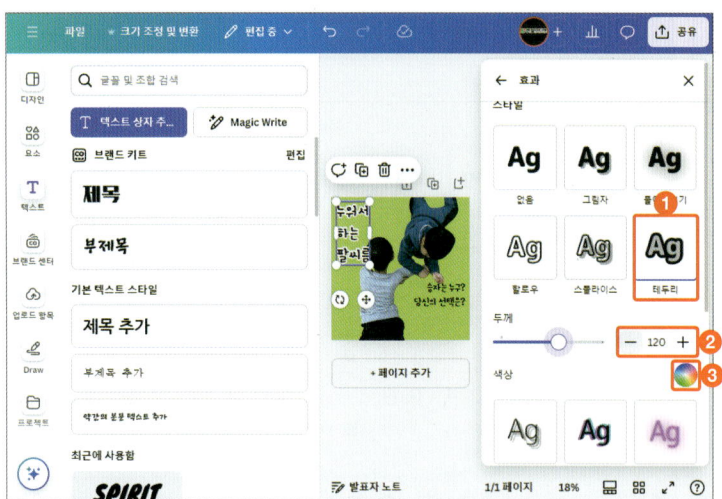

캔바가 인식하기 쉬운 사진 선택하기

캔바에서 사진을 불러올 때는 배경과 개별 요소의 구분이 명확한 사진을 활용하는 것이 좋습니다. 작업의 효율성을 높이고 이미지를 깔끔하게 만들기 위해서 꼭 필요한 부분입니다. 다음 예를 보겠습니다.

왼쪽에 있는 사진은 블록으로 만든 로봇을 촬영한 것입니다. 블록 로봇과 배경이 명확하게 구분되기보다는 어지럽고 복잡해보입니다. 이런 경우 배경 제거 기능을 적용해도 로봇의 일부분이 배경으로 인식되어 같이 제거될 수 있습니다. 브러시를 사용하여 불필요한 부분을 제거하고 필요한 부분을 복원할 수는 있지만 작업 시간이 길어져 비효율적입니다.

오른쪽 사진은 단조로운 배경에서 촬영한 블록들입니다. 캔바의 사진 편집 기능을 활용하자 오른쪽과 같이 깔끔한 이미지로 표현됩니다.

직접 그린 그림을 불러와 흥미로운 수업 자료 만들기

학생들이 수업 시간에 그린 그림들을 활용하여 흥미로운 수업을 진행할 수 있습니다. 이번에는 그림을 불러와 배경을 제거하고 요소로 활용해보겠습니다.

01 캔바 홈 화면에서 [디자인 만들기]를 클릭합니다. 검색창에 **카드뉴스**를 입력한 후 검색합니다.

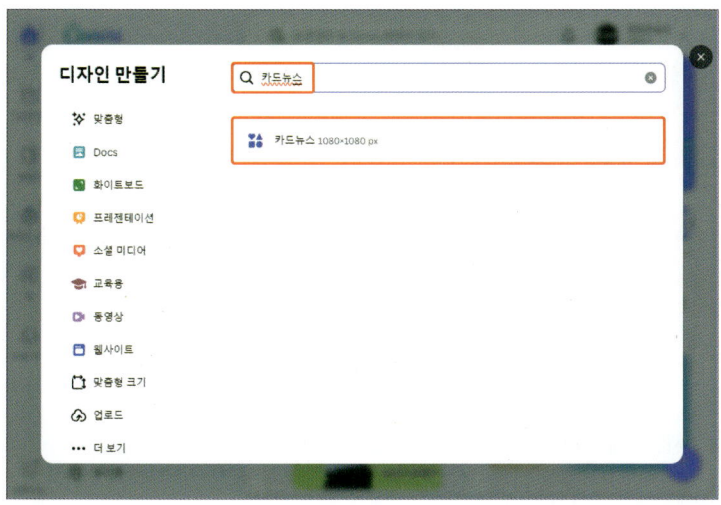

02 ❶ 에디터 화면이 열리면 [템플릿] 탭에서 수업 자료의 목표나 주제를 고려하여 원하는 템플릿을 선택합니다. ❷ 불필요한 텍스트와 요소를 삭제하고 남은 요소의 크기와 위치를 원하는 느낌으로 수정합니다. 학생들의 작품 사진을 불러올 준비를 마칩니다.

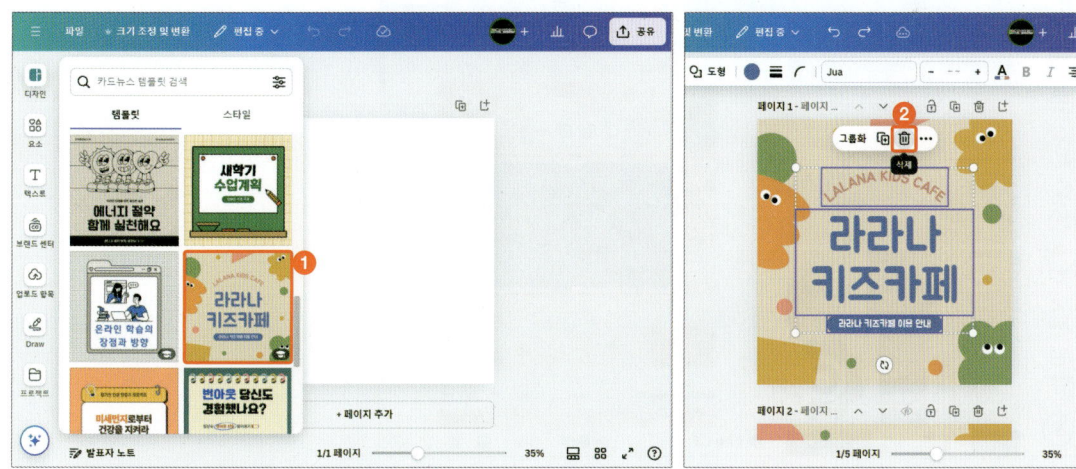

03 ❶ 디자인 도구 바에서 [업로드 항목]을 클릭합니다. ❷ 패널이 열리면 [파일 업로드]를 클릭하고 원하는 사진을 불러옵니다. ❸ 패널에 사진이 추가되면 선택합니다. 여기서는 학생들이 그린 그림 중 하나를 불러왔습니다.

TIP 다른 사진으로 실습을 진행해도 됩니다. 여기서는 예제 파일 중 **CH03_LE02_학생들이 그린 그림.jpg** 파일을 사용했습니다.

04 불러온 사진을 그대로 요소로 사용해도 되지만 사진의 배경이 칙칙하고 어둡습니다. 멋진 디자인을 위해서 그림만 요소로 활용하겠습니다. ❶ 사진이 선택된 상태에서 ❷ 요소 편집 메뉴의 [배경 제거]를 클릭합니다.

05 사진에 있던 배경이 지워지고 그림만 남았습니다. 단 몇 초 만에 효과적으로 요소를 구성했습니다.

06 간혹 깔끔하게 지워지지 않거나 원하지 않는 부분까지 지워지기도 합니다. ❶ 배경과 같은 색인 하얗게 색칠된 닭의 다리 부분이 제거될 부분으로 인식되어 삭제된 것을 확인할 수 있습니다. 이때, 간단한 해결 방법이 있습니다. ❷ [배경 제거] 앱의 가운데에 마우스 포인터를 갖다 대고 [구성]을 클릭합니다.

TIP 그림처럼 [Magic Studio] 패널이 열리려면 에디터 화면에서 작업 중인 이미지(여기서는 배경이 제거된 사진 이미지)를 클릭하고 요소 편집 메뉴에서 [편집]을 클릭합니다. [Magic Studio] 패널이 나타나면 [배경 제거] 앱 위에 마우스 포인터를 갖다 댑니다. [구성]을 클릭합니다.

07 이미지에서 ❶ 특정 부분을 추가적으로 삭제하고 싶을 경우 [지우기]를 클릭합니다. ❷ 특정 부분을 복원하고 싶을 경우는 [복원하기]를 클릭합니다. 브러시 크기를 설정하고 복원하고 싶은 부분을 드래그하면 됩니다. [원본 이미지 보기]를 활성화하면 원본 이미지가 반투명하게 나타나 어떤 부분을 추가적으로 삭제해야 할지 혹은 복원해야 할지 감을 잡고 작업할 수 있습니다.

 **김예슬 선생님의 꿀팁** · **불러온 이미지를 세밀하게 작업하는 방법**

불필요한 부분을 지우거나 다시 복원해야 할 때 캔버스 하단에 [확대/축소]를 클릭합니다. 작업하고 있는 캔버스의 크기를 키우면 좀 더 세밀하게 작업할 수 있습니다.

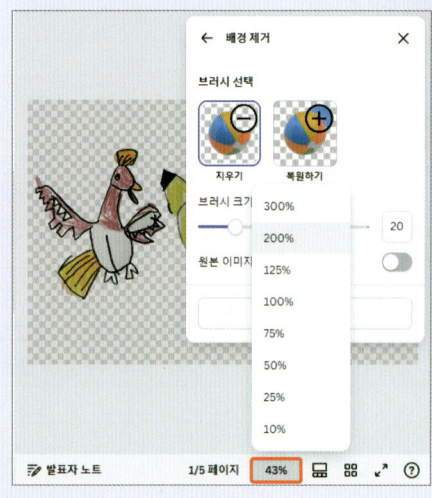

08 사진 속의 배경은 투명한 격자 모양으로 표시됩니다. 캔버스를 확대해보면 닭의 다리와 배 부분이 투명한 상태가 된 것을 확인할 수 있습니다. [복원하기]를 클릭하여 해당 부분을 드래그합니다. 다시 하얀색으로 생성된 것을 확인할 수 있습니다.

클라우드 기능도 있는 만능 캔바

캔바에서 이미지를 불러와 작업하면 그동안 작업하고 불러온 이미지들이 클라우드처럼 캔바에 저장됩니다. 교육용 인증을 받으면 100GB의 넉넉한 저장 공간이 제공됩니다. 이렇게 저장된 이미지는 언제든지 다시 다운로드하여 사용할 수 있습니다. [업로드 항목] 패널에 있는 이미지에 마우스를 대면 이미지 오른쪽 상단에 [더 보기]가 표시됩니다. [더 보기]를 클릭하고 [다운로드]를 클릭하여 다운로드합니다. [폴더로 옮기기]를 클릭하면 폴더별로 사진이나 동영상을 저장하여 정리할 수도 있습니다.

09 요소 편집 메뉴에서 [뒤집기]를 클릭합니다. 수평 뒤집기, 수직 뒤집기를 선택하여 원하는 방향으로 작업해봅니다. 여기서는 뒤집기를 하지 않고 계속해서 작업을 진행합니다.

10 ❶ 디자인 도구 바에서 [요소]를 클릭합니다. ❷ 검색창에 **말풍선**을 입력한 후 검색합니다. ❸ 원하는 말풍선을 선택합니다. 학생들이 그린 그림에 말풍선을 넣어 짧은 웹툰이나 동화를 제작해볼 수 있습니다. 훌륭한 수업 자료가 됩니다.

학생들이 직접 그린 그림에서 특정 부분을 지운 후 틀린 그림 찾기와 같은 재미있는 수업 자료를 제작할 수 있습니다. 이처럼 캔바에 숨어 있는 똑똑한 기능을 찾아 잘 활용하면 아이들이 그린 그림 혹은 사진 한 장을 가지고도 창의적이고 집중도 높은 수업을 진행할 수 있습니다.

캔바에서 그린 그림을 요소로 바로 활용해보기

01 이번에는 직접 그림을 그려 요소로 활용해보겠습니다. 사이즈는 임의로 설정하여 새로운 캔버스를 생성합니다. 여기서는 가로 **1200px**, 세로 **1200px**로 크기를 설정했습니다. ❶ 에디터 화면이 열리면 디자인 도구 바에서 [Draw]를 클릭합니다. 필기구 목록이 열리면 ❷ 다음과 같이 간단히 그림을 그리고 글도 써봅니다. 와콤(Wacom)과 같은 태블릿 패드나 태블릿 컴퓨터가 있으면 더욱 정교하게 그릴 수 있습니다.

02 그림을 다 그리면 ❶ ▷를 클릭합니다. ❷ 마우스로 그림을 클릭하여 드래그하면 선택된 부분이 개별적으로 움직입니다.

03 그림과 글자를 회전하고 복사하여 다음과 같이 창의적인 이미지로 재구성했습니다. 학생들에게 그림을 그리거나 짧은 글을 적게 한 후 새로운 요소로 변형하는 활동을 지도할 수 있습니다. 이러한 수업은 학생들끼리 팀을 이루어 협동적인 미술 작업을 진행할 수도 있어 협동심과 창의력을 키우는 데 매우 좋습니다.

LESSON 03
특별한 이미지로 퀄리티 있는 수업 자료 만들기

빙 이미지 크리에이터를 아는 선생님

그동안은 수업 자료를 만들 때 픽사베이(Pixabay)나 언스플래시(Unsplash)와 같은 무료 이미지 사이트를 활용했을 것입니다. 무료 이미지를 상업적으로 활용할 수 있고 마음껏 다운로드할 수 있는 장점이 있지만 원하는 이미지를 찾는 것은 쉽지 않습니다. 지금부터는 이러한 고민을 해결할 수 있는 사이트에 대해 소개를 하고 활용 방법을 알아보겠습니다.

구글 검색창에 한글로 **빙 이미지 크리에이터**를 입력하거나 영어로 **Bing Image Creator**를 입력한 후 검색합니다. 또는 주소창에 https://www.bing.com/images/create를 입력한 후 사이트에 접속합니다. 인공지능 기반의 이미지 생성 서비스를 제공하고 있는 사이트입니다.

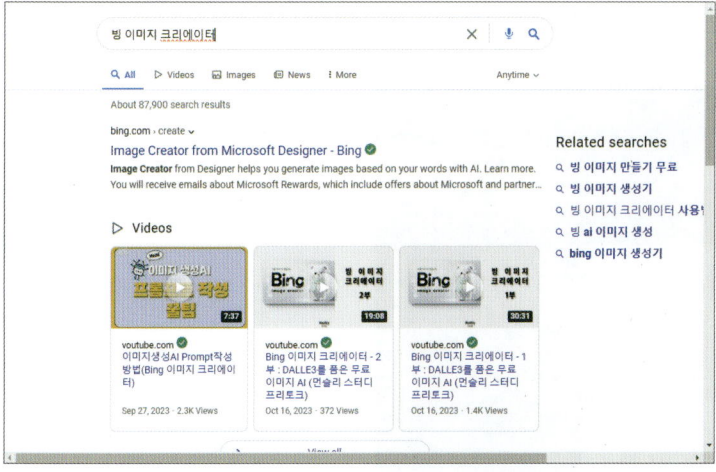

01 홈 화면에서 [가입 및 만들기]를 클릭합니다. 마이크로소프트(Microsoft)에서 제공하고 있으므로 마이크로소프트의 계정이 필요합니다. 이미 계정이 있다면 로그인을 하고, 계정이 없다면 가입하여 새로운 계정을 생성합니다.

02 검색창에 원하는 느낌이나 방향성을 고려하여 키워드를 입력합니다. 예를 들어, 고양이를 입력하기보다는 ❶ 다음과 같이 **친구가 많은 아기 고양이 그림**을 입력한 후 ❷ [만들기]를 클릭합니다. ❸ 검색창 옆에 표시된 숫자는 사이트에서 제공하고 있는 부스트입니다. 부스트는 일주일에 25개의 토큰이 제공되며 이미지를 빠르게 생성할 때 한 개의 토큰을 사용합니다. 하지만, 부스트 토큰을 사용하지 않아도 약 1~2분의 시간이 지나면 이미지를 생성할 수 있어 토큰이 없어도 괜찮습니다.

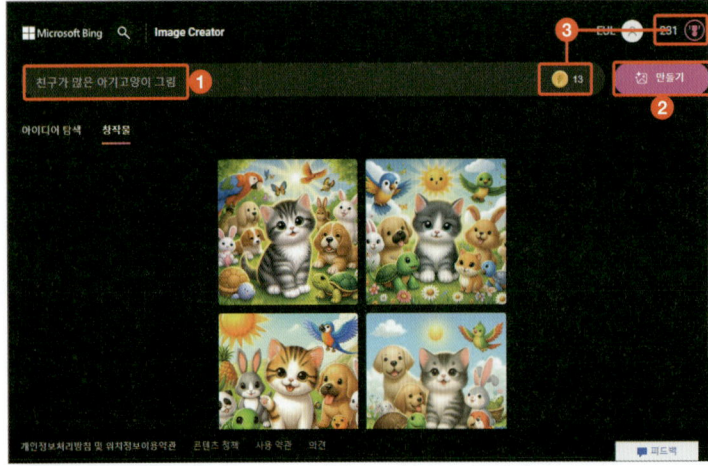

TIP 생성된 이미지가 마음에 들지 않으면 다시 [만들기]를 클릭합니다.

 **쓰임새가 많은 부스트 토큰**

빙 이미지 크리에이터에서 제공하는 부스트 토큰은 좋아하는 일을 하면서 적립할 수 있습니다. [부스트]를 클릭하면 Bing을 활용하여 할 수 있는 다양한 활동들이 나타납니다. 예를 들어, Bing 사이트를 통해 검색을 하거나 여행지 둘러보기, 저녁 요리법 알아보기의 활동을 하며 소소하게는 5개, 많게는 1,000개까지 부스트 토큰이 적립됩니다. 부스트 토큰은 이미지를 저장하는 것은 물론 상품권, 경품 행사 응모, 비영리 단체 기부 등 다양한 사회적 활동에도 사용할 수 있습니다.

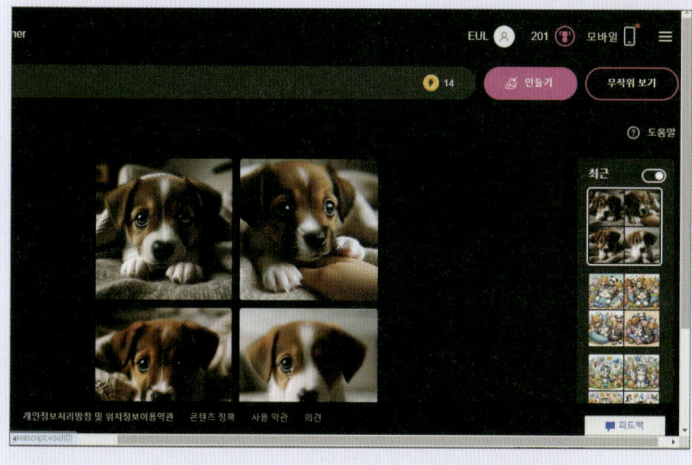

03 네 개의 생성된 고양이 이미지 가운데 원하는 이미지를 선택합니다. 다음과 같이 선택한 이미지의 상세 페이지에서 [다운로드]를 클릭하여 내 컴퓨터에 저장합니다.

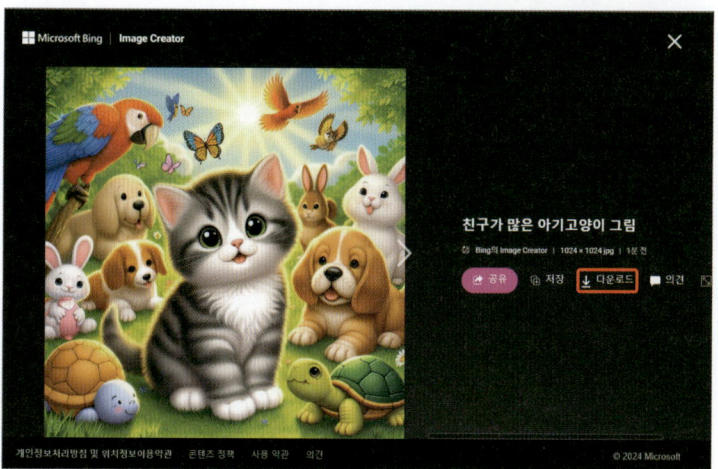

04 ❶ 1200×1200px 크기의 캔버스를 생성하고 임의로 배경색을 설정합니다. 여기서는 색상 코드를 **#CBDDCA**로 설정했습니다. ❷ 디자인 도구 바에서 [업로드 항목]을 클릭하고 ❸ 패널이 열리면 [파일 업로드]를 클릭합니다. ❹ 03에서 저장한 이미지를 불러옵니다. 패널에 사진이 추가되면 선택합니다.

05 사진이 선택된 상태에서 요소 편집 메뉴의 [배경 제거]를 클릭하면 배경이 제거되어 깔끔해집니다.

> **TIP** [모두 보기]를 클릭한 후 [배경 제거 도구]를 클릭해도 됩니다.

06 텍스트를 넣어보겠습니다. ❶ 디자인 도구 바에서 [텍스트]를 클릭하고 [텍스트 상자 추가]를 클릭하여 ❷ 전달하고 싶은 메시지를 입력합니다. ❸ 글꼴은 **TDTD봄날**, 크기는 111로 설정합니다. ❹ [효과]를 클릭하고 ❺ [테두리]를 선택합니다. ❻ 두께는 111, ❼ 색상은 흰색으로 설정합니다.

이렇게 생성형 이미지를 활용하여 학생들과 함께 차별화된 수업을 진행해보도록 합니다.

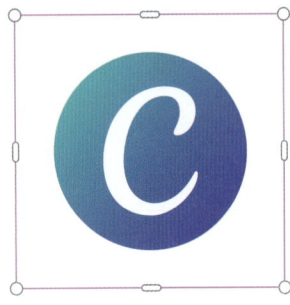

LESSON 04
애니메이션 효과를 활용하여 생동감 있는 동화 영상 만들기

실습 파일 | CH03_LE04_토끼와 거북이_완성.mp4

동화에 어울리는 배경 영상 선택하기

캔바에서도 간단한 애니메이션이나 영상을 제작할 수 있습니다. 이번에는 애니메이션 효과를 활용하여 짧은 동화를 제작해보겠습니다.

01 먼저 동화의 내용을 어떻게 구성할지 학생들과 이야기를 나눕니다. 이번 장에서 예시로 함께 만들어볼 동화는 토끼와 거북이입니다. 이야기의 초안을 정했다면, 캔바 홈 화면에서 [디자인 만들기]를 클릭합니다. ❶❷ [교육용]-[교육 동영상]을 클릭합니다.

02 ❶ 디자인 도구 바에서 [요소]를 클릭합니다. ❷ [요소] 패널의 검색창에 동화의 배경이 될 장소인 **숲**을 입력한 후 검색합니다. ❸ [동영상]에서 원하는 영상을 선택합니다.

03 여기서는 10.0초짜리 영상을 선택했습니다. 영상이 재생되는 모습을 확인합니다.

04 ❶ 캔버스 크기에 맞게 영상의 각 모서리를 드래그하여 크기를 조절합니다. ❷ 모서리를 늘려 크기를 키웠을 때도 영상에 문제가 없는지 재생 버튼을 클릭하여 확인합니다.

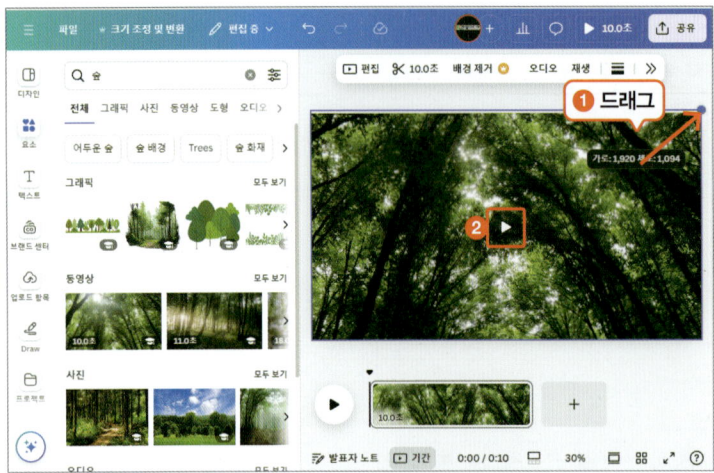

05 하단의 페이지 목록에 있는 영상에 마우스 포인터를 갖다 대면 오른쪽 상단에 [더 보기]가 나타납니다. ❶ [더 보기]를 클릭하고 ❷ [페이지 추가]를 클릭하여 새 페이지를 추가합니다.

김예슬 선생님의 꿀팁 | 페이지 추가하기

하단의 페이지 목록에서 [페이지 추가]를 클릭해도 바로 새로운 페이지가 추가됩니다.

영상에 자막 넣어 스토리 만들기

06 캔바에서 스토리를 만들 때 자막을 넣는 방법은 크게 두 가지입니다. 텍스트를 직접 입력하거나 녹음을 통해 음성화 작업을 하는 것입니다. 여기서는 텍스트를 입력하여 자막을 넣어보겠습니다. ❶ 디자인 도구 바에서 [텍스트]를 클릭하고 ❷ [제목 추가]를 클릭합니다.

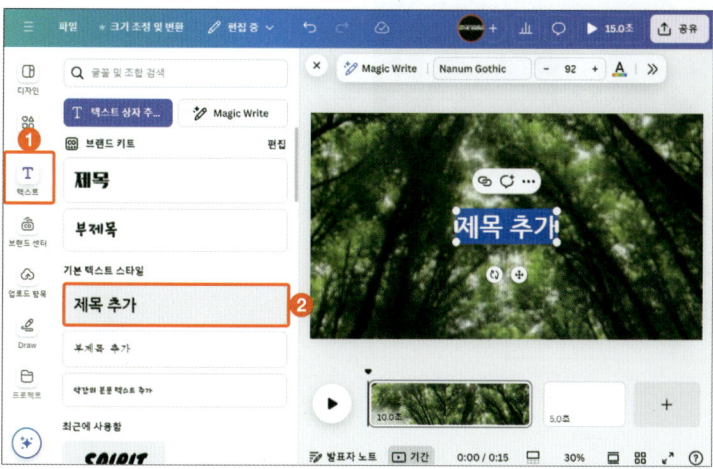

07 ❶ 텍스트 상자를 더블클릭하여 텍스트를 변경합니다. ❷ 글꼴과 테두리 등의 효과를 임의로 설정합니다. 여기에서는 **TDTD스노우** 글꼴을 사용하고 크기는 **60**으로 설정했습니다. 텍스트 상자는 영상 하단에 배치합니다.

08 텍스트에 애니메이션 효과를 적용합니다. ❶ 텍스트 상자가 선택된 상태에서 ❷ [애니메이션]을 클릭하고 원하는 텍스트 애니메이션 효과를 선택합니다. ❸ 여기에서는 글자를 입력하는 듯한 효과를 주기 위해 [타자기]를 선택하고 ❹ [모두]를 선택했습니다.

텍스트 애니메이션의 다양한 효과

애니메이션 효과마다 다양한 액션을 제공하고 있습니다. 여기서는 임의로 [떠오르기] 효과로 설명하겠습니다.

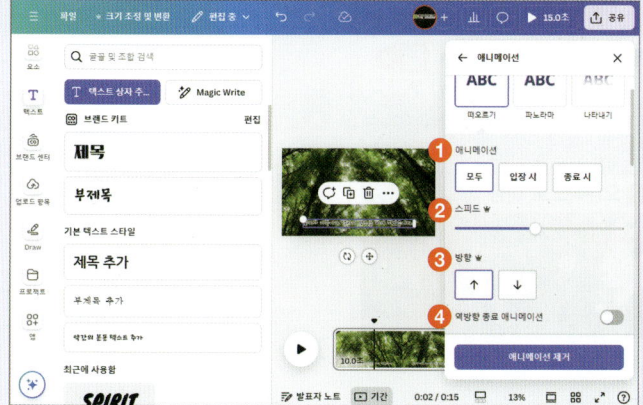

❶ **애니메이션** | 텍스트 재생 시간에 따라 애니메이션 효과를 모두 적용할 것인지 입장 시 또는 종료 시에만 적용할 것인지를 선택합니다.

❷ **스피드** | 애니메이션 효과의 속도를 조절합니다. 교육용 인증을 한 경우나 유료 버전에서만 사용할 수 있습니다.

❸ **방향** | 애니메이션 효과를 위로 떠오르게 할 것인지, 아래로 내려가게 할 것인지에 대한 세부적인 효과를 설정합니다. 교육용 인증을 한 경우나 유료 버전에서만 사용할 수 있습니다.

❹ **역방향 종료 애니메이션** | ❸에서 정한 애니메이션을 역방향으로 종료할 수 있도록 설정합니다.

요소 추가하고 애니메이션 효과 주기

09 ❶ 페이지 목록에서 2페이지를 클릭하고 02를 참고하여 원하는 영상을 추가합니다. 여기서는 토끼가 뛰어다닌다는 주제에 어울리는 영상을 추가했습니다. ❷ [요소] 패널의 검색창에 **토끼**를 입력한 후 검색합니다. ❸ [그래픽]에서 배경과 어울리는 토끼 이미지를 선택하고 ❹ [뒤집기]-[수평 뒤집기]를 클릭해 토끼의 방향을 바꿔줍니다.

10 ❶ 거북이 이미지도 검색하여 추가합니다. 다음과 같이 토끼와 거북이를 배치합니다. ❷ 토끼를 거북이보다 조금 더 오른쪽으로 옮기고 ❸ 요소 편집 메뉴의 [더 보기]를 클릭합니다. ❹ [애니메이션]을 클릭하고 [요소 애니메이션] 탭에서 ❺ [모아주기]를 선택합니다.

영상의 길이 조절하고 전환 효과 주기

11 영상의 길이가 너무 길면 편집하여 길이를 조절할 수 있습니다. ❶ 배경인 영상을 클릭하고 ❷ 요소 편집 메뉴에서 [다듬기]를 클릭합니다.

12 요소 편집 메뉴에 영상의 전체 길이가 나타납니다. ❶ 왼쪽과 오른쪽의 보라색 바를 움직여 영상의 길이를 조절할 수 있습니다. ❷ 또는 [21.4초]라고 표시된 곳에 원하는 재생 시간을 입력합니다.

김예슬 선생님의 꿀팁 — 영상 편집을 쉽게 해주는 신기능들

❶ **자동 다듬기** | 영상을 캔바가 인식하여 앞 페이지와 어울리는 길이로 자동으로 다듬어줍니다.

❷ **하이라이트** | 캔바에서도 계속해서 업데이트 중인 기능입니다. 영상 전체에서 가장 의미 있다고 생각되는 부분을 하이라이트로 자동으로 지정해서 보여줍니다. 만들어진 하이라이트 이미지를 클릭한 후, [디자인에 선택 사항 추가]를 클릭하면 하이라이트 장면이 나타납니다.

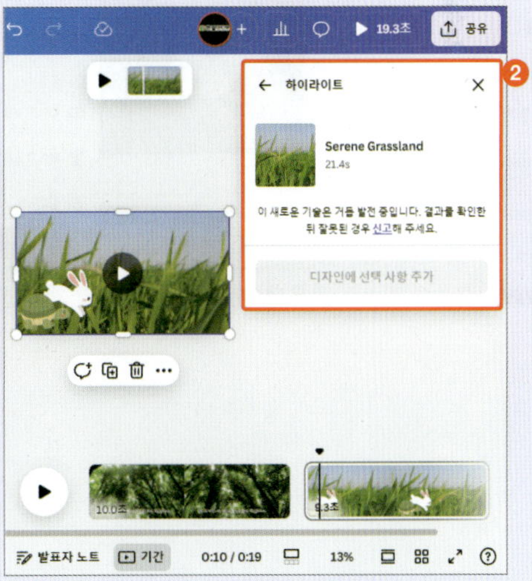

13 영상의 길이를 적당하게 자릅니다. ❶ 1페이지로 이동하고 텍스트 상자를 복사합니다. ❷ 2페이지로 이동하여 텍스트 상자를 붙여 넣습니다. 동화의 흐름에 적합하게 텍스트를 수정합니다.

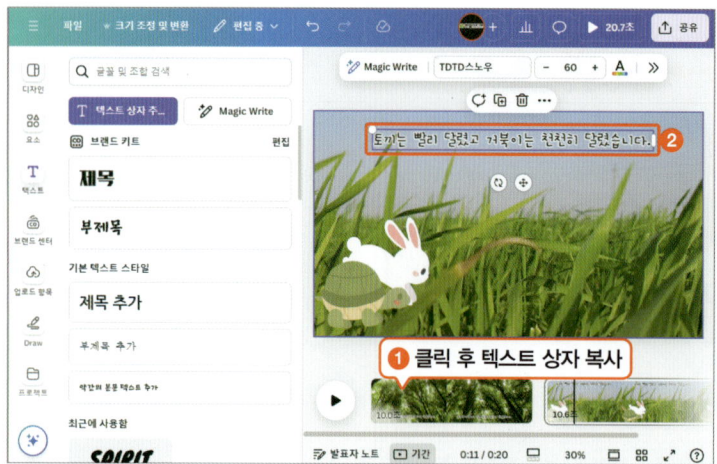

14 ❶ 2페이지를 마우스 오른쪽 버튼으로 클릭합니다. ❷ [1페이지 복사]를 선택하여 페이지를 복사합니다.

15 ❶ 3페이지의 텍스트 상자를 더블클릭하여 텍스트를 수정합니다. ❷ 토끼를 선택하고 오른쪽으로 드래그하여 거북이보다 앞쪽에 배치합니다.

16 ❶ 2페이지를 선택하고 마우스 오른쪽 버튼을 클릭합니다. ❷ [전환 변경]을 선택합니다.

17 영상이 다음 페이지로 넘어갈 때 영상의 흐름과 어울리는 효과를 선택합니다. 여기에서는 ❶ [흐름] 효과를 선택하고 ❷ 시간은 **1.5초**, ❸ 방향은 왼쪽 화살표를 설정했습니다. 전환을 하는 데 사용되는 시간(초)을 선택하고 전환되기를 원하는 방향을 선택한 것입니다.

TIP [전환] 효과를 넣게 되면 기존 영상의 길이가 전환에 필요한 길이만큼 표시됩니다. 실제로 영상의 길이가 짧아진 것은 아닙니다.

18 새 페이지를 추가하고 다음과 같이 동화의 흐름에 어울리는 영상과 사진을 적절히 삽입합니다. 텍스트를 수정하고 동화를 완성합니다.

19 ❶ 오른쪽 상단의 [공유]를 클릭하고 [다운로드]를 클릭합니다. ❷ 애니메이션이므로 [파일 형식]은 [MP4 동영상]으로 선택되어 있습니다. ❸ 페이지 선택 항목은 [모든 페이지]로 두고 ❹ [다운로드]를 클릭합니다. [다운로드 중] 팝업창이 나타나며 로딩을 시작합니다. 완성된 동영상은 **CH03_LE04_토끼와 거북이_완성.mp4**에서 확인할 수 있습니다.

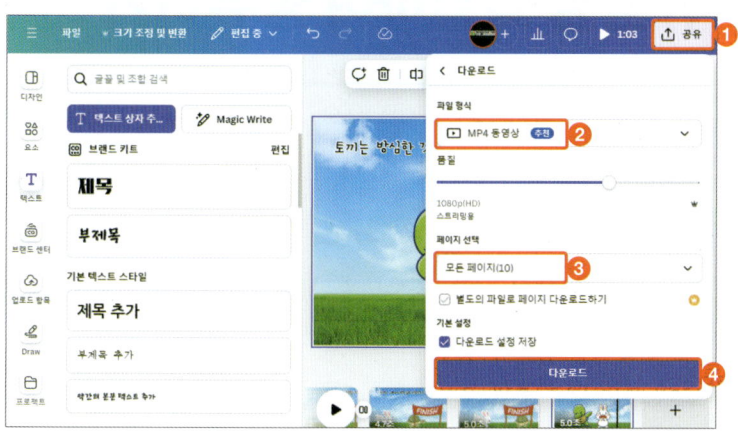

 **김예슬 선생님의 꿀팁** | **하나의 작업물을 다양한 확장자로 저장하여 활용하기**

캔바에서 제작한 영상 작업물을 다운로드할 때 확장자를 변경하여 저장할 수 있습니다. 예를 들어, 영상 작업물을 이미지로 저장할 수 있고 PDF 파일로도 저장할 수 있습니다. 반대로 이미지 제작물을 이어 붙여 영상처럼 저장할 수 있습니다.

❶ **JPG** | 사진 또는 이미지로 저장합니다.

❷ **PNG** | 배경이 투명한 이미지를 저장하거나 화질이 높은 이미지로 저장합니다.

❸ **PDF 표준** | PDF 파일로 저장합니다.

❹ **PDF 인쇄** | PDF 파일로 저장하며 선명한 인쇄를 할 수 있습니다.

❺ **SVG** | 웹디자인이나 애니메이션에 적합합니다(단, 받는 사람이 이 확장자로 파일을 열 수 있는지 확인).

❻ **MP4 동영상** | 음성과 영상이 함께 재생되는 고화질 동영상으로 저장합니다.

❼ **GIF** | 짧은 영상을 소리 없이 재생할 수 있도록 저장합니다.

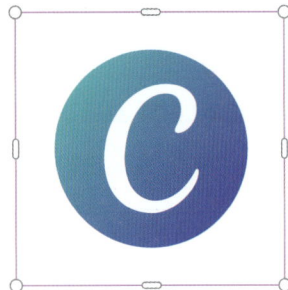

LESSON 05
그림으로 영상 만들고, 영상에 음악/음성 삽입하여 공유하기

예제 파일 | CH03_LE05_움직임.mp4, CH03_LE05_움직임_완성.mp4

그림을 움직이는 영상으로 만들기

이번에는 학생들이 직접 그린 그림을 캔바로 불러와서 움직이는 영상으로 만들어보겠습니다. 또한, 애니메이티드 드로잉에서 좀 더 생동감 있는 영상을 만들어보겠습니다.

01 학생들의 꿈을 그린 그림을 영상으로 제작하여 학부모와 공유해보겠습니다. 캔바 홈 화면의 [디자인 만들기]를 클릭하고 [교육용]-[교육 동영상]을 클릭합니다.

02 ❶ 에디터 화면이 열리면 디자인 도구 바에서 [디자인]을 클릭합니다. ❷ [디자인] 패널의 [템플릿] 탭에서 임의로 템플릿을 선택합니다. 해당 템플릿의 이름과 템플릿에 포함된 페이지 수, 템플릿 스타일이 소개됩니다. ❸ 여기서 선택한 템플릿은 일곱 개의 페이지를 포함하고 있습니다. [모든 7개 페이지에 적용]을 클릭합니다.

03 새로운 페이지가 생성되며 모든 페이지의 구성을 한 번에 가지고 올 수 있습니다. ❶ 선택한 템플릿에 있던 텍스트를 작업하고자 하는 영상의 주제에 맞게 변경합니다. ❷ 글꼴, 테두리, 곡선 등 원하는 텍스트 효과를 적용합니다.

04 ❶ 2페이지를 클릭합니다. 불필요한 요소를 삭제하고, 필요하다면 텍스트도 변경합니다. ❷ 디자인 도구 바에서 [업로드 항목]을 클릭하고 ❸ [파일 업로드]를 클릭하여 원하는 사진을 불러옵니다. 여기서는 학생들이 그린 그림 가운데 하나를 불러왔습니다. ❹ 패널에 사진이 추가되면 선택합니다. ❺ 요소 편집 메뉴에서 [배경 제거]를 클릭합니다.

05 ❶ 배경이 제거된 이미지가 선택된 상태에서 ❷ 작은 팝업 메뉴의 [복제]를 클릭합니다. 이미지가 두 개가 되었습니다.

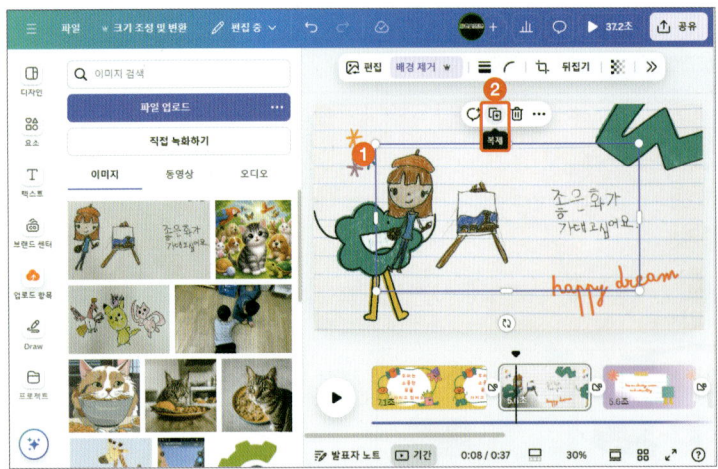

TIP 요소를 복제하는 또 다른 방법은 요소를 클릭하고 Ctrl + C , Ctrl + V 를 누릅니다.

06 ❶ 배경이 제거된 두 이미지 가운데 하나를 클릭합니다. 요소 편집 메뉴에서 [자르기]를 클릭합니다. ❷ [자르기] 패널이 열리면 [자유 형식]이 선택된 상태에서 ❸ 이미지의 모서리를 조절하여 텍스트만 남기고 자릅니다. 복제한 다른 이미지는 그림 부분만 남기고 텍스트 부분은 잘라줍니다. ❹ [완료]를 클릭합니다.

 **김예슬 선생님의 꿀팁** AI가 이미지를 잘라주고 확장해준다고?

먼저 자르거나 확장하고자 하는 이미지를 불러온 후, [스마트 자르기]를 클릭하면 AI가 이미지의 느낌을 잘 살리면서 자동으로 이미지를 잘라주거나, 삭제된 부분을 재생성해줍니다. [확장하기]는 캔바 유료 버전에서 사용할 수 있는 기능입니다.
1:1 비율의 이미지를 9:16 비율로 변경하고 [확장하기]를 사용하니 위아래에 디자인 요소가 자연스럽게 채워졌습니다. 네 가지의 그림 중 마음에 드는 그림이 없다면 [새로운 결과 생성하기]를 클릭합니다.

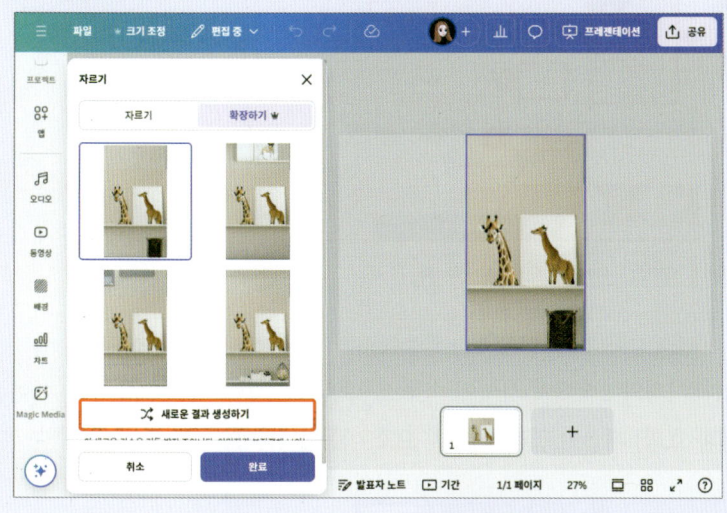

07 ❶ 텍스트 부분을 잘라 그림만 남긴 이미지를 클릭합니다. 그림이 움직이는 듯한 효과를 주기 위해 ❷ 요소 편집 메뉴에서 [애니메이션]을 클릭하고 [드리프트]를 선택합니다. ❸ 모션 효과 추가에서 [씰룩씰룩 움직이기]를 선택하고 강도를 왼쪽으로 이동하여 약하게 조절합니다.

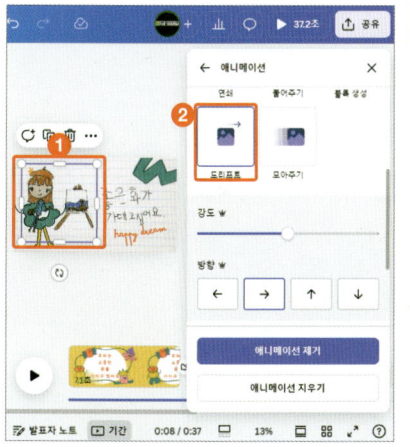 

08 ❶ 이번에는 텍스트만 남긴 이미지를 클릭합니다. ❷ [나타내기] 애니메이션을 선택합니다. ❸ [모두]가 선택된 상태에서 ❹ 스피드를 왼쪽으로 이동하여 느리게 조절합니다.

09 ❶ 하단의 페이지 목록에서 1페이지와 2페이지 사이에 마우스 포인터를 갖다 대면 전환 추가 아이콘이 나타납니다. 클릭합니다. ❷ [전환 효과] 패널이 열리면 [일치 요소 이동]을 선택합니다.

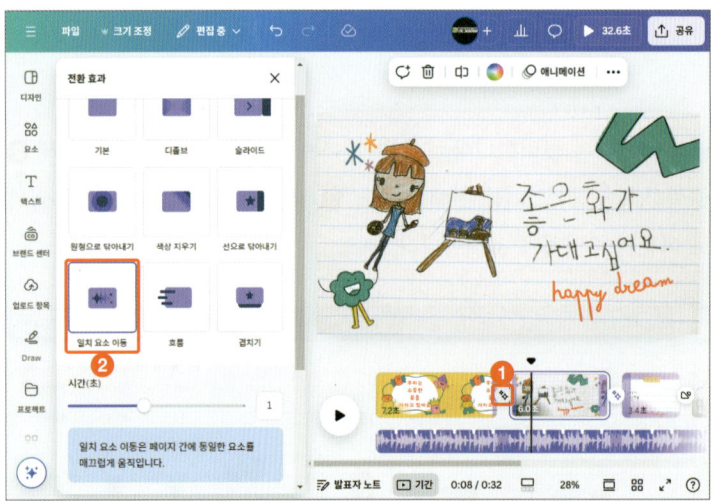

TIP 다른 효과를 주고 싶다면 각 효과에 마우스 포인터를 대고 확인합니다.

10 ① 3페이지를 클릭합니다. ② 디자인 도구 바에서 [업로드 항목]을 클릭하고 ③ [파일 업로드]를 클릭하여 원하는 사진을 불러옵니다. ④ 패널에 사진이 추가되면 선택합니다. 여기서는 학생들이 그린 그림 가운데 하나를 불러왔습니다. ⑤ 불러온 이미지도 배경을 제거합니다.

11 ① 다시 [파일 업로드]를 클릭하고 ② 예제 파일 **CH03_LE05_움직임.mp4**를 불러옵니다. 패널에 동영상이 추가되면 선택합니다.

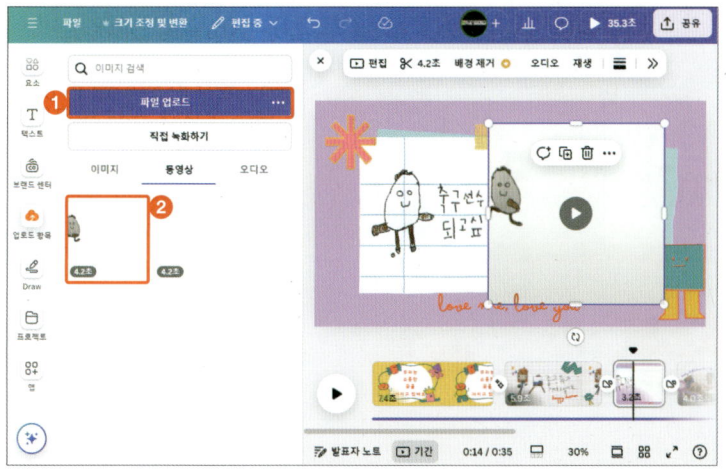

TIP ▶ 예제 파일 **CH03_LE05_움직임.mp4**는 187쪽에 만드는 과정이 있습니다. 참고합니다.

12 추가한 동영상 파일의 배경이 3페이지와 조화를 이루지 않습니다. ❶ 요소 편집 메뉴에서 [편집]을 클릭하고 [배경 제거]를 클릭합니다. ❷ [없음]을 선택합니다.

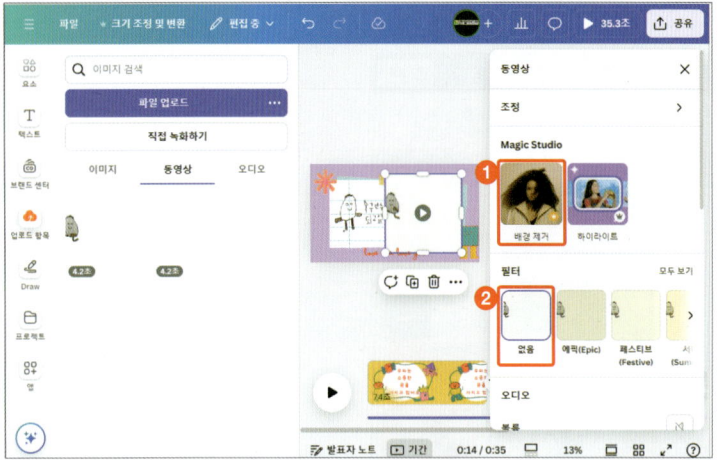

TIP 요소 편집 메뉴에서 바로 [배경 제거]를 클릭해도 됩니다.

13 배경이 투명하게 변경되었습니다. 요소를 재배치하고 영상을 완성합니다.

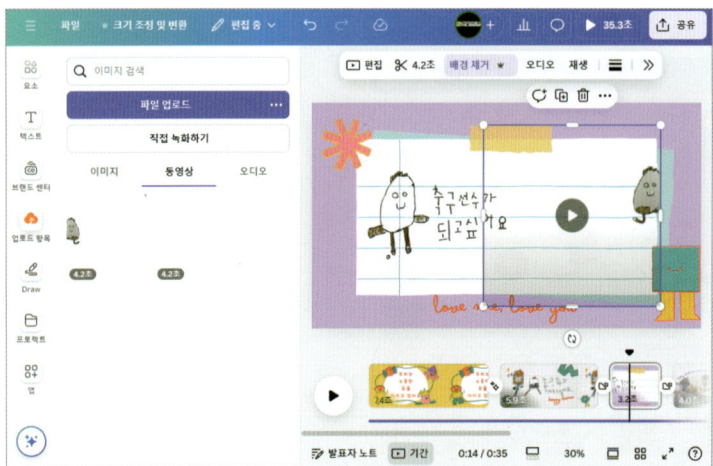

영상에 음성 파일을 삽입하여 완성도 높이기

14 이번에는 몇몇 페이지에 음성 파일을 삽입해보겠습니다. 삽입하고 싶은 페이지를 클릭합니다. ❶ 원하는 페이지를 클릭합니다. 여기서는 3페이지에서 작업했습니다. ❷ 디자인 도구 바에서 [업로드 항목]을 클릭하고 ❸ [오디오] 탭을 클릭합니다. ❹ [파일 업로드]를 클릭하고 원하는 음성 파일을 불러옵니다.

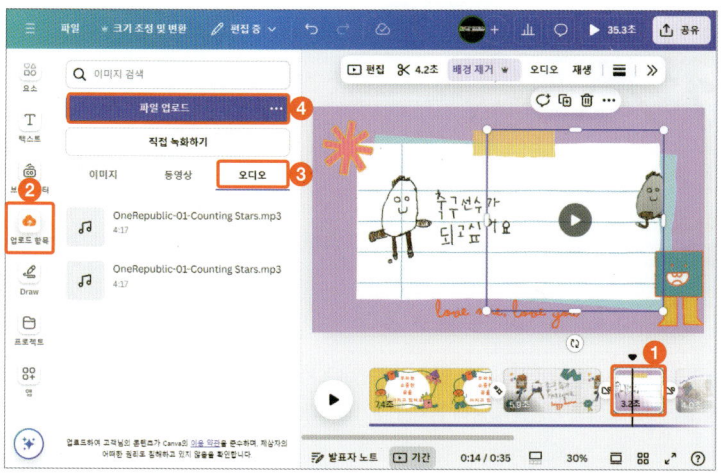

> **TIP** 만약, 파일을 불러오지 않고 바로 녹음이나 녹화를 하고 싶을 경우에는 [직접 녹화하기]를 클릭합니다. 이때, 카메라나 음성을 녹음할 수 있는 마이크가 PC와 연결되어 있어야 합니다.

15 캔바에서 제공하고 있는 음악을 삽입하고 싶을 때는 ❶ 디자인 도구 바에서 [오디오]를 클릭합니다. ❷ [오디오] 패널이 열리면 상단에 음악, 행복한, 오디오, 피아노 등의 키워드가 있습니다. 원하는 키워드를 클릭하여 음악을 찾거나 검색창에서 검색하여 찾을 수도 있습니다. ❸ 원하는 음악을 선택합니다. ❹ 캔버스에 음성 파일이 삽입됩니다.

> **TIP** 디자인 도구 바에 [오디오]가 없다면 먼저 [앱]을 클릭합니다. [앱] 패널의 검색창에 '오디오'를 입력한 후 검색합니다. [오디오] 앱을 선택하면 디자인 도구 바에 추가됩니다. 초기 캔바 사용자라면 원하는 도구가 모두 제공되지 않을 수 있으므로 해당 도구가 없다면 반드시 [앱]을 통해 검색을 하여 디자인 도구 바에 저장해둘 수 있도록 하는 것이 작업의 효율성을 높이는 데 좋습니다.

16 음악 재생 시간보다 영상의 길이가 더 긴 경우에는 추가로 음악을 삽입하거나 같은 음악을 복제하여 영상 길이에 맞출 수 있습니다.

TIP 교육 동영상 템플릿을 사용하면 템플릿과 어울리는 음악이 이미 삽입되어 있어서 편리합니다(보라색 바). 기존의 음악을 재생 버튼을 눌러 감상한 후, 어울린다면 그대로 두고 어울리지 않는다면 오디오 기능을 활용해 음악을 추가합니다(파란색 바).

17 삽입한 음악을 선택하고 [더 보기]를 클릭합니다. 오디오를 조정하거나 효과를 줄 수 있는 등의 다양한 기능들이 나타납니다.

 **[오디오] 요소 편집 메뉴 살펴보기**

① **삭제** | 해당 오디오를 삭제합니다.
② **오디오 분할** | 오디오를 원하는 길이만큼 자를 수 있습니다. 자른 부분을 앞뒤 오디오로 나누어 둘 수 있으며, 선택한 오디오의 길이가 너무 짧으면 버튼이 활성화되지 않습니다.
③ **조정** | 오디오의 시작 지점을 조정하는 버튼이며, 분할과 마찬가지로 오디오의 길이가 너무 짧으면 버튼이 활성화되지 않습니다.
④ **볼륨** | 오디오 자체의 볼륨을 조정할 수 있으며, 영상에 다른 소리나 음악이 삽입되어도 해당 음악의 소리만 키우거나 줄일 수 있습니다. 이 볼륨을 작업 전체에 적용하고 싶다면 [모든 오디오 트랙에 적용]을 활성화합니다.
⑤ **페이드** | 페이드인과 페이드아웃을 설정할 수 있습니다. 페이드인은 오디오가 시작될 때, 서서히 소리가 커지는 길이를 조절하여 동영상의 시작을 알릴 수 있습니다. 페이드아웃은 오디오가 끝날 때, 서서히 소리가 줄어드는 길이를 조절하여 동영상이 마무리되고 있음을 알릴 수 있습니다.
⑥ **Beat Sync** | 두 가지의 기능을 제공하며 연계된 기능입니다. [지금 동기화]는 페이지와 요소가 음악에 자동으로 맞춰지는 기능입니다. 음악의 비트에 자동으로 맞춰지기 때문에, 아래의 [비트 마커 표시하기]를 활성화하여 음악의 비트 구간을 확인할 수 있습니다.

18 음악의 길이를 조절하고 싶을 때는 오디오에 마우스 포인터를 갖다 대고 왼쪽과 오른쪽의 바를 움직입니다. 음악의 시작 부분과 끝나는 부분을 선택할 수 있습니다. 완성된 동영상은 **CH03_LE05_움직임_완성.mp4**에서 확인할 수 있습니다.

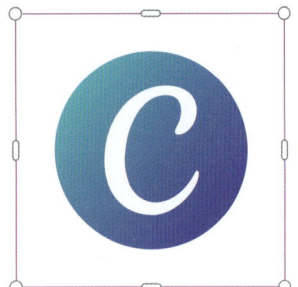

LESSON 06

역시 캔바!
모바일 버전도 이용하기

모바일에서도 작업이 손쉬운 캔바

캔바가 주는 간편함은 모바일에서도 동일하게 적용됩니다. PC로 작업하던 것을 스마트폰으로 작업할 수 있기 때문에 작업이 중단되어도 언제든지 수정할 수 있고 파일을 다운로드하여 공유할 수 있습니다. 지금부터는 모바일 버전을 활용하는 방법에 대해 알아보겠습니다.

01 ❶ 구글 Play 스토어 또는 APP 스토어에서 **Canva** 또는 **캔바**를 입력한 후 검색합니다. ❷ 다음과 같이 캔바 애플리케이션이 나타나면 다운로드합니다.

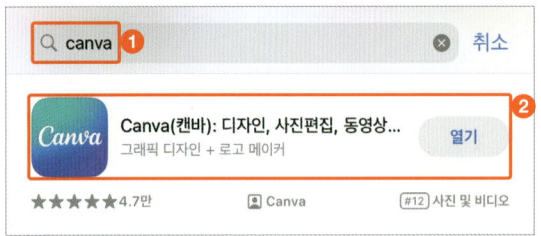

02 캔바는 웹사이트 실행을 위해 쿠키를 필수로 사용하므로 ❶ [모든 쿠키 허용]을 터치합니다. ❷ 이용 약관에 동의합니다.

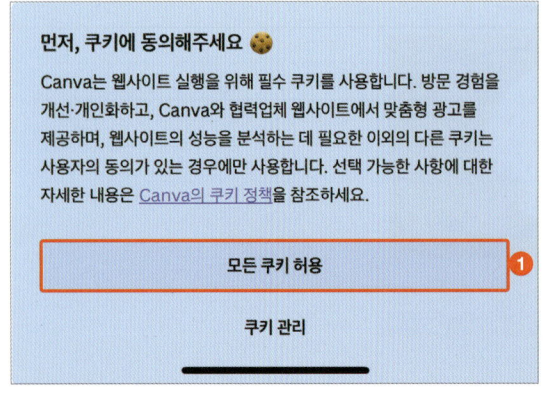

03 PC에서 사용하던 캔바 계정으로 로그인합니다.

04 메인 화면을 살펴봅니다. 검색, 최근 디자인 등 PC와 거의 동일한 구성입니다. 왼쪽 상단의 메뉴 아이콘을 터치하면 새로운 디자인을 만들거나 최근에 PC 또는 모바일에서 작업했던 목록이 나타납니다. 작업을 이어서 진행하거나 수정할 수 있습니다.

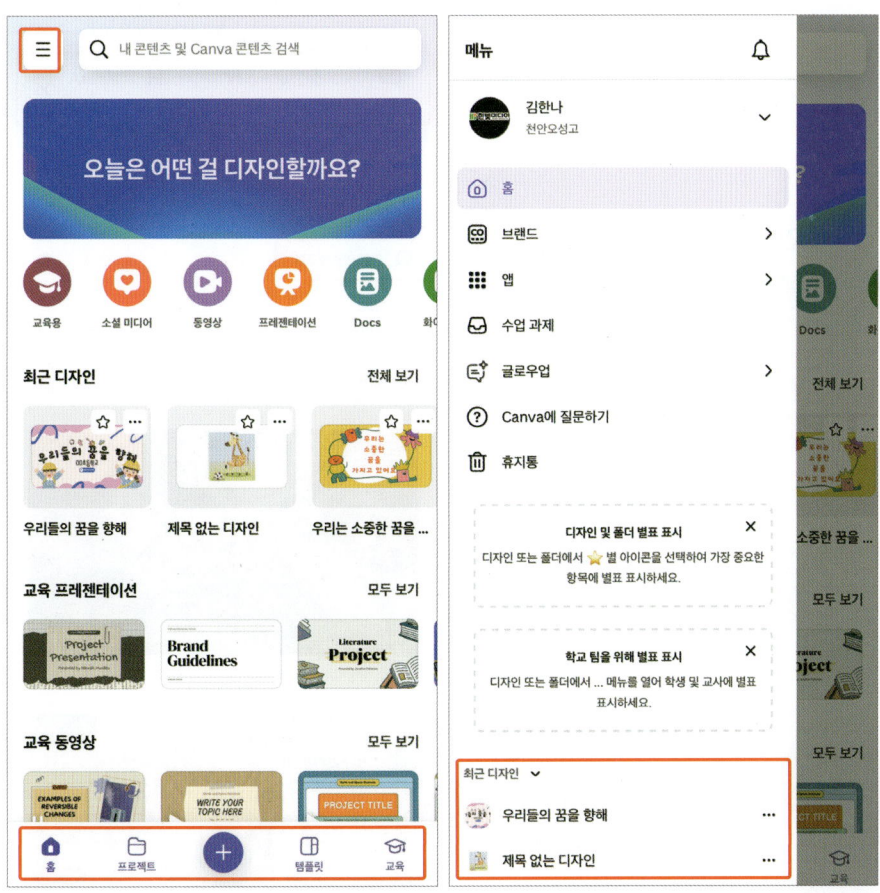

선생님과 캔바 디자인 200% 활용하기 | **CHAPTER 03**

05 PC에서 작업했던 작업물을 열어봅니다. 수정하고 싶은 요소를 터치하거나 손가락으로 드래그하여 수정할 수 있습니다. ① 텍스트 상자를 손가락으로 터치하면 ② 맨 하단의 아이콘들이 텍스트에 효과를 줄 수 있는 메뉴들로 변경됩니다. 마찬가지로 요소를 터치하면 요소를 변경하거나 수정할 수 있는 메뉴들로 변경됩니다.

06 메인 화면의 검색창에 **건강 인스타그램**을 입력한 후 검색합니다. 다양한 템플릿 목록이 나타나면 원하는 템플릿을 선택합니다.

07 ❶ 선택한 템플릿에 있는 텍스트 상자를 터치합니다. ❷ 하단의 메뉴가 텍스트에 다양한 효과를 적용할 수 있는 메뉴들로 변경됩니다. ❸ 각자 원하는 내용의 텍스트를 입력하고 ❹ 글꼴을 변경합니다. 운동하는 사람 뒤에 있는 벽지 문양이 잘 보이지 않습니다. ❺ 문양을 터치한 후 색상을 눈에 띄게 수정합니다. ❻ 수정을 모두 마쳤다면 오른쪽 상단의 [다운로드]를 터치합니다.

08 모바일에서 캔바 앱이 사진 앱에 접근할 수 있도록 [허용]을 터치합니다.

09 ❶ [이미지 저장]을 터치하고 ❷ 사진첩(갤러리)에서 저장된 이미지 파일을 확인합니다.

사진을 움직이는 그림으로 만들기

캔바에서 활용할 수 있는 애니메이션보다 더 사실감 있고 생동감 있는 움직임을 표현할 수 있는 무료 사이트가 있습니다.

01 구글이나 네이버 등 포털사이트 검색창에 **애니메이티드 드로잉** 또는 **Animated Drawings**을 입력한 후 검색합니다. 인터넷 주소창에 **https://sketch.metademolab.com**를 입력하여 접속해도 됩니다. 접속하면 하단에 쿠키를 수용하라는 안내문이 나타나면 [Accept]를 클릭합니다. [Try it now]를 클릭하고 [Accept]를 클릭합니다.

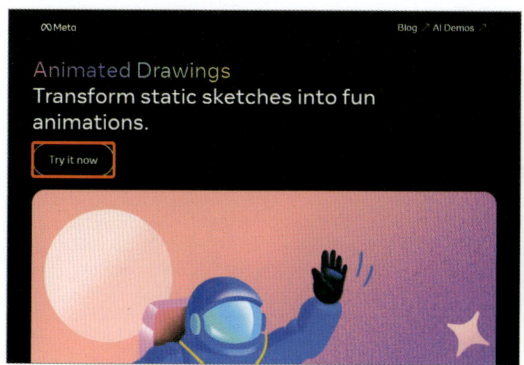 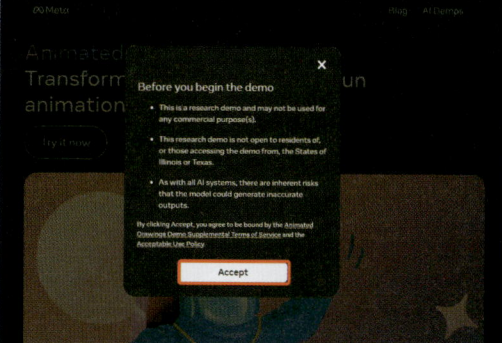

02 [Upload Photo]를 클릭합니다. 원하는 사진이나 그림을 선택하고 [Next]를 클릭합니다.

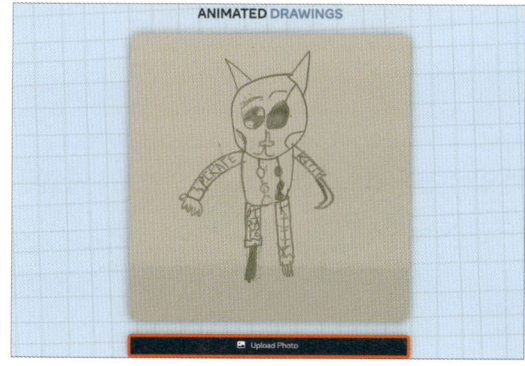 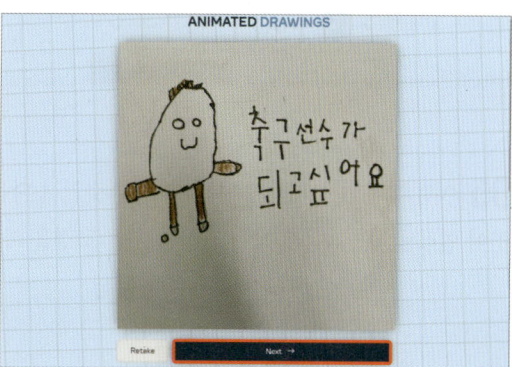

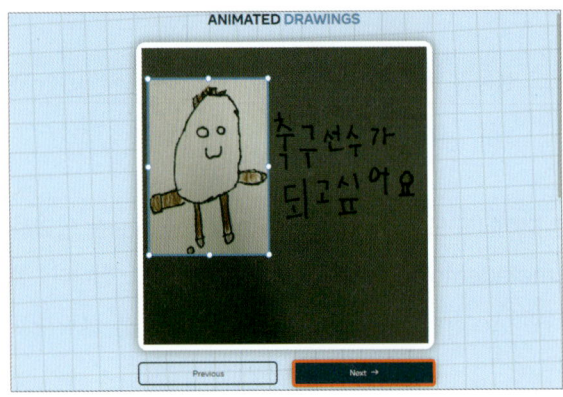

03 업로드한 그림이 선명하다면 자동으로 그림을 인식하여 영역이 지정됩니다. [Next]를 클릭합니다.

04 어떤 부분을 상세하게 움직이게 할 것인지 설정할 수 있는 페이지가 나타납니다. 연필 모양의 아이콘을 선택하고 드래그하면 해당 부분이 움직임에 포함됩니다. 반면에 지우개 모양의 아이콘을 선택하고 드래그하면 해당 부분은 움직임에 포함되지 않습니다. [Next]를 클릭합니다.

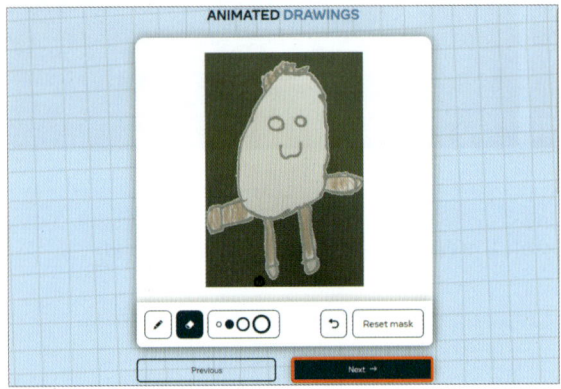

05 어떤 부분이 상세하게 움직이게 될 것인지 다음과 같이 선과 점으로 표시됩니다. 만약 원하지 않는 곳이 인식됐다면 점을 움직여 조정합니다. 조정을 마쳤다면 [Next]를 클릭합니다.

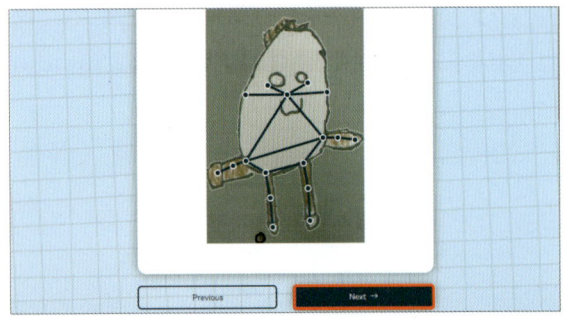

06 [ADD ANIMATION]을 확인합니다. ALL, DANCE, FUNNY 등으로 움직임이 카테고리별로 나뉘어 있습니다. 그림과 어울리는 움직임을 선택한 후 미리 보기 화면에서 어떻게 움직이는지 확인합니다.

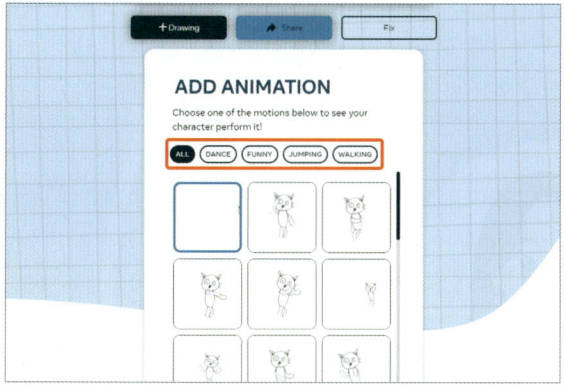

07 원하는 움직임을 선택하고 화면 오른쪽 하단에 있는 [확대]를 클릭합니다. 동영상 파일이 모니터 화면에 꽉 차면서 재생됩니다. 화면 오른쪽 하단에 있는 [더 보기]를 클릭하고 [다운로드]를 클릭합니다. 원하는 폴더나 바탕화면에 다운로드합니다.

> **TIP** 완성된 동영상을 보고 싶다면 예제 파일 중 **CH03_LE05_움직임**.mp4 파일을 클릭합니다.

CHAPTER 04

선생님이 제작하여 더 매력적인 수업·홍보 자료

LESSON 01.
교과 수업과 연계한 PPT 제작하기

LESSON 02.
자기소개 포스터 제작하기

LESSON 03.
홍보 포스터 제작하기

LESSON 04.
우리 반 학급신문 제작하기

LESSON 05.
함께하면 쉬운 뮤직비디오 만들기

LESSON 06.
카드뉴스로 알리는 우리 학교 소식지

LESSON 07.
우리 반 홈페이지 제작하기

[손민지 선생님의 특강]
ChatGPT로 업무 효율성 높이기

LESSON 01
교과 수업과 연계한 PPT 제작하기

나만의 앱 만들기를 주제로 한 PPT

캔바는 사용하기에 쉽고 재미있는 직관적인 디자인 툴입니다. 캔바에서는 다양한 제작 목적에 알맞은 프레젠테이션 템플릿을 제공하고 있습니다. 디자인 툴에 능숙한 사용자는 물론 초보자도 쉽게 접근하여 원하는 작업물을 만들 수 있습니다. 특히 수업에서 많이 활용하는 학습 활동을 설명하는 수업 PPT를 캔바를 활용하면 빠르고 퀄리티 있게 만들 수 있습니다. 실제로 초등학교 실과 성취기준 중 한 가지인 **[6실04-09] 프로그래밍 도구를 사용하여 기초적인 프로그래밍 과정을 체험한다.**를 적용하여 앱 인벤터라는 앱 만들기 프로그래밍 도구로 학생들과 함께 나만의 인공지능 채팅봇을 만들어보는 프로젝트를 모둠별로 진행했습니다. 요즘은 수많은 앱을 통해 실생활에서 일어나는 다양한 문제들에 대해 도움을 얻는 시대이기에 학생들이 직접 앱을 만드는 과정을 간단하게 프로그래밍해볼 수 있는 수업을 기획하게 되었습니다. 이제 캔바의 프레젠테이션 템플릿을 활용하여 '나만의 앱 만들기' 주제로 PPT 디자인을 해보겠습니다.

템플릿 선택하기

01 캔바(canva.com)에 접속합니다. 홈 화면에서 [프레젠테이션]을 클릭합니다.

02 에디터 화면이 열리면 [디자인] 패널의 [템플릿] 탭에서 다양한 프레젠테이션 템플릿을 살펴볼 수 있습니다.

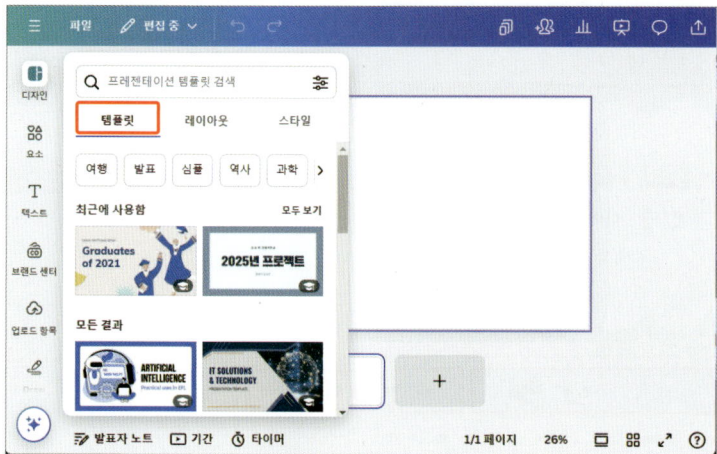

03 ❶ 검색창에 **공룡**을 입력한 후 검색합니다. ❷ 원하는 템플릿을 선택합니다.

> **TIP** 검색창에 공룡, 꽃, 졸업 등 원하는 키워드를 입력하여 검색합니다. 수많은 템플릿 중에서 키워드에 해당하는 템플릿을 추려냅니다. 더욱 빠르게 원하는 템플릿을 선택할 수 있습니다.

04 [모든 10개 페이지에 적용]을 클릭해도 되고 원하는 템플릿만 페이지에 적용해도 됩니다. 여기서는 ①
세 개의 새로운 페이지를 추가하여 ② 총 네 개의 페이지에만 템플릿을 적용하겠습니다.

TIP 선택한 템플릿을 원하는 페이지에만 삽입하고 싶은 경우에는 템플릿에 마우스를 댑니다. [+]가 나타나면 클릭하여 해당 템플릿을 페이지에 적용합니다.

텍스트 입력하고 효과 주기

05 ① 1페이지의 텍스트 상자를 더블클릭합니다. ② 원하는 내용으로 텍스트를 변경합니다. 여기서는 **나만의 앱 만들기**를 입력했습니다. ③ 요소 편집 메뉴에서 글꼴과 글자 크기, 굵기 등을 변경합니다.

06 ❶ 2페이지를 선택합니다. ❷ 디자인 도구 바에서 [텍스트]를 클릭합니다. ❸ 캐릭터 머리 위에 텍스트 상자를 추가하고 오른쪽 하단에 있던 텍스트 상자는 지웁니다.

07 ❶ 각각의 텍스트 상자를 클릭하고 색상과 내용을 원하는 대로 변경합니다. ❷ 고양이를 클릭하고 ❸ 변경하고 싶은 부분만 색상을 다르게 설정합니다. 불필요한 요소가 있다면 삭제합니다.

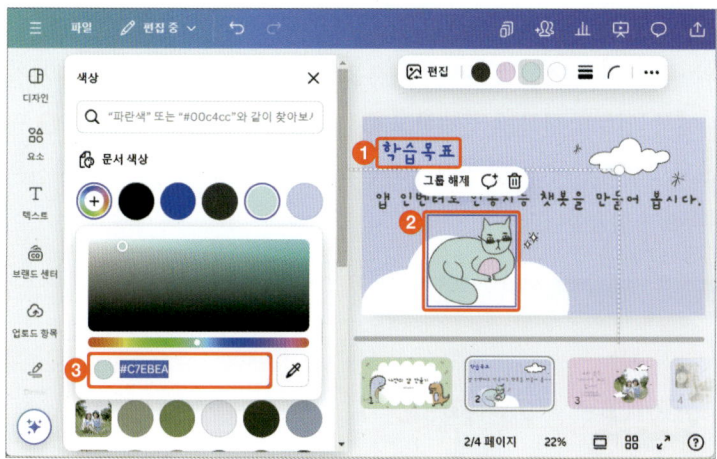

이미지 삽입하기

08 ❶ 3페이지를 선택합니다. ❷ 디자인 도구 바에서 [요소]를 클릭하고 ❸ 검색창에 AI를 입력한 후 검색합니다. ❹ [사진]에서 원하는 이미지를 선택하고 ❺ 페이지에 적용되면 오른쪽 프레임으로 드래그합니다. ❻ 이미지 왼쪽에는 인공지능 챗봇에 관한 내용으로 변경합니다.

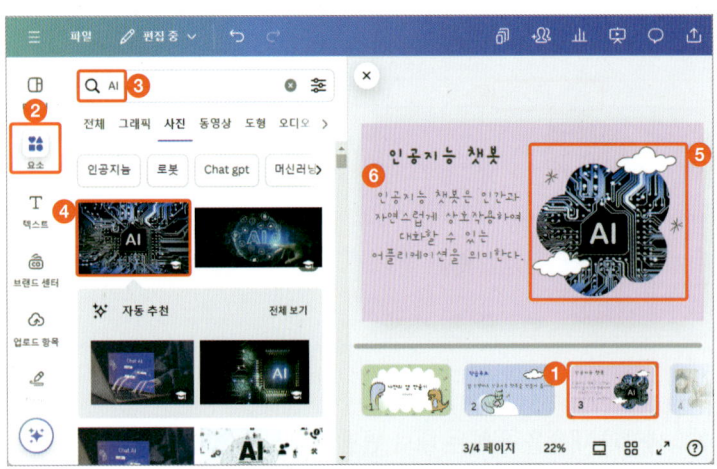

09 ❶ 4페이지를 선택합니다. ❷ 템플릿에 있던 두 개의 프레임 중 오른쪽 프레임은 삭제하고 왼쪽에 있는 프레임은 복제합니다. ❸ 프레임 위에 텍스트 상자를 추가하고 내용을 입력합니다. 프레임에 있는 사진을 변경하겠습니다. ❹ 디자인 도구 바에서 [업로드 항목]을 클릭하고 ❺ [파일 업로드]를 클릭합니다. ❻ 원하는 사진을 불러오고 사진을 프레임으로 드래그합니다. 앱 인벤터 화면과 실제 어플 화면에 적용할 사진은 자신이 가지고 있는 사진을 임의로 선택하여 실습합니다.

> **TIP** 캔바는 다양한 모양의 프레임을 제공하고 있습니다. 원하는 모양, 크기에 알맞은 프레임을 삽입하여 PPT를 꾸밀 수 있습니다. 디자인 도구 바에서 [요소]를 클릭하여 아래로 스크롤하면 다양한 프레임을 살펴볼 수 있습니다. 프레임에는 사진뿐 아니라 동영상도 삽입할 수 있습니다. 동영상을 프레임에 삽입하여 PPT를 꾸며보기도 합니다.

공유하기

10 ❶ 오른쪽 상단의 [공유]를 클릭하고 ❷ [다운로드]를 클릭합니다. 파일 형식을 PDF나 PPT로 지정하고 다운로드합니다.

 **장점이 많은 캔바, 수업에 적극 활용하기**

캔바로 만든 자료는 캔바 홈 화면의 '최근 디자인 영역'에서 확인할 수 있습니다. 작업한 문서가 항상 표시되기 때문에 완성된 작업물을 다운로드하지 않고 활용할 수 있습니다. 즉, 인터넷 연결이 가능한 환경에서 캔바에 로그인하고 활용할 자료를 클릭하여 [프레젠테이션]을 클릭합니다. 수업 및 발표 시에 곧바로 활용할 수 있습니다. 또한 캔바에서 바로 수정할 수 있고, 학생들이 만든 자료를 공유 링크를 통해 패들렛, 띵커벨 보드 등 공유가 가능한 게시판에 올리면 학생이 링크를 클릭하여 발표 자료로 활용할 수 있습니다. 이렇듯 쉽고 빠르게 문서를 활용할 수 있습니다.

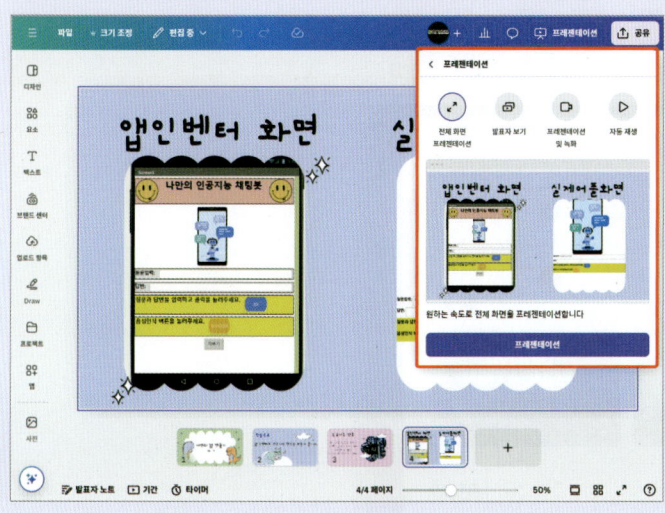

LESSON 02

자기소개 포스터 제작하기

선생님부터 시작하는 자기소개 포스터

이번에는 캔바가 제공하는 템플릿 중 포스터를 활용하여 자기소개 포스터를 만들어보겠습니다.

포스터 템플릿 선택하기

01 캔바 홈 화면에서 ❶ [교육용]을 클릭합니다. ❷ [교실용 포스터]를 클릭합니다.

02 에디터 화면이 열리면 ❶ 디자인 도구 바의 [디자인] 검색창에 **personal**을 입력한 후 검색합니다. ❷ [템플릿] 탭에서 마음에 드는 포스터를 선택합니다.

 **새 학기 선생님 소개 자료 만들기**

새 학기 첫 시간에 학생들에게 선생님을 소개할 수 있는 간단한 작품을 만들어봅니다. 선생님만의 개성을 드러낼 수 있는 소개 포스터를 쉽고 빠르게 캔바를 활용하여 만듭니다. 다음 그림처럼 프레임 몇 개를 추가하고 프레임에 사진을 넣어 시각적인 효과를 더하면 즐거운 자기소개 시간이 될 수 있습니다.

텍스트 수정하기

03 [디자인] 패널을 닫습니다.

04 ① 맨 위에 있는 텍스트 상자를 더블클릭하고 이름이나 닉네임으로 변경합니다. ② 요소 편집 메뉴에서 글꼴과 글자 크기, 정렬 등 원하는 방향으로 수정합니다.

05 ❶ 디자인 도구 바에서 [앱]을 클릭합니다. ❷ [앱] 패널이 열리면 [사진]을 선택합니다. 이제 디자인 도구 바에 [사진]이 표시됩니다.

06 ❶ 디자인 도구 바에서 [사진]을 클릭합니다. ❷ [사진] 패널의 검색창에 **커피**를 입력한 후 검색합니다. ❸ 원하는 사진을 프레임으로 드래그하여 사진을 삽입합니다. ❹ 커피에 어울리는 텍스트로 변경합니다.

이미지 불러오기

07 ❶ 디자인 도구 바에서 [업로드 항목]을 클릭합니다. ❷ 패널이 열리면 [파일 업로드]를 클릭하고 나만의 사진들로 포스터를 꾸며봅니다. 필요한 경우 프레임, 텍스트 등을 추가하거나 삭제하여 자기소개 포스터 작품을 완성합니다.

 **손민지 선생님의 꿀팁**

자기소개 포스터 만들기로 즐거운 자기소개 시간

새 학기에 나를 소개하는 활동을 많이 합니다. 이때 캔바를 활용하여 자기소개를 해보는 것은 어떨까요? 내가 좋아하는 것, 나의 꿈, 나의 취미 등에 대해서 텍스트로 표현할 뿐만 아니라 이미지와 동영상을 삽입하여 개성 있게 자신을 소개할 수 있습니다. 실제 이런 시간을 가졌을 때 학생들의 호응이 매우 좋았습니다. 자기소개 포스터를 JPG 이미지로 저장하여 학급에서 공유하는 패들렛, 띵커벨 보드에 업로드하면 서로의 작품을 감상하고 의견을 나눌 수도 있어 매우 즐거운 활동이 됩니다. 다음과 같이 다양한 포스터 템플릿이 있으니 원하는 템플릿을 찾아 직접 꾸며보는 활동을 해봅니다.

   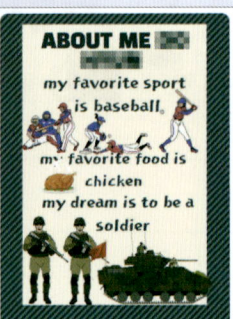

LESSON 03
홍보 포스터 제작하기

학교 졸업식에 초대하는 홍보 포스터

학교 업무를 하다 보면 홍보 포스터를 만들어야 하는 상황이 많습니다. 우리 학급의 행사를 홍보 포스터로 만들어 온라인 알림장에 공유하는 일은 뿌듯하고 멋진 작업입니다. 캔바를 활용하여 쉽게 따라 할 수 있는 홍보 포스터 제작 방법에 대해 살펴보고 학교 졸업식 홍보 포스터를 만들어보겠습니다.

포스터 템플릿 선택하기

01 캔바 홈 화면에서 ❶ [교육용]을 클릭합니다. ❷ [교실용 포스터]를 클릭합니다.

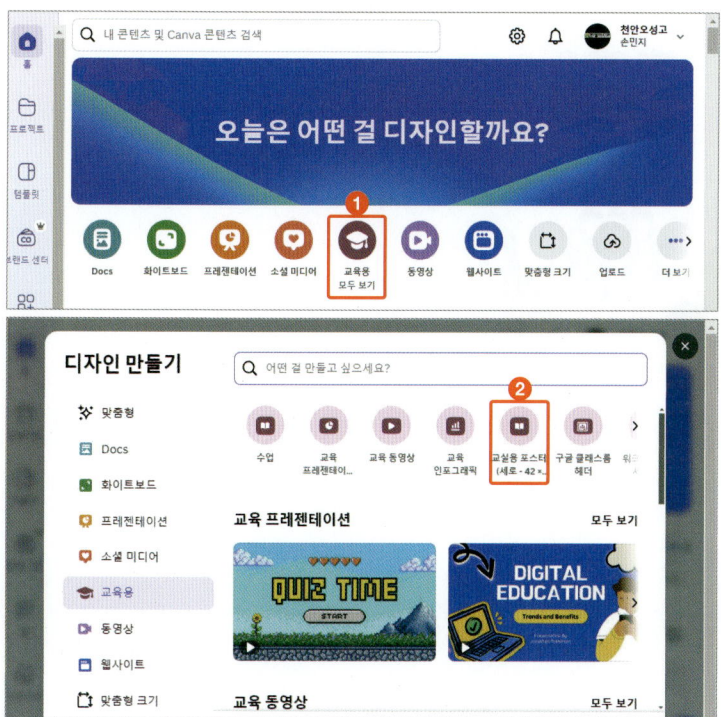

02 학교 졸업식 홍보 포스터를 만들어보겠습니다. ❶ 에디터 화면이 열리면 디자인 도구 바의 [디자인] 검색창에 **졸업**을 입력한 후 검색합니다. ❷ 원하는 템플릿을 선택합니다.

03 선택한 템플릿을 나만의 스타일로 디자인합니다. 먼저 그래픽 이미지를 추가하겠습니다. ❶ 디자인 도구 바의 [요소]를 클릭하고 ❷ [그래픽]을 선택한 후 ❸ [요소] 패널의 검색창에 **졸업**을 입력한 후 검색합니다. 원하는 그래픽 이미지를 선택한 후 ❹ 패널을 닫습니다.

색상 변경하기

04 ❶ 포스터 상단에 있는 만국기 요소를 클릭합니다. ❷ 요소 편집 메뉴에서 원하는 색상으로 변경합니다.

TIP 캔바에서 제공되는 다양한 그래픽 이미지는 이와 같은 방식으로 쉽게 색상을 변경할 수 있습니다. 내가 원하는 색상을 적용한 그래픽 이미지로 멋진 작품을 만들어봅니다.

05 ❶ 포스터를 클릭하고 ❷ 요소 편집 메뉴에서 [배경 색상]을 클릭합니다. ❸ [색상] 패널이 열리면 원하는 색을 찾아 포스터의 색상을 변경합니다.

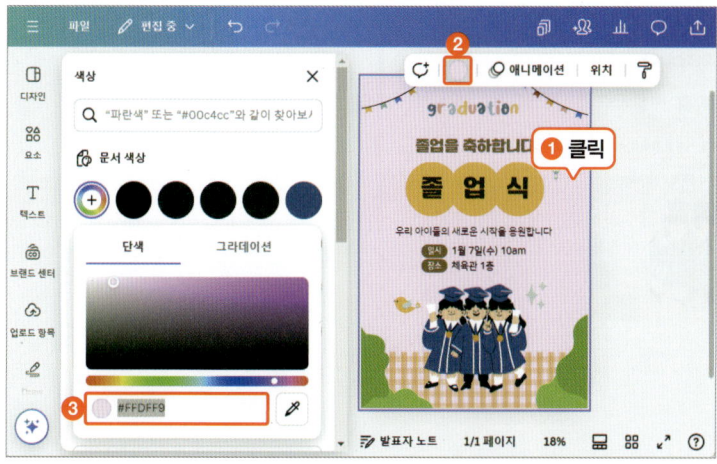

텍스트 스타일 변경하기

06 '졸업식' 글자의 바탕 색상도 각각 다르게 설정합니다. 여기서는 ❶ '졸' 글자의 바탕은 파란색, ❷ '업' 글자의 바탕은 분홍색, ❸ '식' 글자의 바탕은 노란색으로 변경했습니다.

07 포스터에 들어갈 내용도 주제에 맞게 수정합니다. ❶ 텍스트 상자를 더블클릭하고 ❷ 요소 편집 메뉴에서 글꼴, 글꼴 크기, 글꼴 색상 등을 설정합니다.

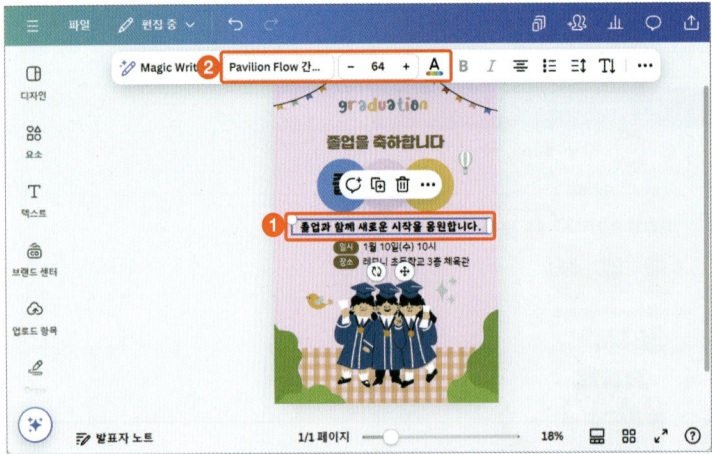

08 포스터에 있는 학생들의 ❶ 졸업 모자와 의상을 ❷ 파란색에서 갈색 계열로 변경합니다.

요소를 내 맘대로 변경하기

09 포스터의 양쪽 하단에 있는 숲 요소를 삭제합니다. ❶ Shift 를 누른 채 숲을 선택하고 Delete 를 누릅니다. ❷ 디자인 도구 바의 [요소] 검색창에 **풍선**을 입력한 후 검색합니다. ❸ 원하는 풍선을 선택하여 다음과 같이 배치합니다.

10 ❶ 풍선이 선택된 상태에서 ❷ 요소 편집 메뉴의 [투명도]를 클릭하여 80으로 설정합니다.

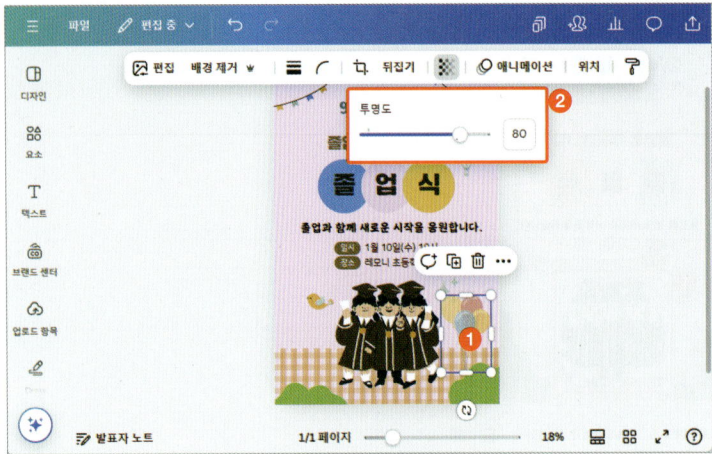

11 졸업식 홍보 포스터가 완성되었습니다.

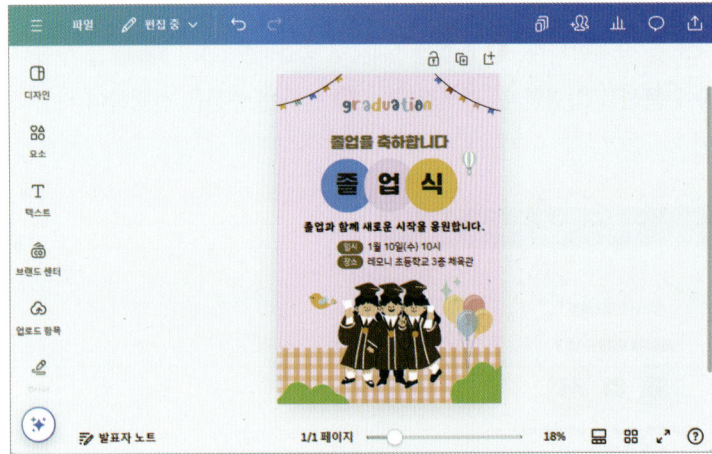

공유하기

12 ① 오른쪽 상단의 [공유]를 클릭하고 [다운로드]를 클릭합니다. ② 파일 형식에는 [PDF 인쇄]를 선택하고 ③ [다운로드]를 클릭하면 포스터를 인쇄할 수 있습니다.

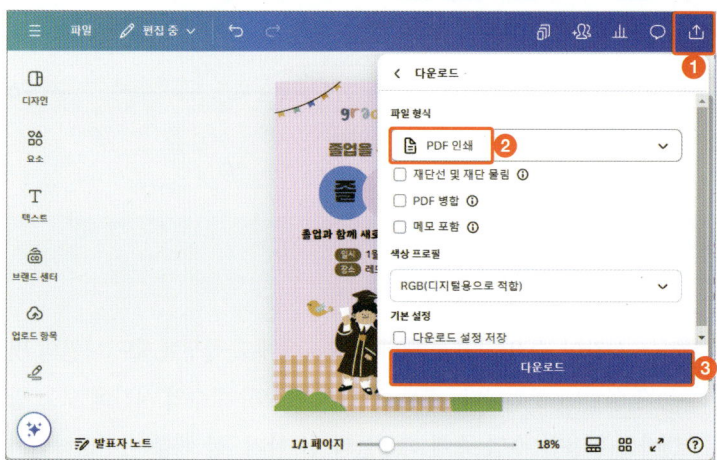

 **손민지 선생님의 꿀팁** 10분 만에 완성하는 홍보 포스터 만들기

캔바에서 제공하는 샘플 템플릿으로 다양한 홍보 포스터를 디자인할 수 있습니다. 학교, 입학, 졸업, 행사 등 다양한 키워드를 입력하여 샘플 템플릿을 확인합니다. 다음의 예는 왼쪽부터 캠프 홍보 포스터, 북 페스티벌 홍보 포스터, 입학식 홍보 포스터입니다. 짧은 시간에 이와 같이 완성도 있는 포스터를 제작할 수 있습니다.

LESSON 04
우리 반 학급신문 제작하기

우리 반의 개성이 드러나는 학급신문

캔바를 활용하면 어떤 작품이든 그 창작하는 시간이 즐겁습니다. 캔바는 교사에게도 학생에게도 나만의 멋진 작품을 만들 수 있어 자신감을 높여주는 훌륭한 도구입니다. 또한, 협업이 가능하여 수업 시간에 모둠 활동을 했을 때 만족도도 매우 높습니다. 캔바를 활용한 수업 중에 학생들과 한 학기, 한 해를 마무리하면서 학급신문을 만들었던 일이 떠오릅니다. 모둠별로 우리 반에서 있었던 일들을 분담하여 학급신문을 계획하고 만들어 모두 즐거웠던 경험입니다. 이번에는 우리 반의 개성을 담은 학급신문 만들기에 도전해보겠습니다.

뉴스레터 템플릿 선택하기

01 캔바 홈 화면의 ❶ [더 보기]를 클릭합니다. ❷ 뉴스레터를 입력하고 검색합니다.

02 에디터 화면이 열리면 ❶ [디자인] 패널 [템플릿] 탭의 검색창에 **학교** 또는 **School**을 입력한 후 검색합니다. ❷ 마음에 드는 템플릿을 선택합니다.

텍스트 수정하고 스타일 변경하기

03 이제 템플릿의 분위기를 바꿔보겠습니다. ❶ [디자인] 패널의 [스타일] 탭을 클릭하고 ❷ 조합에서 [모두 보기]를 클릭합니다.

04 서너 가지의 색이 조화를 이루고 글꼴이 조화를 이루는 다양한 스타일 목록이 나타납니다. 여기서는 [BM Hanna]를 선택했습니다.

05 ① 다음과 같이 학급신문의 제목을 변경합니다. ② 프레임에 있는 샘플 사진을 클릭한 후 Delete 를 눌러 삭제하고 필요한 프레임을 복사하여 추가해줍니다.

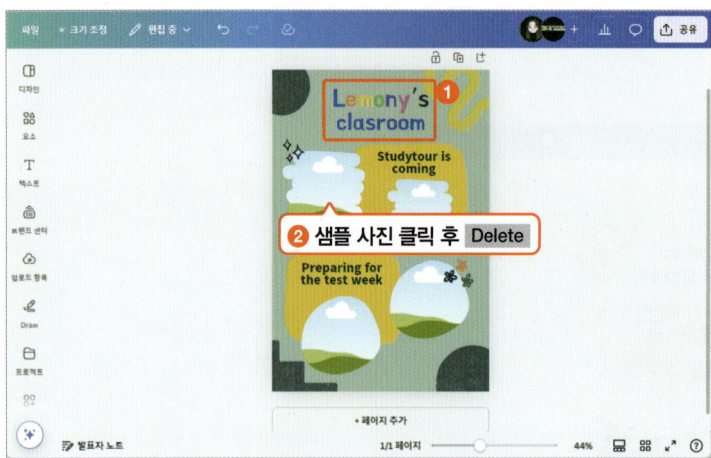

이미지 수정하기

06 ❶ 디자인 도구 바에서 [업로드 항목]을 클릭합니다. ❷ 패널이 열리면 [파일 업로드]를 클릭하여 ❸ 학급 신문에 넣을 원하는 이미지를 불러옵니다.

07 각각의 이미지를 원하는 프레임으로 드래그합니다. 프레임 사이즈에 알맞게 사진이 삽입됩니다.

프레임 변경하기

08 ❶ 디자인 도구 바에서 [요소]를 클릭합니다. ❷ **프레임**을 입력한 후 검색합니다. ❸ 포스터 오른쪽 하단에 있는 프레임을 삭제하고 원하는 모양의 프레임을 삽입합니다.

TIP 디자인 도구 바의 [요소]를 클릭하고 아래로 스크롤하면 다양한 프레임을 찾을 수 있습니다.

09 ❶ 변경한 프레임에 원하는 이미지를 삽입합니다. ❷ 각 이미지에 어울리는 내용으로 텍스트를 변경합니다. ❸ 텍스트 상자를 클릭하고 요소 편집 메뉴에서 글꼴, 글꼴 크기 등을 변경해봅니다.

10 나만의 학급신문을 뚝딱 완성했습니다.

공유하기

11 ❶ 오른쪽 상단에서 [공유]를 클릭합니다. ❷ [프레젠테이션]을 선택하거나 ❸ [다운로드]를 클릭하여 완성한 학급신문을 다운로드합니다. 학급 패들렛에 완성한 학급신문을 게시하여 학생들과 공유해봅니다.

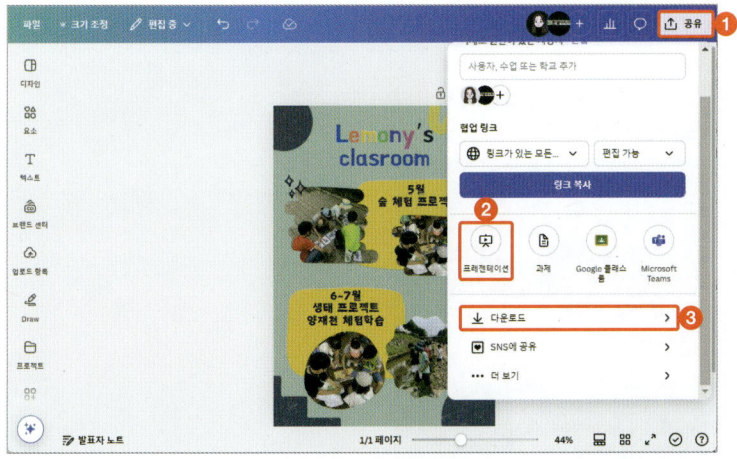

> **TIP** [공유]를 클릭했는데 그림처럼 [프레젠테이션]이 안 보인다면 [다운로드] 아래에 있는 [더 보기]를 클릭합니다. 공유할 수 있는 모든 옵션이 나타납니다. [프레젠테이션]을 찾아 선택합니다.

손민지 선생님의 꿀팁

캔바를 통해 다양한 방식으로 학급신문 만들기

학급신문을 구상할 때 모둠별로 주제를 달리 하여 다양한 에피소드를 담는 것이 좋습니다. 학급신문을 만들기 전에 모둠의 대표 학생이 캔바 작업 페이지를 만들어 모둠의 협업 링크를 패들렛에 올립니다. 링크 공유 시에는 [링크가 있는 모든 사용자, 편집 가능]으로 링크 접근 범위를 설정해야 캔바로 여러 학생이 동시에 편집할 수 있습니다. 협업 링크를 공유하여 모둠의 다른 친구들과 함께 작업할 수 있는 기본 환경을 만들어줍니다. 모둠 친구들과 주제를 상의한 내용을 패들렛에 업로드합니다. 학급신문을 완성한 후에는 완성한 작품도 패들렛에 함께 공유하여 우리 학급의 학급신문을 한눈에 살펴볼 수 있습니다. 다른 방법으로는 교사가 대표로 캔바 작업 페이지를 만들고 페이지별로 모둠의 작업 공간을 지정해줄 수도 있습니다. 캔바를 통해 다양한 방식으로 학급신문 만들기에 도전해봅니다.

▲ 학급신문 예

▲ 우리 반 친구들 소개

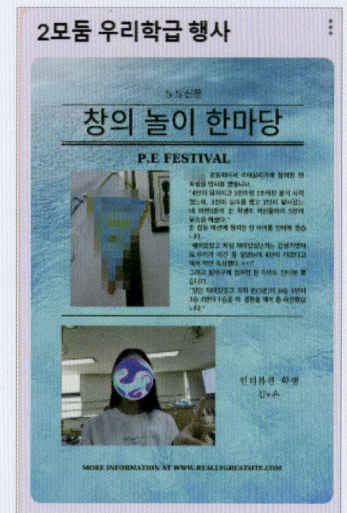
▲ 우리 학급 행사

▲ 경복궁 체험 학습

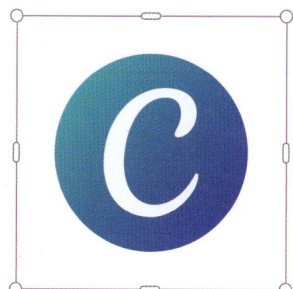

LESSON 05
함께하면 쉬운 뮤직비디오 만들기

영화의 명장면을 그림으로 그려 완성한 뮤직비디오

초임 교사 시절 학생들의 예쁜 모습을 담은 뮤직비디오를 만들기 위해 밤을 꼬박 샌 적이 있습니다. 잘 다루지 못하는 영상 제작 도구를 사용하느라 고군분투했었습니다. 그리고 이후 수업에서 아이들과 함께 뮤직비디오 만들기에 도전하고 싶었으나 아이들에게 영상 제작 방법을 가르치는 것이 엄두가 나지 않아 조용히 포기했던 적이 있습니다. 캔바를 알게 된 이후에는 학생들과 함께 뮤직비디오를 쉽게 만들 수 있어 행복합니다. 학생들과 영어 수업을 하며 유명한 픽사 애니메이션 영화인 〈엘리멘탈〉 OST의 가사를 그림으로 표현하여 뮤직비디오 영상을 만들어봤습니다. 학생들과 공동 작업을 하여 호응도 컸던 수업이었습니다. 좋은 정보를 선생님들과 나누고 싶어 이번 섹션을 준비했습니다. 지금부터 누구나 손쉽게 따라 하는 뮤직비디오 만들기를 살펴보겠습니다.

원하는 장면 선택하여 그리기

01 영화 〈엘리멘탈〉의 장면 중에서 뮤직비디오로 만들 장면을 학생들과 나누어 맡습니다. 학생들은 해당 장면을 그림으로 그리고 휴대 전화로 사진을 찍어 캔바에 업로드해둡니다.

인원수만큼 동영상 페이지 만들어두기

02 캔바 홈 화면에서 [동영상]을 클릭합니다.

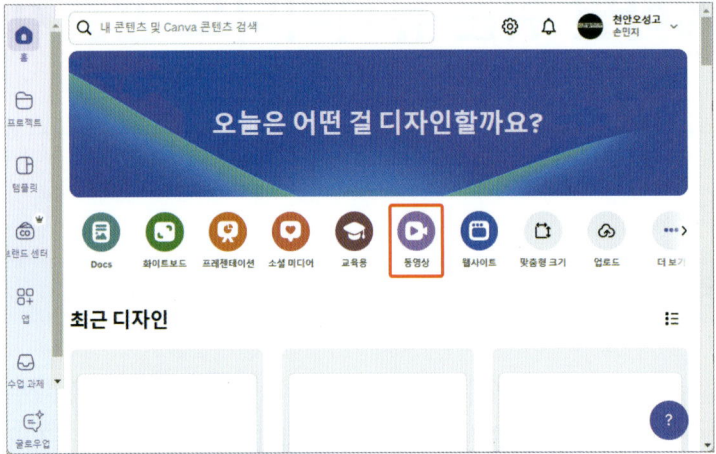

TIP [디자인 만들기] 창이 나타나면 원하는 채널에 적합한 동영상 형식을 선택합니다.

03 에디터 화면이 열리면 학급의 인원수만큼 [페이지 추가]를 클릭하여 페이지를 추가합니다. 공동 작업을 하여 뮤직비디오를 완성할 것입니다.

동영상 페이지 공유하기

04 ❶ 오른쪽 상단에 있는 [공유]를 클릭하고 ❷ 협업 링크 설정을 [링크가 있는 모든 사용자, 편집 가능]으로 설정합니다. ❸ [링크 복사]를 클릭하여 학급 공유 게시판에 캔바 뮤직비디오 동영상 편집 링크를 학생들에게 공유합니다.

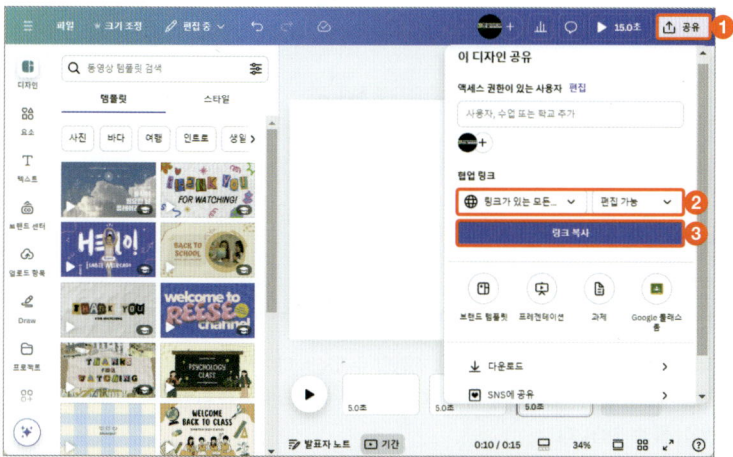

TIP 패들렛, 띵커벨 보드 등 우리 반 학급 공유 게시판에 생성된 캔바 뮤직비디오 편집 링크를 붙여 넣습니다. 학생들이 링크를 통해 들어와 협업할 수 있는 환경을 만들어줍니다.

05 공유한 링크를 통해 공동 작업할 수 있는 에디터 화면으로 이동합니다. [디자인] 패널을 닫습니다.

06 화면이 썸네일 모드일 때는 페이지 번호가 보이지 않습니다. ❶ 페이지 오른쪽 하단의 [스크롤뷰]를 클릭하여 ❷ 페이지 번호가 보이는 상태에서 동영상 편집 작업을 합니다.

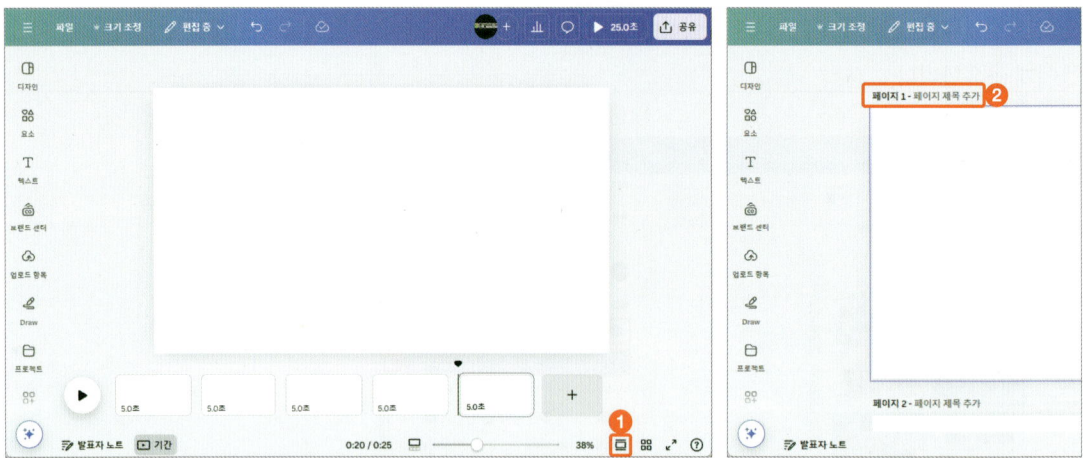

TIP ▶ 페이지 번호가 보이게 하고 작업을 해야 각자 자기 페이지에 정확하게 작업을 진행할 수 있습니다. 학생들이 그린 엘리멘탈 그림을 각자 올려야 할 페이지에 올리면 추후에 순서를 조정할 필요가 없어 편리합니다. 뮤직비디오로 만들 음악의 가사를 한 문장씩 출석번호 순서로 배정하는 것도 뮤직비디오를 편하게 편집하는 방법이 될 수 있습니다.

그림을 캔바에 업로드하고 꾸미기

07 학생들은 뮤직비디오를 구성할 사진을 각자 맡은 페이지에 불러옵니다. 페이지 오른쪽 상단의 화살표를 클릭하면 해당 페이지를 원하는 위치로 이동할 수 있습니다. 페이지의 순서를 조절해야 할 때 화살표를 클릭합니다.

08 ❶ 디자인 도구 바에서 [요소]를 클릭합니다. ❷ [요소] 패널의 검색창에 **녹화중**을 입력한 후 검색합니다. ❸ 다양한 그래픽 요소를 적용해 생동감 있는 효과를 줍니다. 원하는 요소(비디오, 영상 아이콘, 필름 프레임 등)를 검색하고 적용하여 꾸며봅니다.

09 이 외에도 다양한 효과를 줄 수 있는 요소를 추가하여 계속해서 각 페이지를 꾸며줍니다.

첫 페이지에 카운트다운 삽입하기

10 학생들과 각 페이지를 완성했다면 뮤직비디오의 시작 부분에 카운트다운 화면을 삽입해보겠습니다. ❶ 디자인 도구 바의 [디자인]을 클릭하고 ❷ [디자인] 패널의 검색창에 **숫자**를 입력한 후 검색합니다. ❸ 원하는 템플릿을 선택합니다.

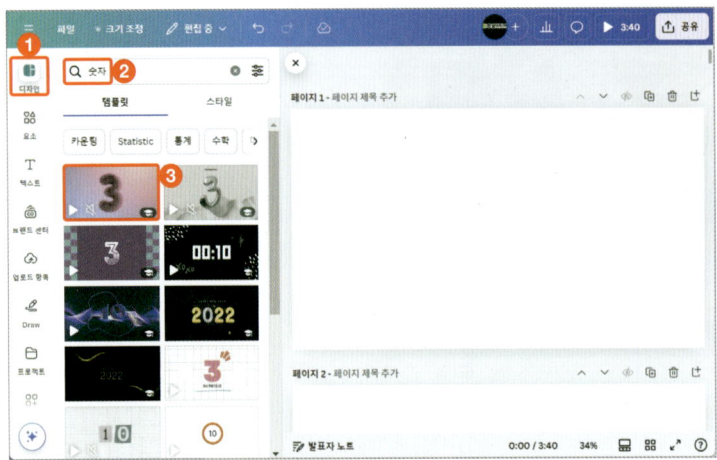

11 선택한 템플릿은 총 네 개의 템플릿으로 구성되어 있습니다. 작업물의 맨 앞에 네 개의 새 페이지를 추가합니다. 네 개의 템플릿이 각 페이지에 적용되도록 합니다. ❶ 새로 추가한 페이지(1페이지)를 선택하고 ❷ 왼쪽에 [3]이라고 적힌 템플릿을 클릭합니다. 다시 2페이지를 선택하고 [2]라고 적힌 템플릿을 클릭합니다. 3페이지를 선택하고 [1]이라고 적힌 템플릿을 클릭합니다. 4페이지를 선택하고 [GO]라고 적힌 템플릿을 클릭합니다.

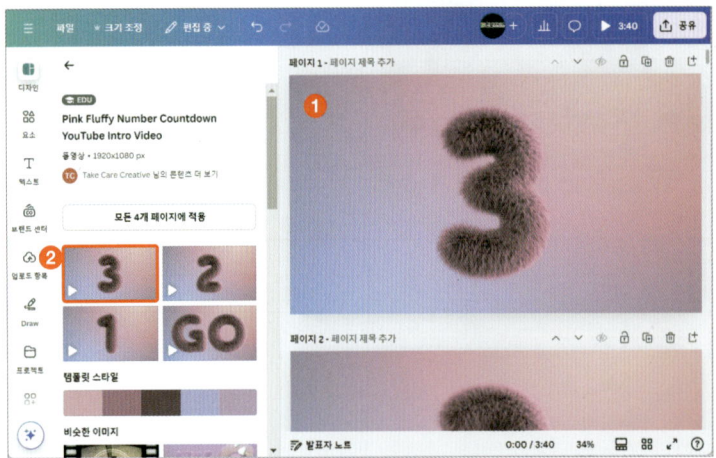

> **TIP** 뮤직비디오 등의 동영상을 편집할 때 캔바가 제공하는 기본 시작 템플릿을 잘 활용하면 멋진 영상을 쉽게 만들 수 있습니다. 숫자, 하트, 뉴스, 크리스마스 등 제작하려는 동영상의 느낌에 알맞은 디자인 템플릿을 검색하여 적용해봅니다.

12 영상의 마지막 부분에 만든 이를 추가해보겠습니다. ❶ 마지막 페이지에 새로운 페이지를 하나 추가하고 ❷ 디자인 도구 바에서 [배경]을 클릭합니다. ❸ 원하는 배경을 선택합니다.

13 ❶ 디자인 도구 바에서 [텍스트]를 클릭합니다. [텍스트] 패널이 열리면 ❷ [텍스트 상자 추가]를 클릭하고 원하는 느낌의 글꼴을 선택합니다. ❸ 텍스트 상자를 더블클릭하고 이름을 변경합니다. 여기서는 **영상 제작 레모니티쳐와 제자들**이라고 수정했습니다.

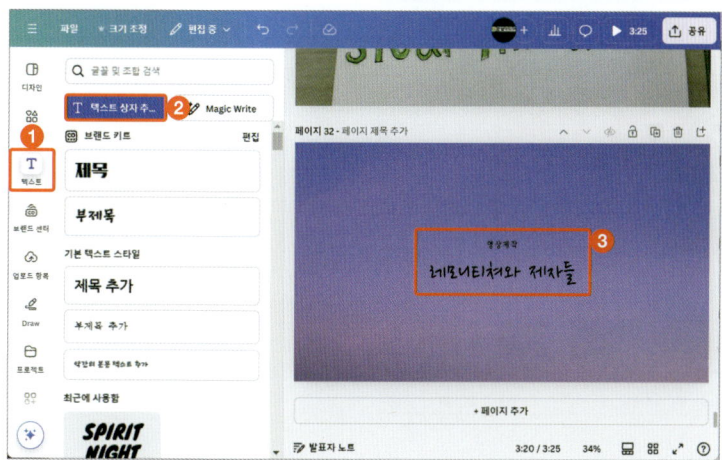

14 ❶ [텍스트] 패널을 닫습니다. ❷ 오른쪽 하단의 [썸네일]을 클릭하여 여러 페이지의 동영상 시간 조절 편집을 한 번에 할 수 있는 기능을 활성화합니다.

15 이제 동영상의 시간을 조절하겠습니다. 1페이지로 이동하여 동영상의 재생 시간을 페이지마다 순차적으로 조절합니다.

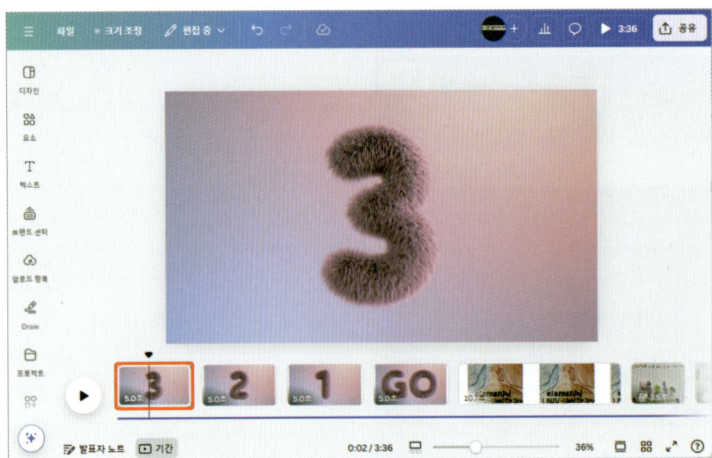

16 1페이지 끝에 마우스를 대면 재생 시간 간격을 조절할 수 있습니다. 4페이지까지 동영상 재생 시간을 1초로 조절합니다.

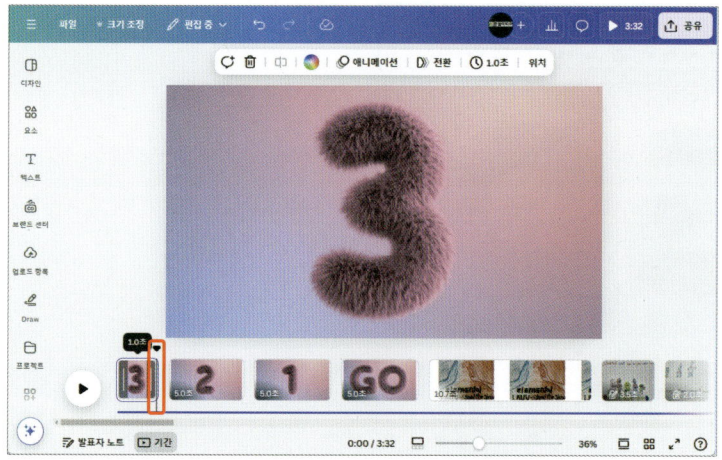

> **TIP** 학생들과 동영상 시간을 편집할 때는 모든 학생에게 시간 편집을 맡기기보다는 1~2명의 학생이 편집할 수 있도록 '화면 시간 편집 담당 학생'을 지정해주는 것이 좋습니다. 특히 뮤직비디오 편집의 경우에는 1~2명의 학생이 집중적으로 편집을 하면 원활하게 작업할 수 있습니다.

손민지 선생님의 꿀팁 — 재생 시간 편집하기

❶ 재생 시간을 편집할 페이지를 선택합니다. 요소 편집 메뉴에서 ❷ [시간 편집]을 클릭한 후 ❸ 원하는 시간을 입력합니다.

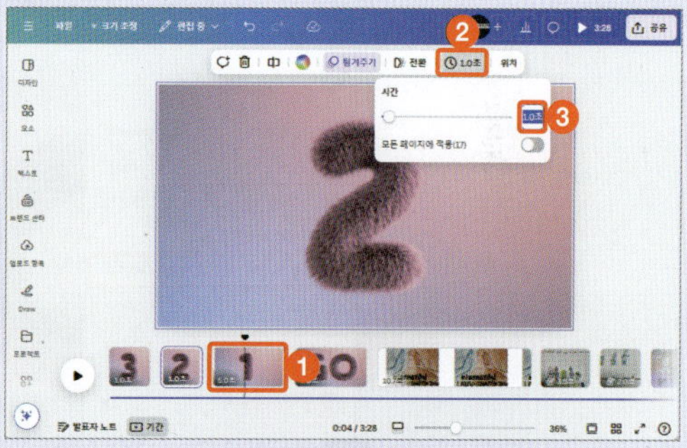

[모든 페이지에 적용]을 클릭하여 모든 페이지에 동영상 재생 시간을 동일하게 설정할 수도 있습니다. 모든 페이지에 동영상 재생 시간을 동일하게 설정하는 경우는 주로 학생들의 활동 사진을 이어 붙여 만드는 활동 영상일 때 이용하면 좋습니다.

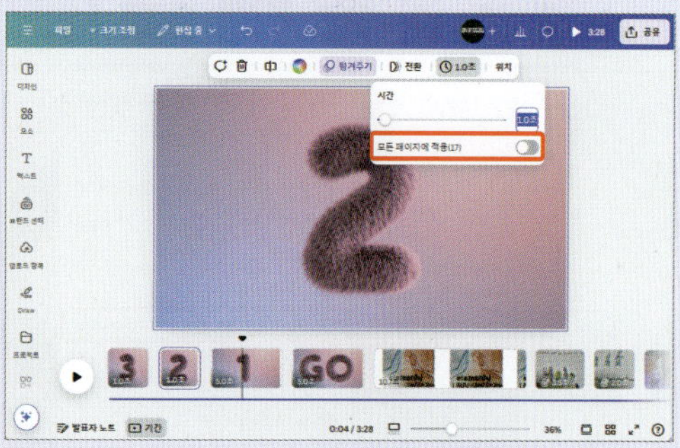

17 페이지마다 애니메이션 효과를 적용할 수 있습니다. 애니메이션 효과를 적용하고 싶은 페이지를 선택하면 활성화되는 상단의 [애니메이션]을 클릭합니다. 원하는 효과가 있다면 선택합니다.

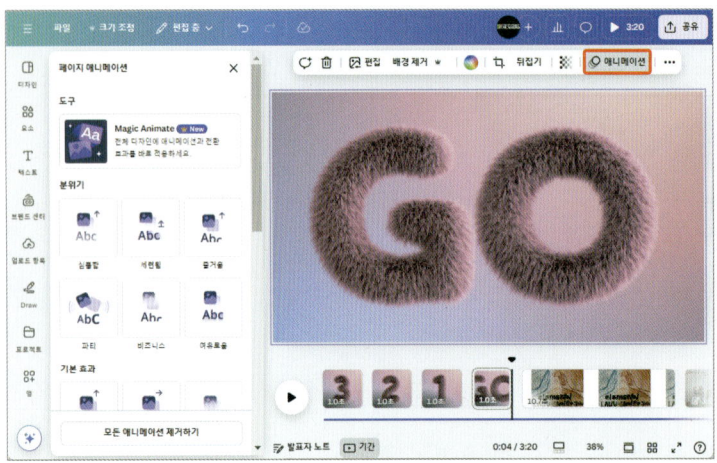

18 페이지마다 [1페이지 잠금] 기능을 활성화할 수 있습니다. ❶ 잠금 기능을 활성화하면 해당 페이지는 더 이상 편집할 수 없게 잠깁니다. 이 기능을 활용하면 페이지 내의 요소가 흐트러지거나 동영상 재생 시간이 변경되는 것을 방지할 수 있습니다. ❷ 이후 수정할 사항이 생길 때 다시 [1페이지 잠금 해제]를 선택합니다.

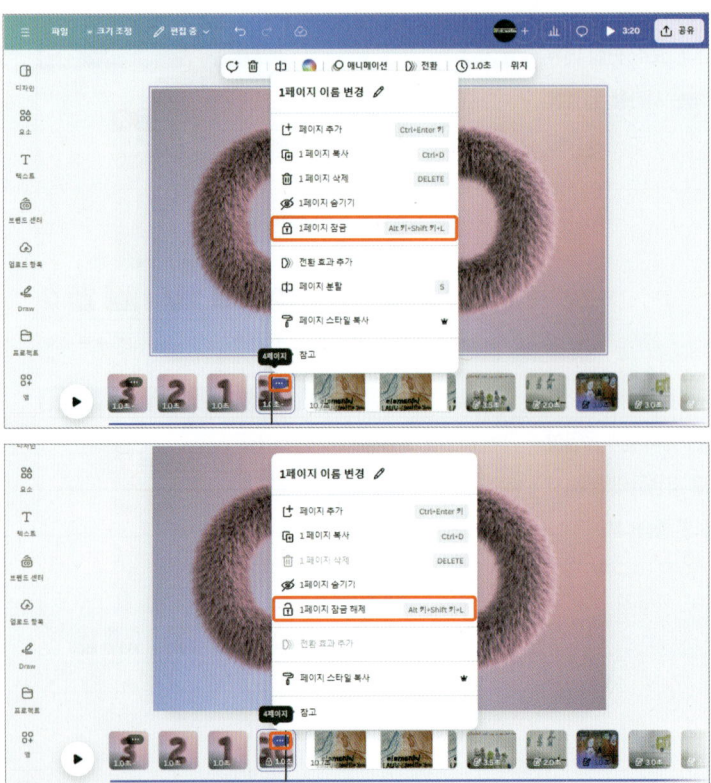

동영상 재생하기

19 오른쪽 상단의 [재생]을 클릭하여 완성한 뮤직비디오 동영상을 재생합니다.

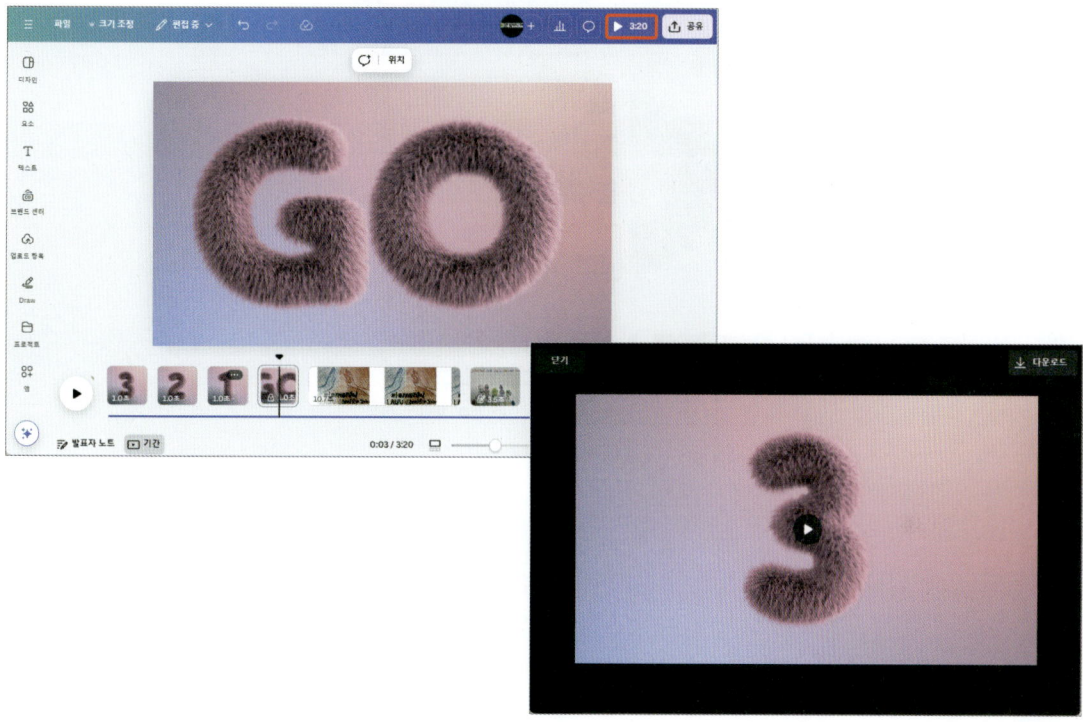

동영상 다운로드하고 공유하기

20 다시 에디터 화면으로 돌아와 ❶ [공유]를 클릭하고 [다운로드]를 클릭합니다. ❷ 파일 형식을 [MP4 동영상]으로 선택하고 ❸ 다운로드합니다.

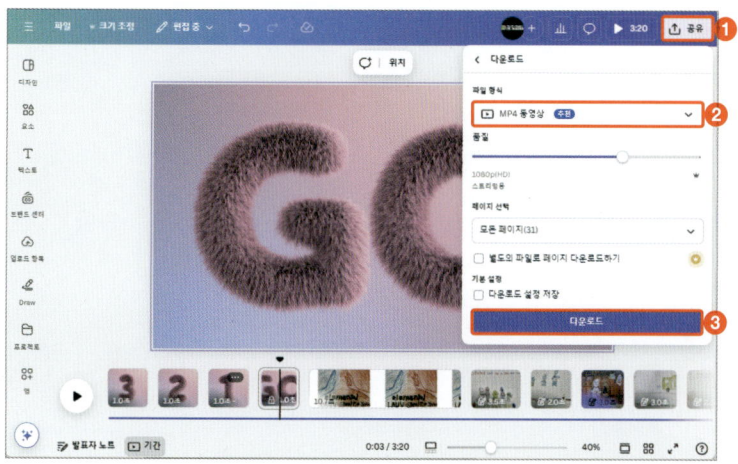

21 ❶ 오른쪽 상단의 [공유]를 클릭하고 ❷ [공개 보기 링크]를 클릭합니다. 링크가 있는 사용자가 캔바에 로그인하지 않고도 영상을 볼 수 있는 링크를 생성할 수 있습니다.

LESSON 06

카드뉴스로 알리는 우리 학교 소식지

인공지능 과학의 날 소식을 카드뉴스로 전달하기

카드뉴스는 한눈에 들어오며 학부모들과의 소통에 효과를 발휘할 수 있습니다. 실제로 장문의 글로 학급 활동에 대해 소개하는 것보다 사진과 간단한 문구를 활용한 카드뉴스는 시각적으로 눈에 띄며 가독성도 높습니다. 이번에는 한눈에 보기 좋은 우리 학교 인공지능 과학의 날 소식을 담은 네 장의 카드뉴스를 제작해보겠습니다.

카드뉴스 템플릿 선택하기

01 캔바 홈 화면에서 ❶ [더 보기]를 클릭합니다. ❷ **카드뉴스**를 입력하고 검색합니다.

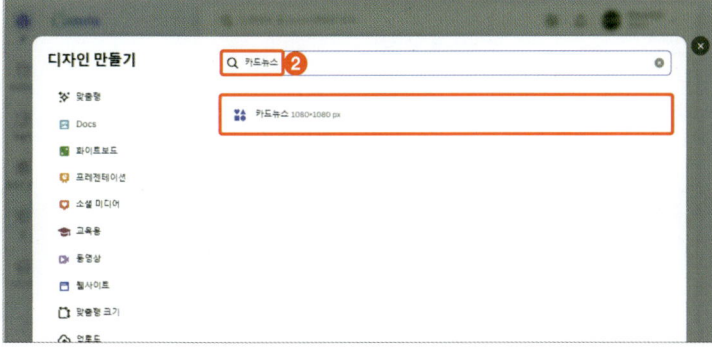

02 ❶ [디자인] 패널에서 ❷ 원하는 키워드(방학, 학교, 안내 등)를 검색하고 ❸ 카드뉴스 템플릿 디자인을 선택합니다.

텍스트 수정하기

03 선택한 템플릿에 맞춰 학교 소식지를 어떻게 꾸밀지 생각합니다. 카드뉴스에 있는 텍스트 상자를 더블 클릭하고 내용을 수정합니다.

04 ❶ 색상을 바꾸고 싶은 텍스트는 드래그하여 영역을 지정합니다. ❷ [텍스트 색상]을 클릭하고 다음과 같이 ❸ 각 줄의 텍스트 색상을 변경합니다.

05 제목 텍스트가 잘 보이도록 각 요소의 크기를 조절합니다.

요소는 내 맘대로 꾸미기

06 불필요한 요소는 Delete 를 누르거나 휴지통 아이콘을 클릭하여 삭제합니다.

07 빈 공간에 요소를 추가하겠습니다. ❶ 디자인 도구 바에서 [요소]를 클릭합니다. ❷ [요소] 패널이 열리면 검색창에 **우주선**을 입력한 후 검색합니다. ❸ [그래픽]에서 ❹ 원하는 그래픽 요소를 선택하여 꾸며줍니다.

08 ① 2페이지로 이동합니다. ② 카드뉴스 주제에 맞게 내용을 수정합니다. 여기서는 인공지능 과학의 날 1-2학년 프로그램의 내용을 입력했습니다.

이미지 불러오기

09 카드뉴스에 담을 사진들을 가져오겠습니다. ① 디자인 도구 바에서 [업로드 항목]을 클릭합니다. ② [파일 업로드]를 클릭하고 ③ 카드뉴스에 사용할 사진을 불러옵니다.

10 카드뉴스 주제에 어울리지 않은 요소는 삭제하고 불러온 사진은 적절하게 배치합니다.

11 같은 방식으로 ❶ 3페이지에는 3-4학년 프로그램을 소개하는 카드뉴스를 꾸며줍니다. ❷ 마지막 4페이지에는 5-6학년 프로그램을 소개하는 카드뉴스를 꾸며줍니다.

레이어 위치 변경하기

12 가려진 요소를 앞으로 배치하여 잘 보일 수 있도록 레이어를 설정하겠습니다. ❶ 나무 요소를 마우스 오른쪽 버튼으로 클릭합니다. ❷ [레이어]-[맨 앞으로 가져오기]를 선택합니다.

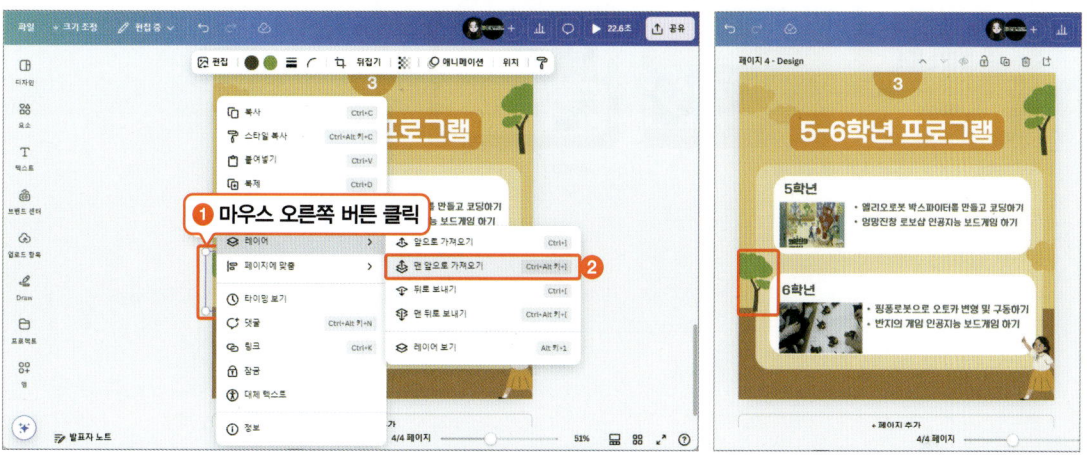

13 ❶ 완성한 카드뉴스의 전체 페이지를 한눈에 보기 위해 오른쪽 하단의 [그리드뷰]를 클릭합니다. ❷ 전체적으로 수정할 부분은 없는지 검토합니다.

14 Ctrl 을 누른 채 마우스 휠을 위로 굴리면 카드뉴스를 더 크게 볼 수 있습니다.

공유하기

15 ❶ 오른쪽 상단의 [공유]를 클릭하고 ❷ [다운로드]를 클릭합니다. ❸ 파일 형식을 [PNG]로 선택한 후 ❹ [다운로드]를 클릭합니다.

TIP 스마트폰에 캔바 애플리케이션을 다운로드하고 로그인합니다. PC에서 완성한 카드뉴스를 스마트폰에서 다운로드하면 스마트폰 갤러리에 저장됩니다. SNS에 업로드하거나 우리 학급의 온라인 알림장에 공유할 수 있습니다.

손민지 선생님의 꿀팁 | 온라인 알림장과 SNS에 카드뉴스로 교육활동 홍보하기

1. 카드뉴스를 학교 홈페이지 및 온라인 알림장에 업로드하기

학교의 교육 활동에 대해 항상 궁금해하는 학부모들에게 캔바로 만든 카드뉴스를 온라인 알림장에 공유합니다. 텍스트와 이미지가 어우러져 시각적으로 매력적이며 흥미를 유발할 수 있습니다. 교육 활동에 대한 학부모들의 더욱 큰 지지를 얻고 유대감을 형성할 수 있습니다.

2. 카드뉴스를 활용하여 선생님만의 교육 활동 소개를 SNS에 전문성 있게 꾸미기

선생님만의 교육 활동 소개를 카드뉴스로 제작한 후 인스타그램에 게시합니다. 저자도 인스타그램 계정(@lemony_teacher)을 만들어 나만의 교육 포트폴리오를 만들어나가고 있습니다. 간단하지만 한눈에 들어오는 카드뉴스로 선생님만의 교육 활동을 재미있게 소개합니다.

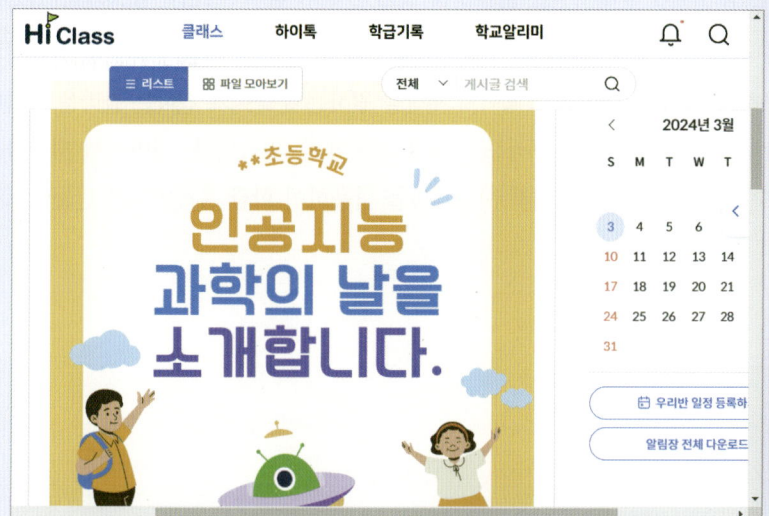

▲ 온라인 알림장에 업로드한 카드뉴스

▲ 인스타그램에 업로드한 카드뉴스

LESSON 07
우리 반 홈페이지 제작하기

복잡한 홈페이지 제작을 캔바로 한번에 해결할 수 있다면?

'나만의 홈페이지를 만들어보면 어떨까?' 홈페이지를 만들려면 코딩을 해야 하고, 코딩은 어려우니 시작하기도 전에 포기했을지도 모릅니다. 그럴듯한 디자인의 홈페이지를 원한다면 전문 업체에 의뢰하거나 업체가 제시하는 유료 기능을 활용해야 합니다. 나만의 홈페이지 제작을 원하는 분들에게 캔바는 놀라운 툴입니다. 캔바를 활용하면 우리 반 학급 홈페이지를 누구라도 무료로 제작할 수 있습니다. 캔바에서 제공하는 기본 템플릿을 활용해 만들 수 있기 때문입니다. 이제부터 캔바를 활용하여 학급 홈페이지를 만들어보겠습니다.

웹사이트 템플릿 선택하기

01 캔바 홈 화면에서 [더 보기]를 클릭합니다.

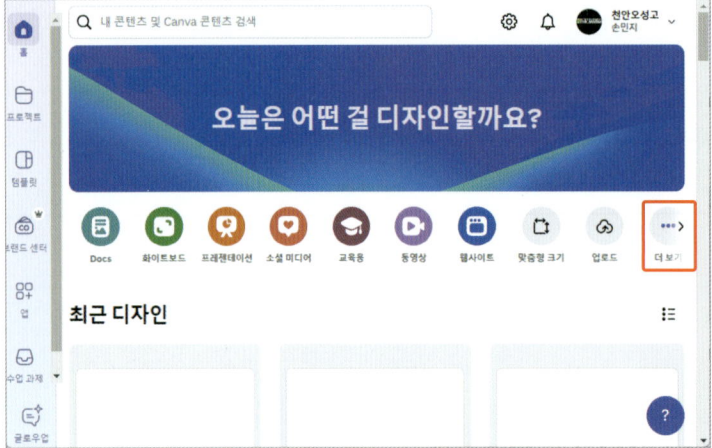

02 ❶ 검색창에 **교육 웹사이트**를 입력한 후 검색합니다. ❷ 원하는 웹사이트 템플릿 디자인을 선택합니다. ❸ [디자인] 패널을 닫습니다.

TIP 여기서 선택한 홈페이지 템플릿은 총 일곱 개의 템플릿으로 구성되어 있습니다. [모든 7개 페이지에 적용]을 클릭하여 진행했습니다.

03 [미리 보기]를 클릭합니다. 홈페이지 템플릿이 어떻게 보이는지 미리 확인할 수 있습니다.

04 홈페이지 미리 보기 페이지에 있는 ❶~❺ 이미지에는 링크가 걸려 있습니다. ❶ ❶ 연필 이미지를 클릭합니다. ❷ 2페이지로 이동하는 것을 확인할 수 있습니다. ❸ 왼쪽 상단의 [닫기]를 클릭합니다.

웹사이트 페이지 꾸미기

05 먼저 1페이지를 꾸며줍니다. 제목을 다음과 같이 변경합니다.

06 2페이지는 학급목표 내용을 담아 수정합니다.

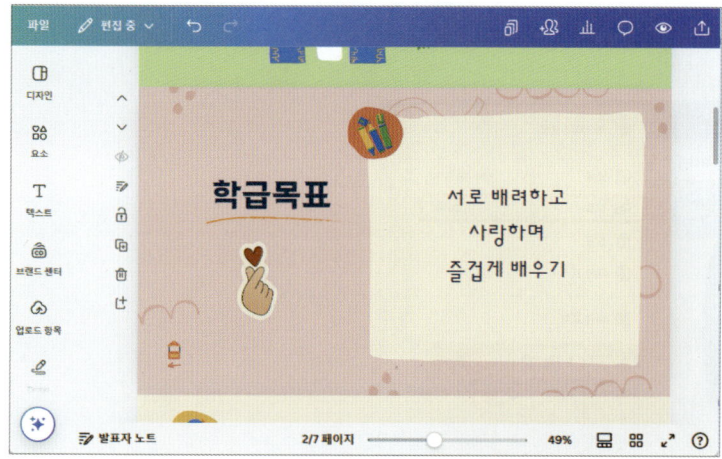

07 3페이지는 우리 반 친구들을 소개하는 페이지로 꾸밉니다. 학생들이 캔바를 활용하여 만든 반 친구들 캐릭터 이미지를 삽입했습니다.

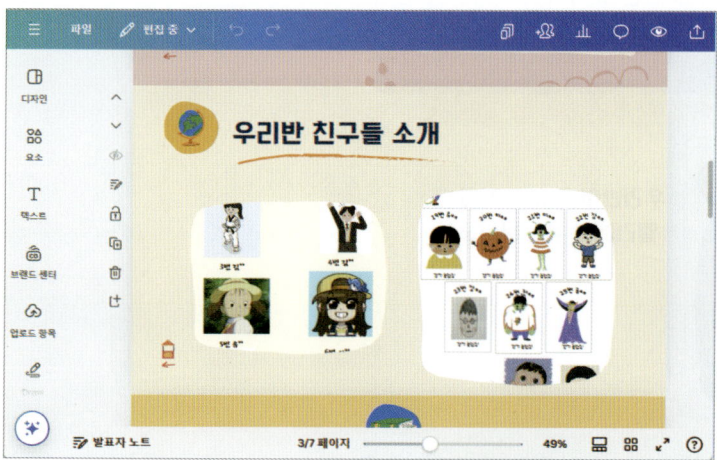

08 4페이지는 이 달의 온작품 읽기 활동으로 꾸며줍니다. ❶ 프레임에 온작품 읽기 책 이미지를 삽입하고 ❷ 하트 요소도 추가합니다. ❸ ❹ 하트 요소에 패들렛과 같이 간단한 소감을 남길 수 있는 학급 온라인 게시판 링크를 연결할 수 있습니다.

09 5페이지에는 우리 반 학생들이 함께 만든 뮤직비디오 작품을 삽입합니다.

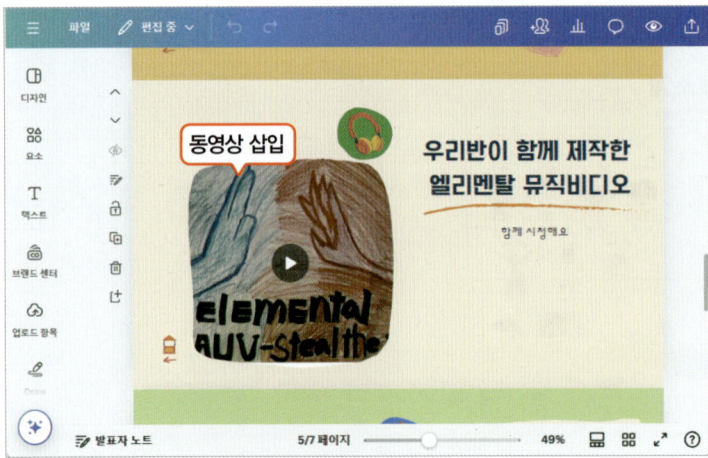

10 6페이지는 이 달의 학급 행사를 소개하는 페이지로 꾸며줍니다.

11 마지막 페이지인 자료 페이지는 템플릿에서 제공하는 다양한 요소가 모여 있습니다. 이 요소들을 활용하여 앞의 여섯 페이지를 더욱 다양하게 꾸밉니다. 충분히 활용한 후에는 왼쪽의 [페이지 삭제]를 클릭하여 해당 페이지를 삭제합니다.

웹사이트 링크 확인하기

12 1페이지로 돌아가 링크가 잘 연결되어 있는지 확인합니다. ❶ 연필 요소를 클릭합니다. ❷ 링크를 편집할 수 있는 작은 팝업 메뉴가 나타납니다.

13 ❶ 2페이지 링크가 적용되어 있음을 알 수 있습니다. ❷ 수정하고 싶으면 [지우기]를 클릭합니다.

14 사이트 주소를 입력하여 링크를 설정할 수도 있습니다. 학교 홈페이지, 학사 일정 게시물 등의 링크 설정으로 홈페이지를 만들 때 유용합니다.

웹사이트 게시하기

15 홈페이지를 완성했다면 [웹사이트 게시]를 클릭합니다.

16 [웹사이트 게시] 창이 나타나면 [모바일에서 크기 조정]에 체크가 되어 있는지 확인합니다.

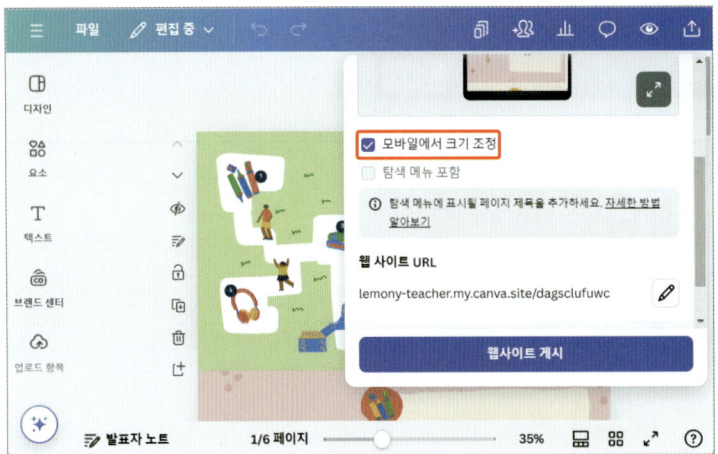

17 웹 사이트 URL을 수정할 수 있는 연필 모양 아이콘을 클릭합니다. 캔바에서는 무료 도메인을 제공하고 있으므로 이를 활용할 수 있습니다.

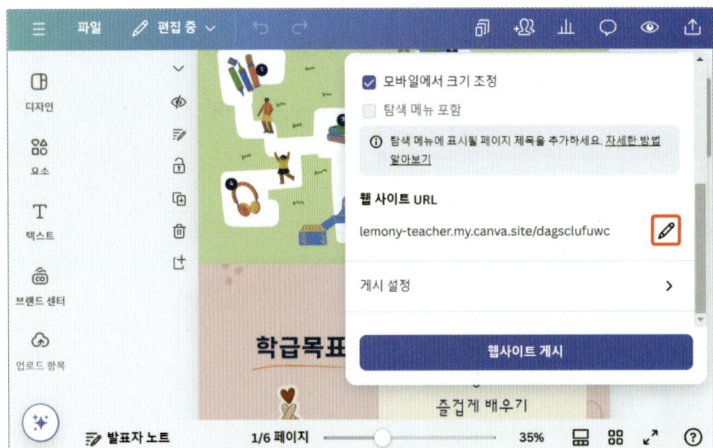

18 ❶ 원하는 웹 사이트의 URL 세부 주소를 입력하고 ❷ [웹사이트 다시 게시]를 클릭합니다. 여러분의 개성을 살린 웹사이트 주소를 입력해보세요.

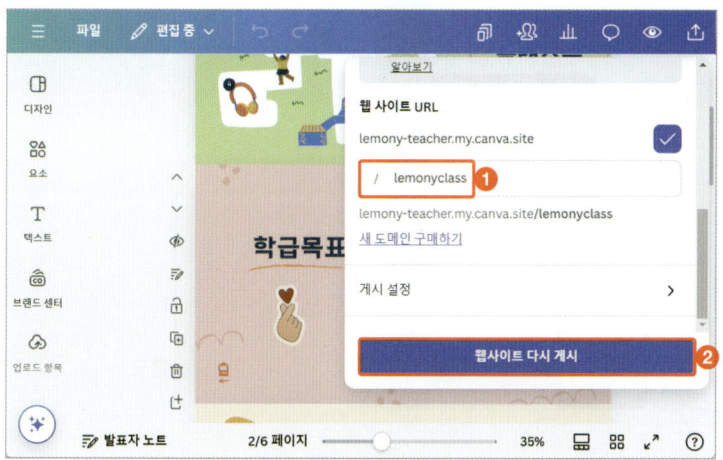

19 [새 도메인 구입하기]를 클릭해 타사에서 구입한 도메인을 가져오거나 새 도메인을 맞춤형으로 구입할 수도 있습니다.

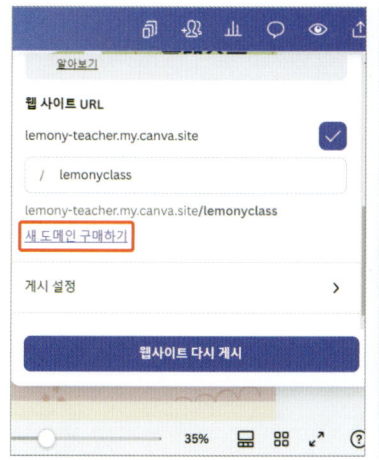
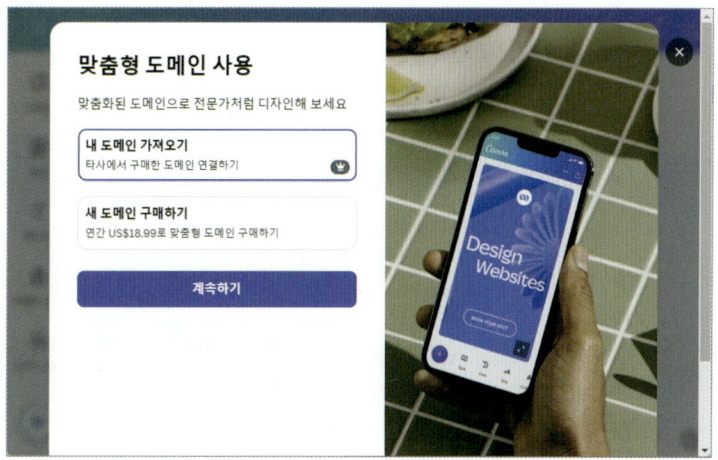

20 [웹 사이트 보기]를 클릭하여 완성된 홈페이지 웹 사이트를 확인합니다.

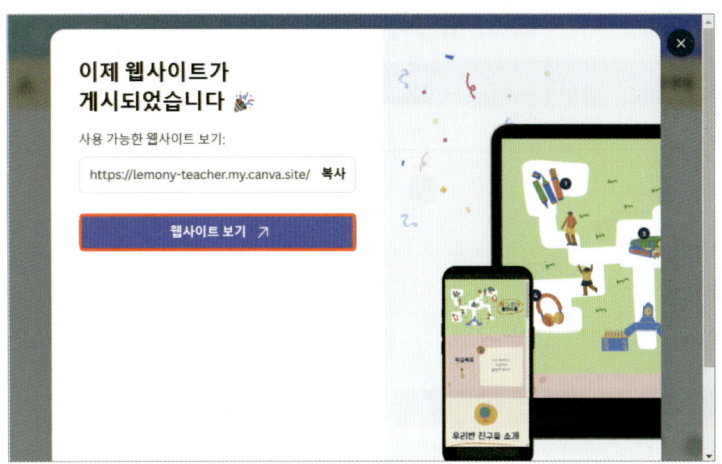

21 우리 학급 홈페이지가 완성되었습니다. 이후에 수정할 부분이 보이면 캔바에서 바로 수정할 수 있습니다. 조금 더 자유로운 양식으로 홈페이지를 만들고 싶은 경우 캔바에서 제공하는 교육용 웹사이트 템플릿 외에 다양한 홈페이지 템플릿을 활용합니다.

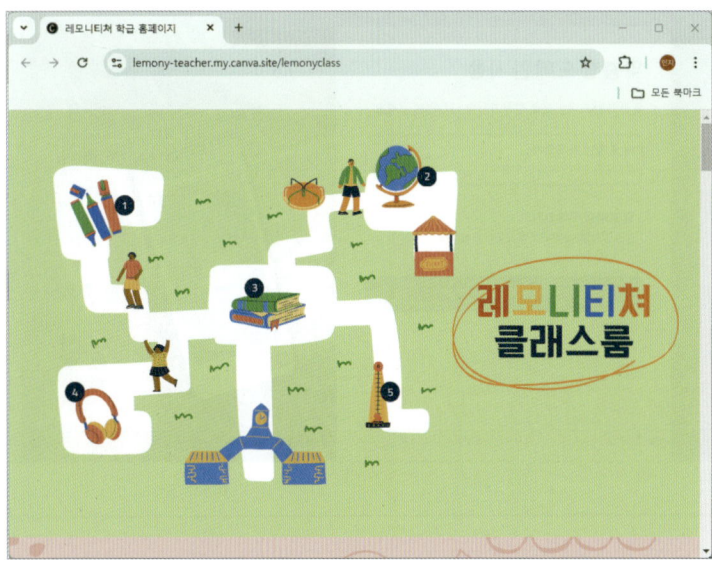

ChatGPT로 업무 효율성 높이기

생성형 AI 시대, 교사는 어떻게 이를 활용할 수 있을까요?

많은 빅테크 기업들은 다양한 분야에서 생성형 AI를 활용하고 ChatGPT로 업무 효율을 높일 수 있습니다. ChatGPT는 업무 상황에서 발생하는 다양한 문제에 대한 해결책으로 제시되고 있습니다. 더불어 반복적이고 일상적인 작업을 자동화하는 방식에도 사용되고 있습니다. 요즘은 마이크로소프트 빙, 뤼튼 등 다양한 생성형 AI가 출시되어 정보 검색 및 아이디어 제공에 다양한 도움을 받을 수 있습니다. 그렇다면 ChatGPT를 활용해 교사의 업무 효율성도 높일 수 있을까요? 정답은 '가능하다'입니다. 지금부터 그 방법에 대해 알아보겠습니다.

01 '초등학교 인공지능 교육의 목적 5가지에 대해 제시해줘', '학생들에게 인성교육을 실시할 수 있는 구체적인 방안 10가지를 표로 정리해줘' 등 업무 계획서를 작성할 때 그 내용에 대해 물어보면 빠른 계획서를 작성할 수 있습니다. 이를 활용하면 업무 계획서 초안을 작성하는 데 걸리는 시간을 크게 단축할 수 있습니다. ChatGPT의 도움을 얻어 계획서의 큰 틀을 만들고 이에 살을 덧붙여가며 수정하는 방식으로 업무 계획서를 완성할 수 있습니다.

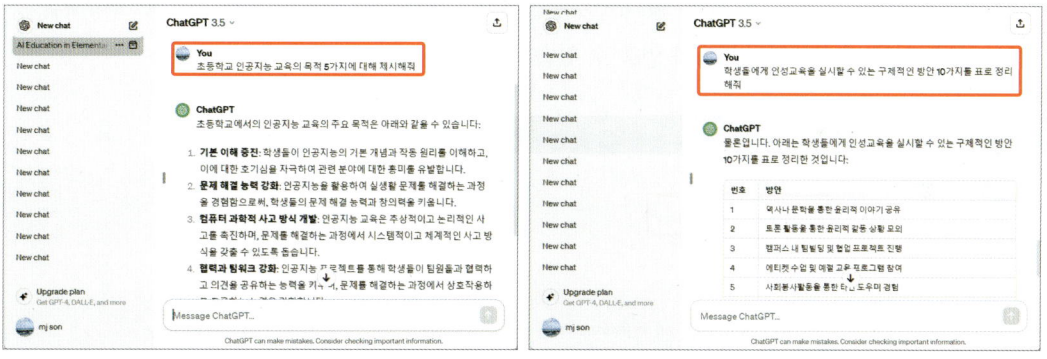

TIP ChatGPT를 활용할 때 주의할 점이 있습니다. 역사적 사실이나 실제 일어난 일에 대해 물어봤을 때는 거짓된 정보를 알려줄 수 있다는 것입니다. 이러한 이유로 창의적인 업무 계획서, 새로운 아이디어와 같은 인공지능이 상상력을 발휘하여 계획을 세울 수 있는 일에 대해서 ChatGPT를 활용해볼 것을 권합니다.

02 ChatGPT를 활용해 안내장을 작성할 수 있습니다. '현충일을 소개하는 안내장 내용을 300단어로 제시해줘', '자전거 안전사고를 예방하기 위한 예방수칙 10가지를 제시해줘'와 같은 프롬프트를 입력하여 안내장 문구나 내용 작성에 대해 도움받을 수 있습니다.

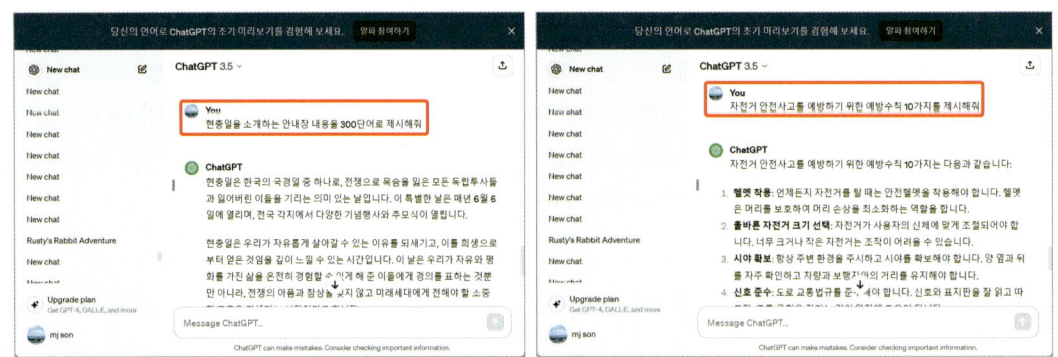

03 수업 자료를 만들 때 활용할 수 있습니다. '신데렐라의 내용으로 연극대본을 만들어줘', '피노키오 동화책 내용으로 상황극을 하려고 하는데 등장인물이 5명이 나오게 구성해줘', '교통안전을 주제로 한 영어 상황극 내용을 2명이 대화하는 형식으로 만들어줘', '환경을 주제로 한 뉴스 대본을 작성해줘' 등 수업 자료를 만들 때 구체적인 도움을 얻을 수 있습니다.

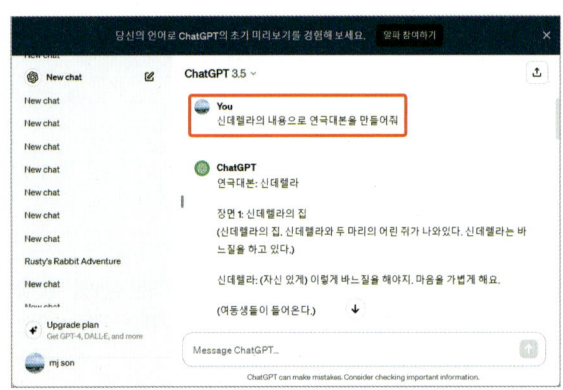

04 수업 중에 활용하는 문제를 만들 때 이용할 수 있습니다. '초등학교 3학년 수준의 곱셈 문장제 문제와 그 해설을 제시해줘', '나눗셈 객관식 문제 3가지를 제시해줘' 등 구체적인 프롬프트를 입력하여 손쉽게 문제와 해설에 대한 정보를 얻을 수 있습니다.

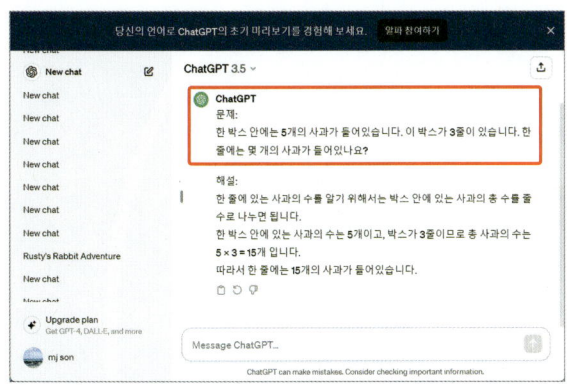

ChatGPT는 현재 무료와 유료 버전으로 나뉘며, 두 가지 주요 모델인 3.5와 4.0을 사용할 수 있습니다. 무료 사용자도 특정 조건 하에서 제한된 4.0 모델을 사용할 수 있습니다. ChatGPT 4.0은 ChatGPT 3.5보다 더 많은 학습 알고리즘을 훈련하여 정확하고 다양한 문맥을 이해합니다. 보다 자연스러운 대화 능력을 갖추고 있습니다. ChatGPT 4.0에서는 PDF 파일을 업로드할 수 있는 기능이 제공됩니다. 무료 버전의 경우 업로드 횟수에 제한이 있습니다. 이러한 기능을 활용해 PDF 파일에 있는 내용을 요약 정리할 수 있습니다. 교육 활동에 적용해보면 PDF로 제공되는 교과서 파일 및 성취기준을 업로드하여 교과별 특기사항을 출력하고, 학업 성취도를 평가할 수 있는 문제를 출제하는 등의 방식으로 활용할 수 있습니다.

또 한 가지 ChatGPT 3.5와 차별화되는 점이 있다면 ChatGPT 4.0에서는 원하는 이미지 생성을 요청하면 해당하는 이미지를 생성합니다. 생성형 AI를 활용해 사용자가 원하는 이미지를 생성해주는 사이트들이 많이 출시되고 있는데 이 중 뤼튼(wrtn)의 뤼튼 AI 이미지 기능과 마이크로소프트사에서 제공하는 빙 이미지 크리에이터는 현재 무료로 원하는 이미지 생성이 가능해 학교에서도 교사의 지도하에 많이 활용되고 있습니다.

ChatGPT와 같은 생성형 AI를 사용하게 되면 다양한 측면에서 도움을 얻을 수 있는 부분이 많은 만큼 윤리적인 문제에 대해서도 고민해봐야 합니다. 생성형 AI가 무수히 많은 데이터를 학습하여 결과를 출력하는 과정에서 발생하는 인용 문제, 표절 문제, 창작과 독창성의 문제 등에 대해서 반드시 고민해야 합니다. 더불어 ChatGPT를 사용해 생성한 자료를 누구의 저작권으로 볼 것인지에 대한 부분도 지속적으로 고민해야 할 부분입니다.

CHAPTER 05

선생님×학생들의 캔바를 활용한 실제 학습 사례

LESSON 01.
자기주도 학습 보상표 만들기

LESSON 02.
상장 템플릿, 구글 도구를 활용해
이메일로 자동 발송하기

LESSON 03.
모둠별로 진행한 프로젝트 수업-공공 디자인

LESSON 04.
나를 PR하는 대세 플랫폼,
유튜브 로고/채널아트 만들기

LESSON 05.
대량 제작하기 기능으로 졸업식 PPT 만들기

LESSON 06.
캔바×구글 클래스룸 : 블렌디드 러닝 실천하기

[유수근 선생님의 특강]
구글 클래스룸을 함께 써야 하는 이유

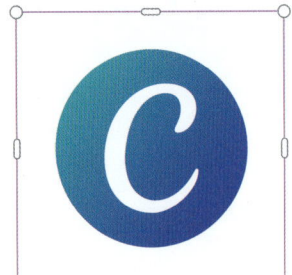

LESSON 01
자기주도 학습 보상표 만들기

목표 달성의 성취감을 주는 자기주도 학습 보상표

유튜브 쇼츠, 인스타그램 릴스 등 재미를 주는 짧은 영상 콘텐츠(Short-form)가 많아지고 있습니다. 짧은 시간에 자극적인 영상에 중독되어 인내와 노력을 통해 얻는 성취감은 큰 용기가 필요한 일이 되었습니다. 특히 학생들은 숏폼 콘텐츠에 쉽게 빠져들어 자신의 생활과 과제를 해내지 못하는 경우가 발생하고는 합니다. 숏폼에 중독된 학생들이 건강한 생활 습관을 가질 수 있도록 캔바를 활용하여 자기주도 학습 보상표를 만들어보겠습니다. 스스로 만든 자기주도 학습 보상표를 채워나가면서 인내와 노력을 통한 목표 달성의 성취감을 느낄 수 있습니다.

템플릿 선택하기

01 캔바 홈 화면의 검색창에 **monthly planner**(또는 월간 계획표)를 입력한 후 검색합니다. 학급 상황에 따라 Weekly Planner(주간 계획표), Daily Planner(일간 계획표)라고 검색할 수도 있습니다.

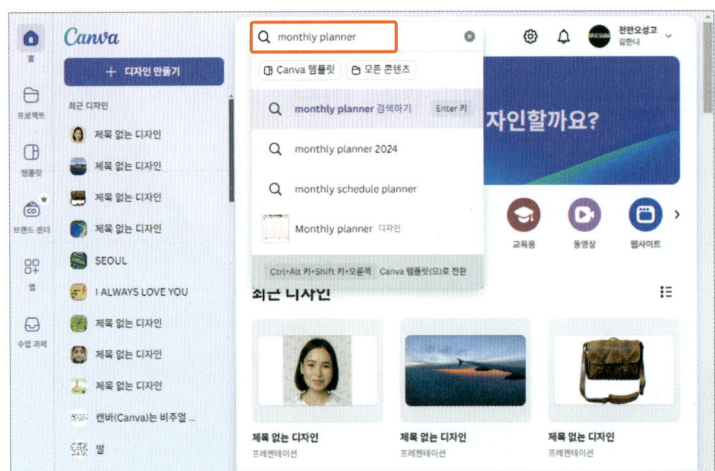

> **TIP** 방학을 앞두고 있다면 '생활 계획표'를 입력한 후 검색해봅니다. 다양하고 예쁜 생활 계획표 템플릿을 만날 수 있습니다.

02 계획표 목록이 나타나면 마음에 드는 템플릿을 선택합니다. 선택한 템플릿의 [이 템플릿 맞춤 편집하기]를 클릭합니다. 기본 템플릿을 그대로 사용하는 대신 학생들이 자유롭게 꾸밀 수 있도록 공간적 여유가 있는 템플릿이 좋습니다.

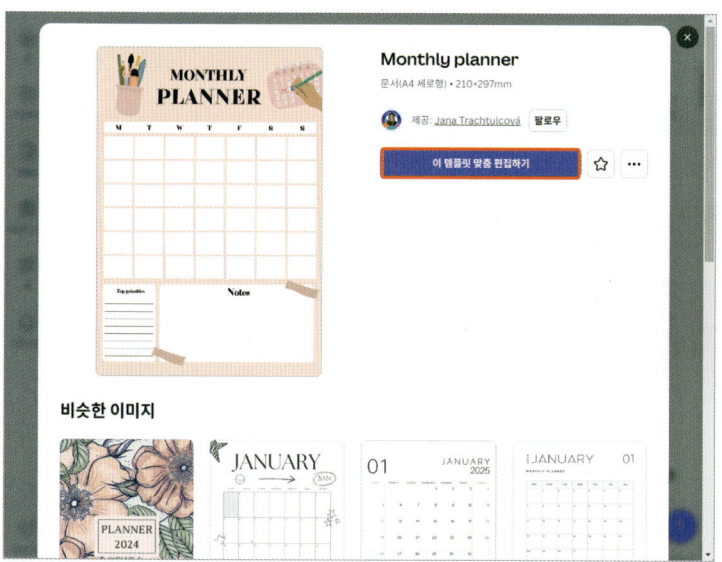

요소는 내 맘대로 변경하기

03 다음과 같이 계획표의 배경 색상을 변경하고 이름과 캐릭터를 삽입합니다. 이미지를 직접 에디터 화면의 페이지로 드래그하여 추가하거나 디자인 도구 바에서 [업로드 항목]을 클릭하여 이미지를 업로드합니다. 기본 템플릿에서 불필요한 요소는 삭제하고 원하는 요소를 추가하여 꾸며줍니다.

텍스트 삽입하기

04 ① 디자인 도구 바에서 [텍스트]를 클릭합니다. ② 텍스트 상자를 추가하고 크기, 글꼴 등을 설정하여 목표를 이룬 멋진 나의 모습을 칭찬하는 글을 입력합니다. 아직은 성공하지 못했더라도 꾸준히 노력한 나의 모습을 미리 상상해보는 과정을 통해 스스로에게 긍정적인 암시를 줄 수 있습니다.

TIP 성공한 나의 모습이 아니더라도 학생이 좋아하는 명언(중요한 건 꺾이지 않는 마음), 학부모님의 응원(아빠는 ○○를 믿어) 등 동기 부여가 될 수 있는 것이라면 무엇이든 좋습니다. 만약 보상을 물건으로 정해놓았다면 해당 물건의 이미지를 붙여놓아도 좋습니다.

05 보상은 중간중간에 설정해두어 학생이 지치지 않도록 돕습니다. 그래픽 요소를 활용하면 중간 보상들을 시각적으로 확실하게 표시할 수 있습니다.

 **유수근 선생님의 꿀팁** | 나에게 가장 좋은 계획표는 무엇일까요?

다이어리를 추천해달라는 수험생의 말에 한 스타강사는 "그냥 마음에 드는 예쁜 것을 사세요. 예뻐야 한번이라도 더 보죠."라고 조언해주었다고 합니다. 어쩌면 다이어리의 구성이나 재질은 크게 중요하지 않을지도 모릅니다. 아무리 좋은 구성과 재질의 다이어리도 사용하지 않으면 의미가 없을 테니까요. 그렇다면 캔바를 통해서 학생들에게 자신만의 계획표를 선물해보는 것은 어떨까요? 자신이 직접 디자인한 만큼 애착도 생기는 데다가 보상과 명언을 통해 지속적으로 긍정적인 암시를 줄 수 있습니다. 이는 학생들의 생활 습관을 긍정적으로 변화시키는 데에 도움이 될 수 있습니다. 계획표를 만들고 코팅한 후에 네임펜으로 내용을 작성하게 하거나 비닐 파일을 주면 깨끗하게 관리할 수 있어 꾸준히 오랫동안 사용할 수 있습니다.

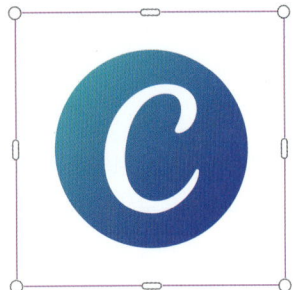

LESSON 02
상장 템플릿, 구글 도구를 활용해 이메일로 자동 발송하기

캔바로 학급 상장 디자인하기

학생들이 상을 받는 경험은 큰 감동과 기쁨을 심어주는 중요한 이벤트입니다. 노력한 결과가 인정받는 순간이며, 자신감을 향상시키고 더 나은 미래를 위해 더욱 열심히 노력하게 만듭니다. 이번 장에서는 캔바로 우리 교실만의 유쾌하고 따뜻한 예쁜 상장 템플릿을 만들어보겠습니다.

01 ❶ 캔바 홈 화면의 검색창에 **상장**을 입력한 후 검색합니다. ❷ 아래로 스크롤하여 마음에 드는 템플릿을 선택하고 일부만 수정하여 상장 템플릿을 만들겠습니다.

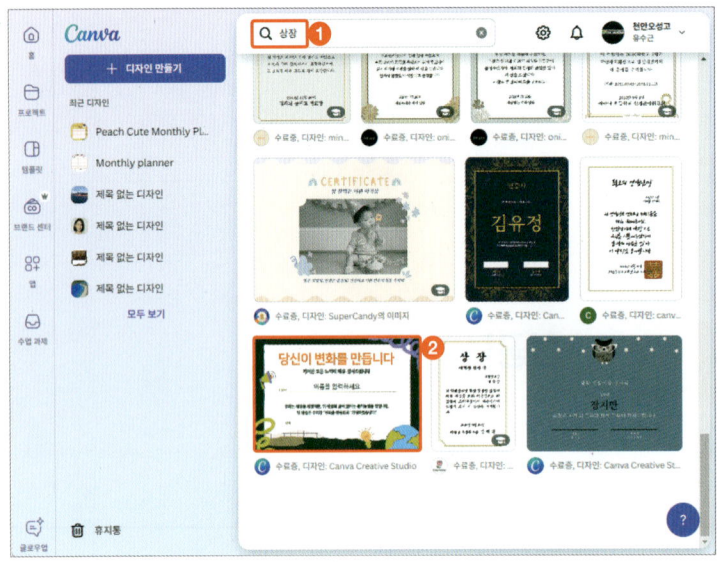

02 원하는 템플릿을 선택하고 [이 템플릿 맞춤 편집하기]를 클릭합니다.

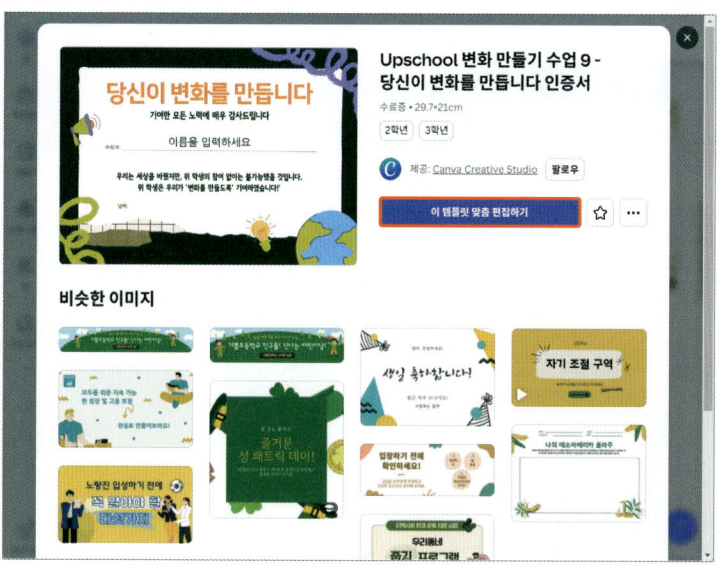

03 학급 학생들의 특성을 고려하며 템플릿을 수정합니다. ❶ 상장의 제목을 수정합니다. ❷ 중앙에 이름이 들어갈 공간은 남겨둡니다.

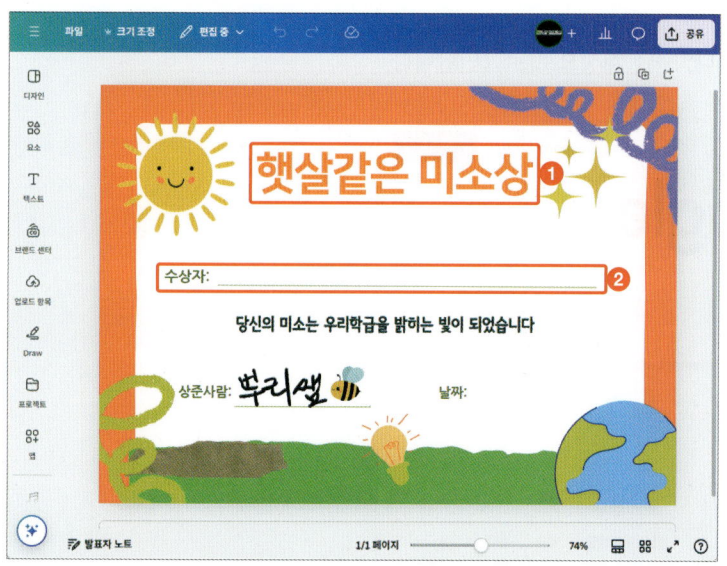

> **TIP** 학급에서 자체적으로 시상하는 경우에도 학습적인 부분만 칭찬하는 상장은 지양하는 것이 좋습니다. 받은 사람은 뿌듯하지만 다른 학생들에게 상대적인 박탈감을 줄 수 있기 때문입니다. 언제나 끈기 있게 과제에 임하는 학생에게 '끈기 있는 마라토너 상', 늘 고운 말을 사용하는 학생에게 '바른말 행복전도사 상' 등 가치·태도적인 영역을 칭찬하는 유쾌한 상장을 추천합니다.

04 ❶ 오른쪽 상단의 [공유]를 클릭하고 ❷ [다운로드]를 클릭합니다. ❸ 파일 형식은 [PNG]로 설정해두고 ❹ [다운로드]를 클릭합니다. 로컬 컴퓨터의 [다운로드] 폴더에 자동으로 파일이 저장됩니다.

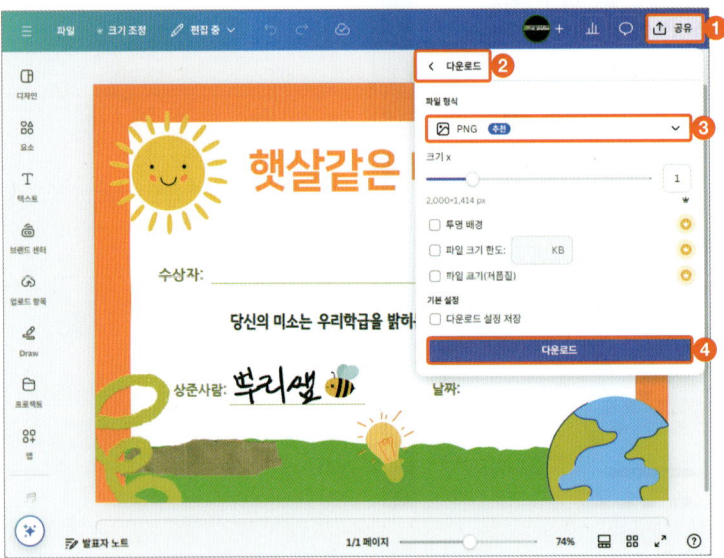

구글 Slides 앱을 사용하여 상장 템플릿 완성하기

05 구글(google.com)에 접속합니다. 구글 계정으로 로그인합니다.

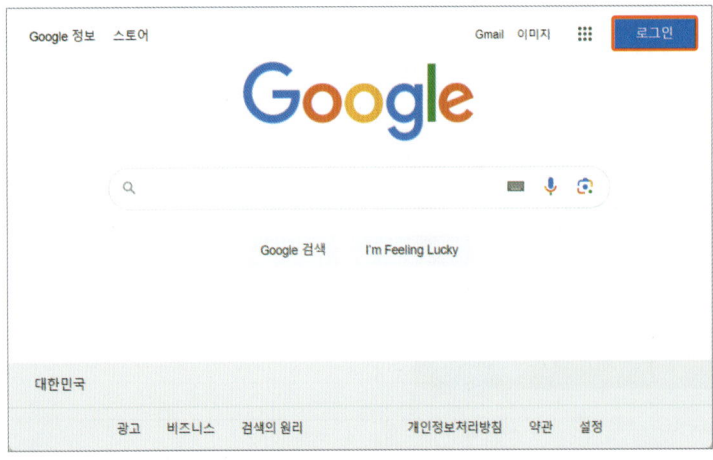

> **TIP** 학교 워크스페이스 계정을 사용하는 경우, 분명 정상적으로 로그인을 했는데도 [로그인] 버튼이 작동하지 않는 경우가 있습니다. 이때는 [로그인] 버튼 옆의 [Gmail] 버튼을 누릅니다. Gmail 화면으로 전환되며 [구글 앱]이 정상적으로 작동합니다.

06 ① 오른쪽 상단의 [Google 앱]을 클릭합니다. 앱 목록이 나타나면 ② [Slides]를 클릭합니다.

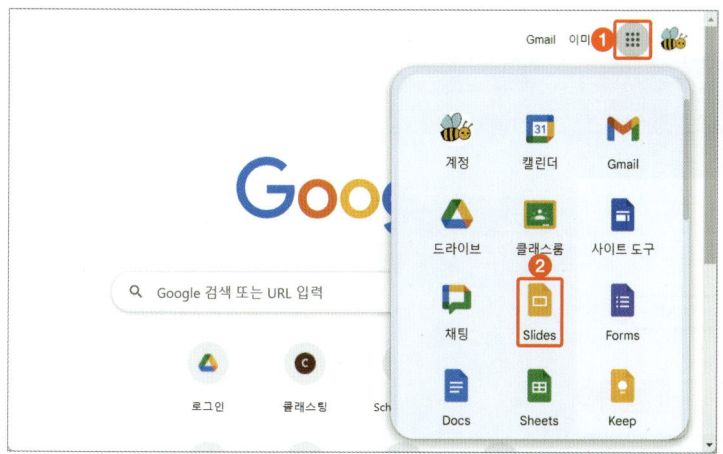

07 [빈 프레젠테이션]을 클릭하여 새 프레젠테이션을 만듭니다. 이때 슬라이드의 크기는 캔바로 제작한 상장과 같지 않습니다. 슬라이드의 크기를 상장의 크기에 맞게 조절합니다. 왼쪽 상단의 [파일]-[페이지 설정] 메뉴를 선택합니다.

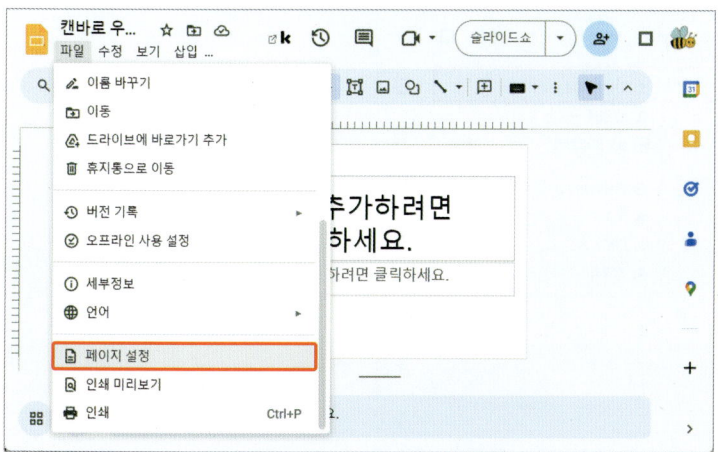

08 페이지 설정 팝업창이 나타나면 A4 사이즈로 설정합니다. ❶ [맞춤]을 선택하고 ❷ A4용지 사이즈인 **29.7×21** 센티미터로 변경합니다. ❸ [적용]을 클릭하고 변환된 슬라이드의 크기를 확인합니다.

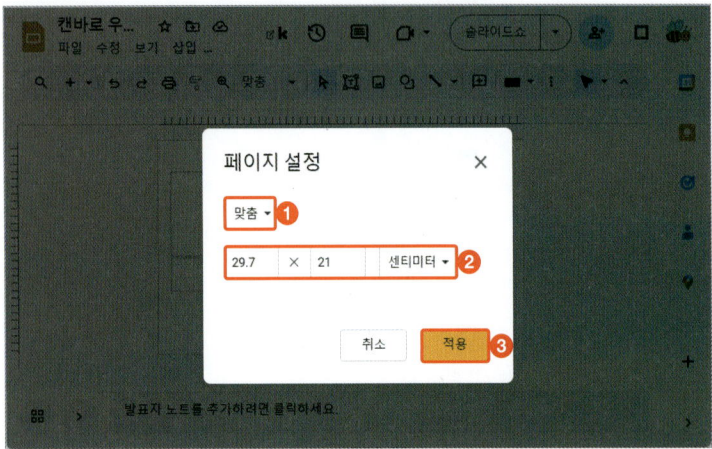

09 상단의 [삽입]-[이미지]-[컴퓨터에서 업로드] 메뉴를 선택합니다. 캔바에서 작업한 상장 이미지를 업로드합니다.

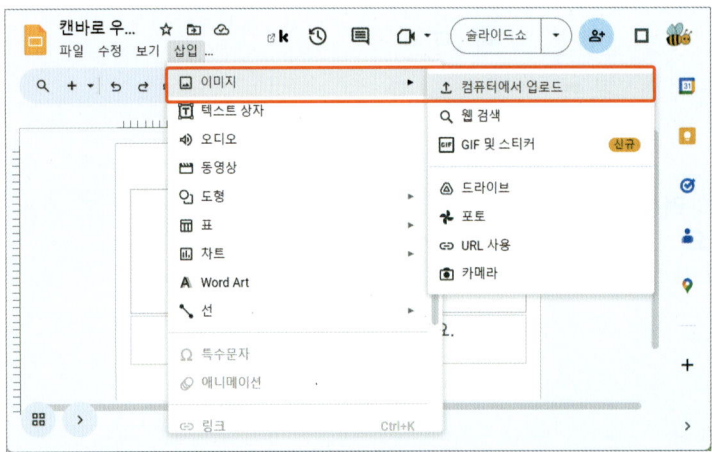

10 ❶ [텍스트 상자]를 클릭하고 ❷ 다음과 같이 《《이름》》을 입력합니다. 글꼴과 글자 크기를 적절하게 설정합니다. ❸ 오른쪽 하단에는 날짜가 표기될 수 있도록 《《TODAY》》라고 입력합니다. 상장 템플릿이 완성되었습니다.

 **《 》는 왜 입력하나요?**

데이터와 템플릿을 연결하는 Tag입니다. 《 》 사이에 들어가는 내용들은 저장된 데이터나 저장하지 않더라도 가져올 수 있는 데이터(날짜 등)를 불러오겠다는 의미입니다.

구글 Forms 앱을 사용하여 양식 만들기

11 이름, 메일 주소 등을 입력할 장치가 필요합니다. ❶ 구글 홈 화면에서 [Google 앱]을 클릭합니다. 앱 목록이 나타나면 ❷ [Forms]를 클릭합니다.

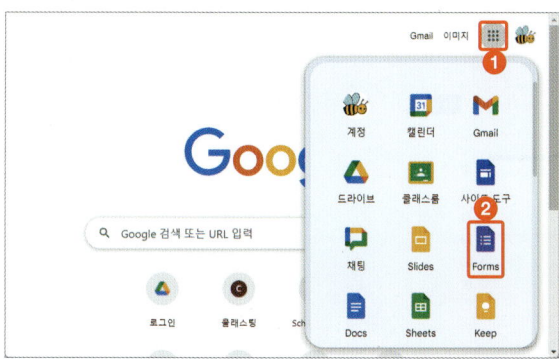

12 ❶ [빈 양식]을 클릭하고 ❷ 제목 없는 설문지를 **햇살같은 미소상**으로 입력합니다. ❸ 왼쪽 상단을 클릭하면 동일한 이름으로 변경됩니다. ❹ 이름과 이메일주소를 입력할 수 있는 질문을 추가하고 [단답형]으로 설정합니다. ❺ 상단 중앙의 [응답] 탭을 클릭합니다.

TIP 설문지에 '이름'과 '이메일주소'를 입력했다면 이어서 진행하는 과정에서도 처음 입력한 그대로 '이름', '이메일주소'와 같이 입력해야 합니다. '이메일주소'로 입력하고 추후에 진행하는 과정에서 '이메일 주소'처럼 띄어쓰기가 통일되지 않으면 상장이 메일로 자동 발송되지 않습니다. 꼭 유념합니다.

유수근 선생님의 꿀팁 | 구글 설문지 제목 입력하기

❶ 빈 양식에 제목을 ❷ 입력하고 왼쪽 상단의 '제목 없는 설문지'를 클릭하면 자동으로 제목이 채워집니다. 잠시 후, 이 구글 설문지와 연결된 구글 스프레드시트를 만들 예정입니다. 이때 생성될 구글 스프레드시트의 제목은 왼쪽 상단의 구글 설문지 이름을 기준으로 만들어집니다.

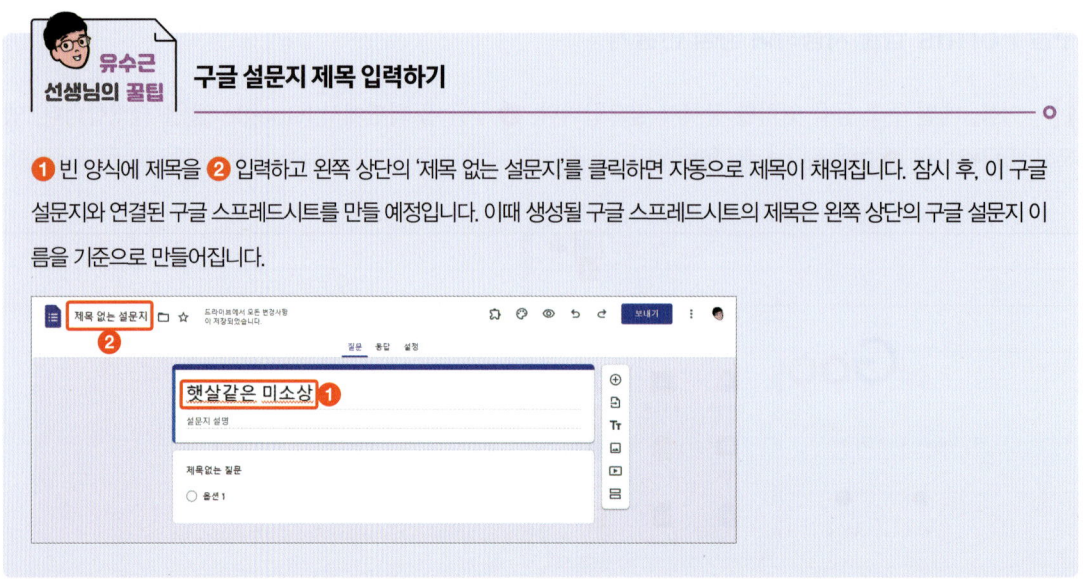

13 ❶ 오른쪽 상단의 [Sheets에 연결]을 클릭한 후 ❷ [새 스프레드시트 만들기]가 선택되어 있으면 ❸ [만들기]를 클릭하여 시트를 생성합니다.

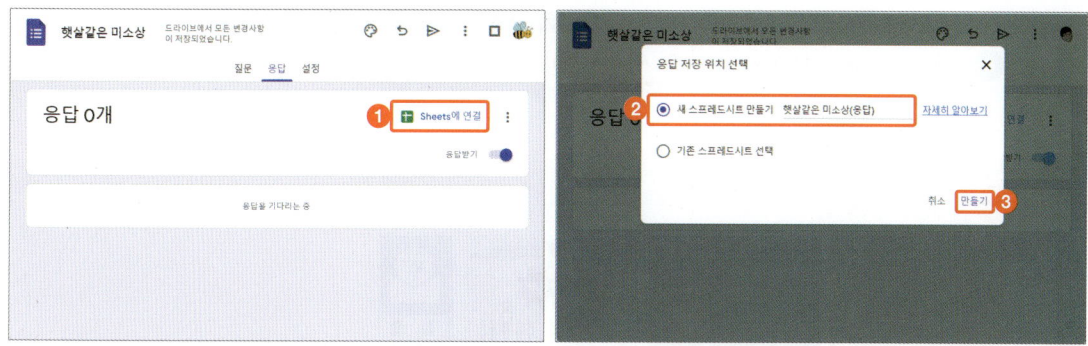

14 연결된 구글 스프레드시트가 나타납니다. Forms에서 작성한 [이름], [이메일주소]가 스프레드시트의 [열]로 자리하고 있음을 확인할 수 있습니다.

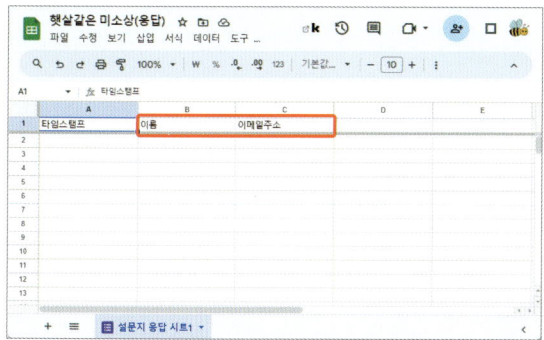

AutoCrat으로 자동화하기

구글 확장 프로그램(AutoCrat)을 통해 내용(이름과 이메일주소)만 입력하면 상장이 자동으로 발송되는 자동화 시스템을 구축해보겠습니다. 먼저 AutoCrat이라는 확장 프로그램을 설치합니다.

15 구글 스프레드시트 상단의 [확장 프로그램]-[부가기능]-[부가기능 설치하기] 메뉴를 선택합니다.

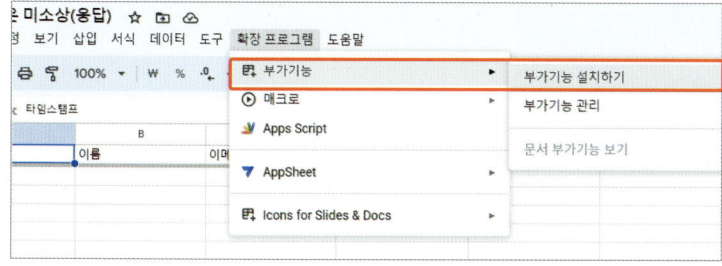

16 ❶ 검색창에 **Autocrat**을 입력한 후 검색합니다. ❷ 가장 왼쪽에 있는 [Autocrat]을 선택하고 [설치]를 클릭합니다. 필요한 권한들은 모두 승인합니다.

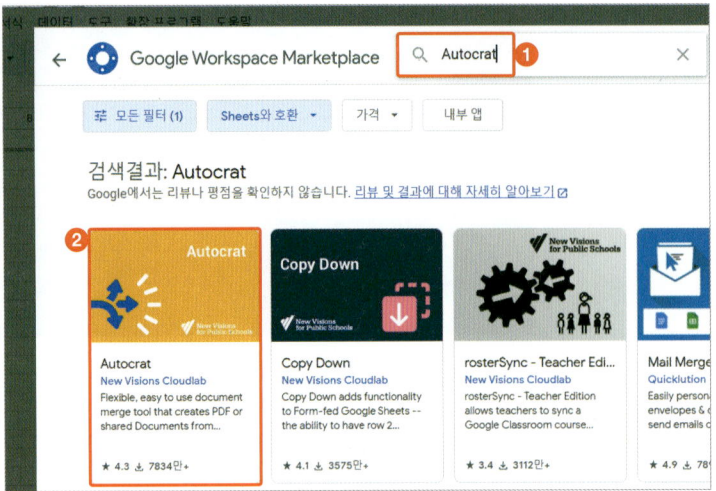

17 [확장 프로그램]-[Autocrat]-[Open] 메뉴를 선택합니다.

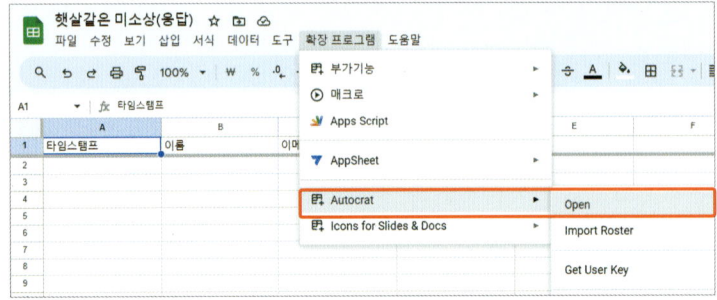

18 [AutoCrat] 화면이 나타나면 [NEW JOB]을 클릭합니다.

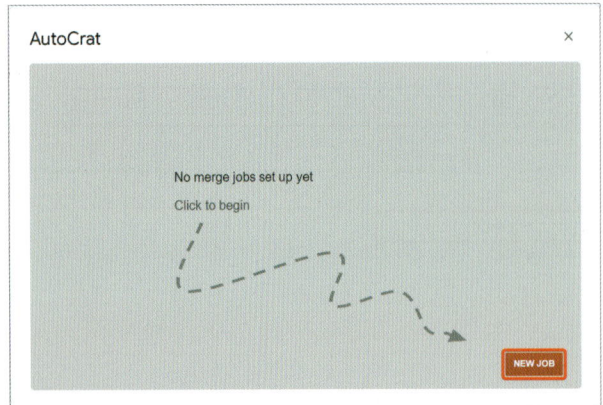

19 ❶ 현재 작업의 이름을 정해줍니다. 여기서는 **햇살같은 미소상**을 입력했습니다. ❷ [Next]를 클릭하여 다음으로 이동합니다.

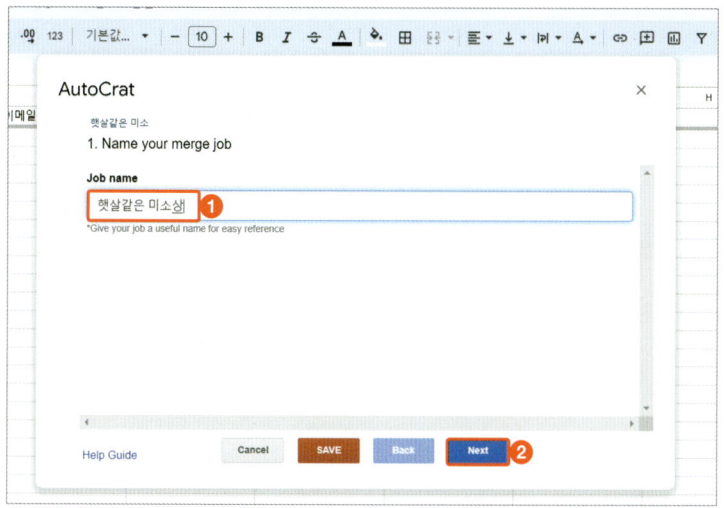

20 상장으로 사용할 템플릿을 선택하는 과정입니다. ❶ [From drive]를 클릭합니다. ❷ 구글 프레젠테이션 자료를 템플릿으로 사용할 것이므로 상장 프레젠테이션을 선택한 후 [Select]를 클릭합니다. ❸ 선택된 템플릿이 화면에 나타나면 [Next]를 클릭하여 다음으로 이동합니다.

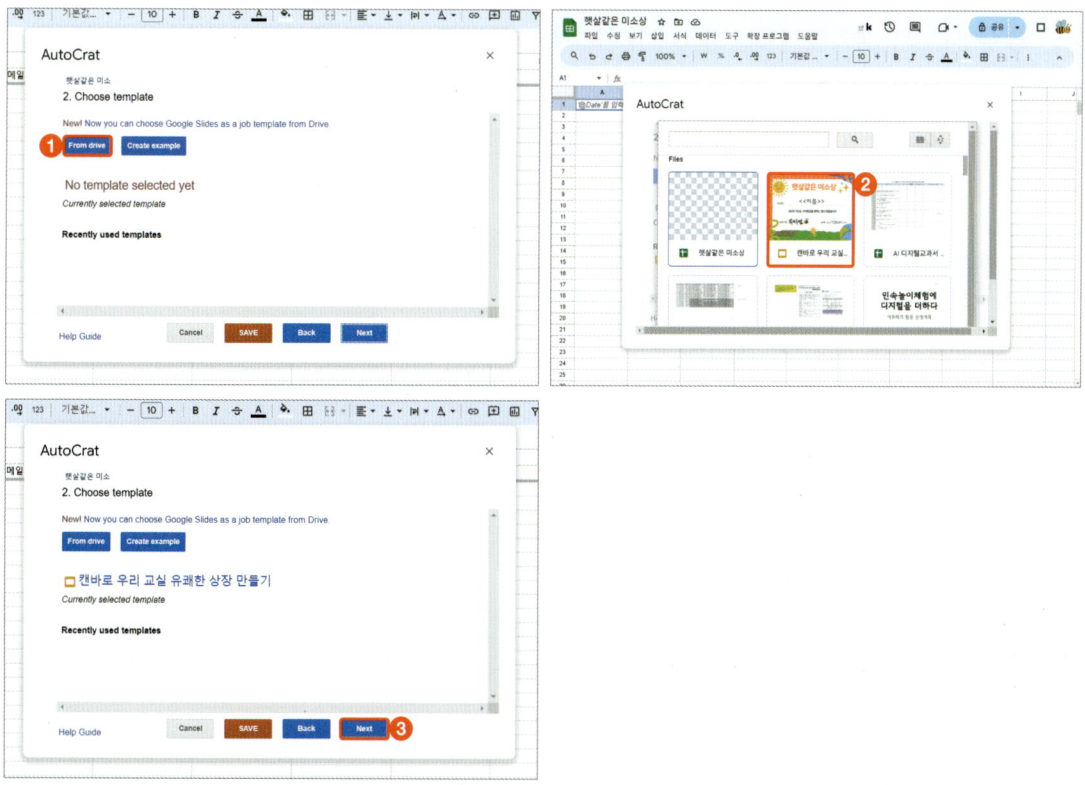

21 이번에는 템플릿 안에서 《 》로 태그된 항목을 연결 짓습니다. 구글 프레젠테이션에 《《이름》》으로 태그했던 내용이 나타납니다. 오른쪽의 '이름'은 구글 설문지(Forms)와 연결된 스프레드시트의 열을 의미합니다. 두 항목을 매칭하여 구글 프레젠테이션과 구글 스프레드시트의 데이터를 대응시킵니다. [Next]를 클릭합니다.

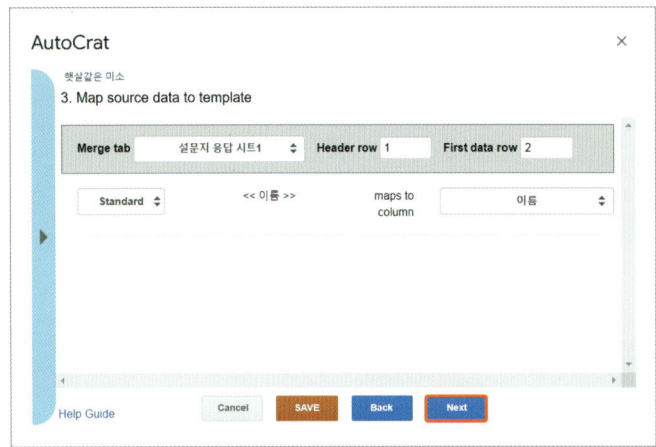

TIP 구글 프레젠테이션 템플릿에 넣고 싶은 내용을 《 》로 태그합니다. 책에서는 '이름'과 '이메일주소'만 사용했지만, 여러 항목이 있어도 잘 작동합니다. 여러 개를 태깅하고 구글 설문지에도 태깅 내용과 같은 질문을 만들면 됩니다. 그런데 이때 구글 프레젠테이션에 있던 《《TODAY》》는 나타나지 않았습니다. 이 태그는 AutoCrat의 함수로써 따로 연결해주지 않아도 스스로 작동합니다. 따로 입력할 필요 없는 자동화된 태그라고 생각하면 됩니다.

22 ❶ 생성될 상장 파일의 이름을 정합니다. 여기서는 **햇살같은 미소상(《《이름》》)**을 입력했습니다. 《이름》 태그를 넣으면 구글 설문지(Forms)에서 입력한 '이름'이 들어갑니다. ❷ Type은 수정 없이 보관할 수 있도록 [PDF]로 설정합니다. ❸ [Next]를 클릭하여 다음으로 이동합니다.

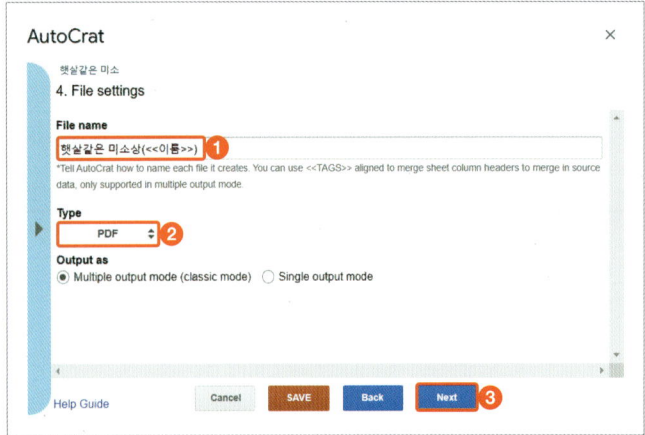

TIP 《이름》 태그를 이용해서 재미있는 제목의 파일을 전송할 수도 있습니다. '《《이름》》에게 주는 상', '이 상은 《《이름》》님을 위한 상입니다.' 등 태그를 활용한 재미있는 문구로 긍정적인 분위기를 조성해봅니다.

 **구글 도구를 활용해 상장 자동 발송하기**

상장을 PDF 파일로 만들어 신청한 사람의 메일로 자동 발송하는 시스템입니다. 종이가 아닌 PDF 파일로 상장을 만들 경우 보관 및 공유와 재발행이 용이하다는 장점이 있습니다. 종이 상장은 시간이 지나면 변색되고 손상되지만 PDF 파일로 받은 상장은 컴퓨터나 클라우드에 저장하면 언제든지 볼 수 있습니다. 만약 상장을 잃어버렸거나 손상되었을 경우, PDF 파일을 다시 출력하면 언제든지 원래의 상장을 다시 얻을 수도 있습니다.

23 파일이 저장될 위치를 설정합니다. 기본 저장 폴더는 구글 드라이브의 [내 드라이브]입니다. 따로 폴더를 지정하고자 한다면 [+Choose folder]를 클릭합니다. 여기서는 [Next]를 클릭합니다. 다음 6~7단계는 'Optional(선택적인)' 단계입니다. 별도로 선택하거나 설정할 필요 없이 [Next]를 클릭하여 8단계로 넘어갑니다.

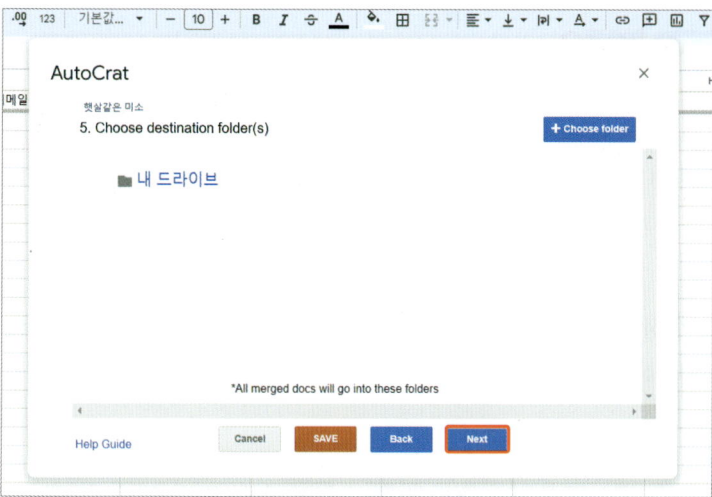

24 8단계는 파일을 공유하고 이메일을 발송하는 단계입니다. 'Share doc?'에 [Yes]를 선택한 후 아래로 스크롤하면 다음과 같이 입력할 수 있는 공간이 나타납니다. ❶ 수신자 입력란인 [To]에는 《《이메일주소》》를 입력합니다. 《《이메일주소》》는 12에서 구글 설문지(Forms)에서 만든 '이메일주소'를 묻는 질문과 연결됩니다. 구글 설문지에서 만들었던 이 질문은 연동된 스프레드시트에 저장되며 구글 슬라이드 템플릿과 연결되어 있습니다. ❷ 이어서 이메일의 제목과 내용을 수정합니다. ❸ [Next]를 클릭합니다.

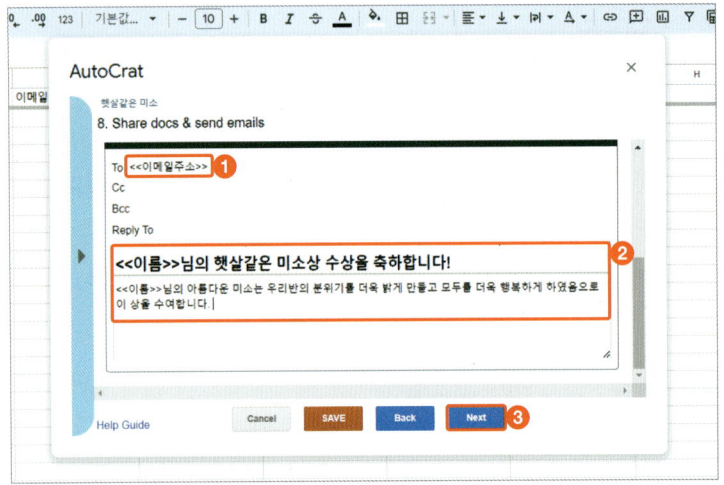

TIP 설문지에 '이름'과 '이메일주소'를 입력했다면 이어서 진행하는 과정에서도 처음 입력한 그대로 '이름', '이메일주소'와 같이 입력해야 합니다. '이메일주소'로 입력하고 추후에 진행하는 과정에서 '이메일 주소'처럼 띄어쓰기가 통일되지 않으면 상장이 메일로 자동 발송되지 않습니다. 꼭 유념합니다.

25 9단계는 프로그램의 작동 방식을 설정합니다. 메일이 자동으로 발송되기를 원하면 ❶ [Run on form trigger]에 [Yes]를 선택합니다. 특정 시간에 발송되길 원하면 [Run on time trigger]에 [Yes]를 선택합니다. ❷ [save]를 클릭합니다.

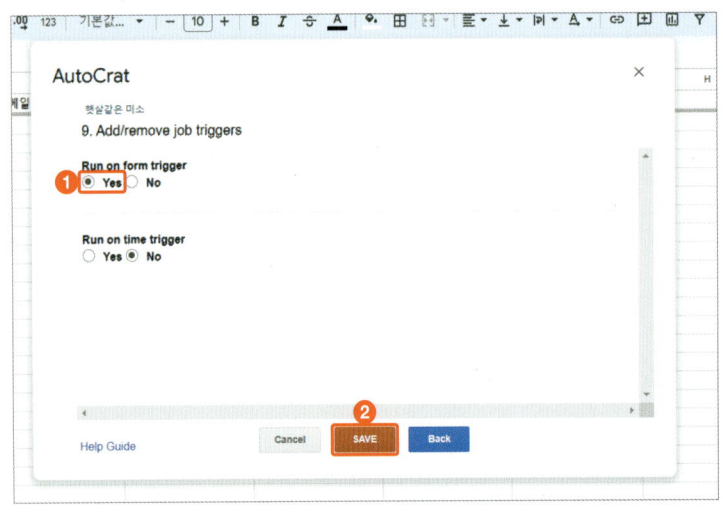

TIP AutoCrat으로 만든 자동화 루틴을 각각 'Job(작업)'이라고 합니다. Run on form trigger를 'No'로 한다면 지금까지 짜놓은 'Job(작업)'을 구동했을 때만 상장이 생성되고 메일이 발송됩니다. 운영하는 학급 상황에 맞게 설정합니다.

26 이제 캔바와 구글 그리고 AutoCrat을 활용한 자동 상장 발송 프로그램이 완성되었습니다. 다음 화면처럼 Existing Jobs에 '햇살같은 미소상'이 있다면 잘 따라온 것입니다.

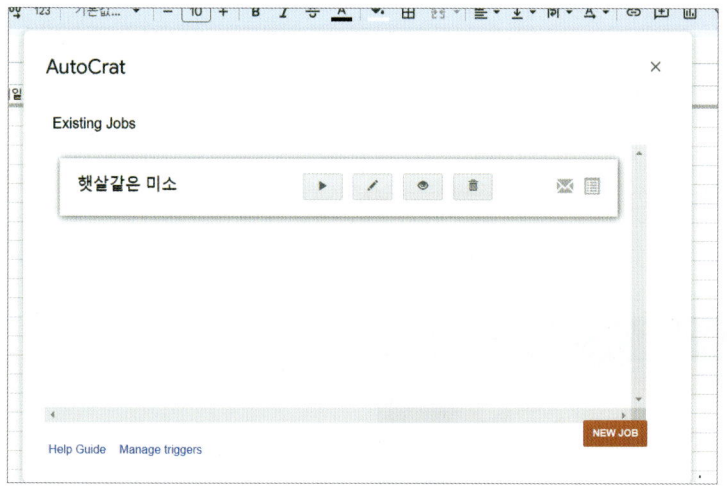

27 기존에 만들어놓은 구글 설문지를 불러옵니다. ❶ 구글 홈 화면에서 [Google 앱]을 클릭합니다. 앱 목록이 나타나면 ❷ [Forms]를 클릭합니다. [햇살같은 미소상] 구글 설문지를 선택하고, 설문을 입력하는 사람의 입장에서 실천해보기 위해 오른쪽 상단의 눈 모양 아이콘인 [미리보기]를 클릭합니다. ❸ 다음과 같이 이름과 이메일주소에 상장을 받을 학생의 이름과 이메일주소를 입력합니다. ❹ [제출]을 클릭합니다.

28 ❶ 구글 설문지와 연결해놓은 스프레드시트에 새로운 행이 추가된 것을 확인할 수 있습니다. 행이 나타나지 않는다면 약 1분 정도 기다립니다. 이 행에는 작성된 PDF 파일의 링크도 함께 생성됩니다. ❷ 링크를 클릭하면 파일을 확인할 수 있습니다.

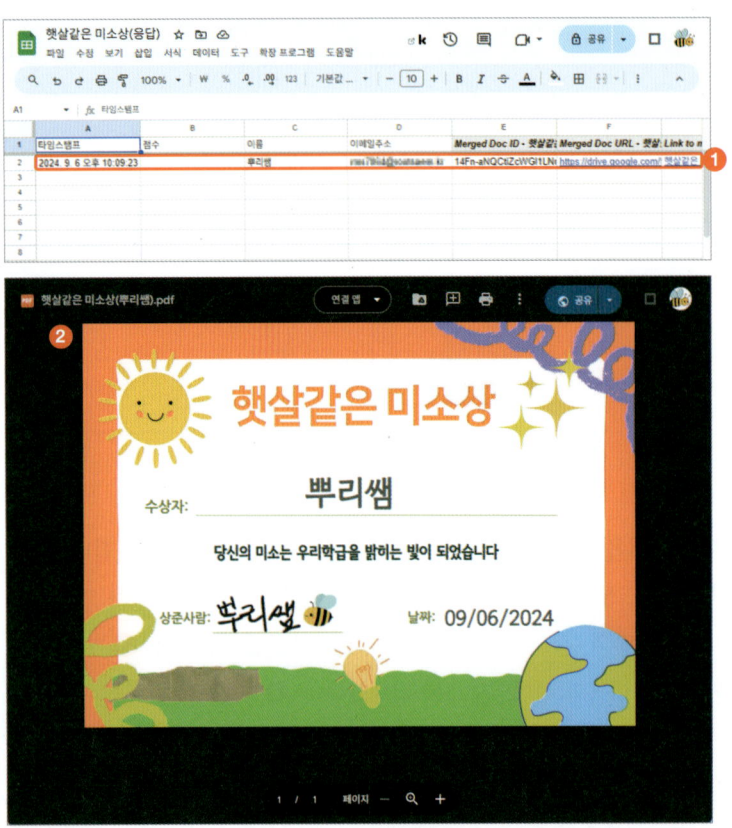

29 이메일을 열어봅니다. 싱징이 잘 발송되었는지 확인합니다. 지금까지 캔바로 만든 예쁜 싱징을 구글 도구들과 확장 프로그램을 이용하여 연결해보았습니다.

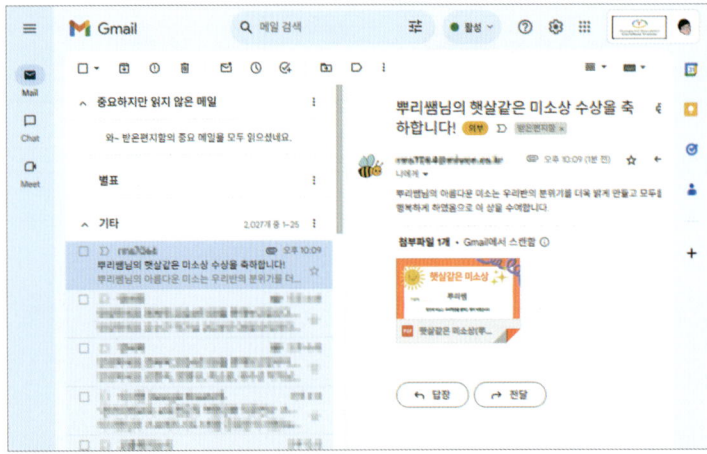

LESSON 03
모둠별로 진행한 프로젝트 수업-공공 디자인

프로젝트 학습이 갖는 의의

프로젝트 학습은 교사 주도의 교육에서 벗어나 학습자의 능동적, 주도적인 활동을 통한 문제 해결을 강조한 학습 방법입니다. 학생들은 프로젝트를 수행하는 과정에서 스스로를 전문가로 생각하게 되며 실질적인 과제 해결을 목표로 합니다. 학생 주도적 학습 계획 및 탐구를 수행하고 그 결과로 산출물을 만들어내는 수업입니다.

저는 학생들과 공공 디자인을 주제로 프로젝트를 운영했습니다. 여기서 공공 디자인이란 사회적 공익을 위해 디자인을 활용하는 것을 말합니다. 공공 디자인은 시민들의 삶의 질을 높이고, 문화적 다양성을 존중하고, 환경적 지속 가능성을 추구하는 등의 목적을 가지고 있습니다. 예를 들어, 장애인이나 노약자를 위한 접근성 디자인, 재난이나 위기 상황에서의 안전 디자인, 공공 공간이나 건축물의 미관과 기능성을 향상시키는 디자인 등입니다.

이번에는 학생들이 주도적으로 공공 디자인 프로젝트를 진행했던 과정을 소개합니다. 공공 디자인의 가치를 알고 학교와 주변에서 공공 디자인이 필요한 곳을 탐색하여 공공성을 담은 벽화를 만들어본 뜻깊은 수업이었습니다. 프로젝트 과정에서 캔바가 학생들의 배움에 어떻게 기여할 수 있었는지 알아보겠습니다.

수업 개요

[1차시] 공공 디자인의 의미와 필요성 알기
- 공공 디자인의 의미와 필요성 알기
- 학교 안의 공공 디자인 탐색하기

[2~3차시] 우리 학교, 우리 동네의 문제점 탐색하기
- 공공 디자인의 관점에서 학교 주변을 탐색하기
- 발견한 문제점 공유하기

[4차시] 학교를 바꾸는 공공 디자인 만들기
- '감시자의 눈' 효과 이해하기
- 캔바를 활용해 모둠별로 감시자의 눈 디자인하기

[5~6차시] 공공 디자인 벽화 그리기
- 디자인한 감시자의 눈 작품의 의미 공유하기
- 도안한 디자인으로 벽화 그리기

공공 디자인의 의미와 필요성 알기

첫 번째 활동은 공공 디자인의 의미와 필요성을 알고, 우리 학교 안에서 발견할 수 있는 공공 디자인을 탐색해보는 것입니다. 공공 디자인의 의미에 대해 학습할 때 활용했던 영상을 QR코드로 첨부합니다.

▲ EBS 비즈니스 리뷰 유튜브 영상

▲ 공공 디자인 관련 MBC 뉴스 유튜브 영상

이어지는 활동으로 학교 안의 공공 디자인을 탐색합니다. 공공 디자인을 발견했다면 캔바에 정리하여 발표합니다. 먼저, 모둠별로 한 개의 태블릿을 활용해 학교를 탐색하며 공공 디자인을 찾아보았습니다. 우리들을 안전하게 하는 디자인은 무엇이 있는지, 마음을 안정시키는 디자인은 무엇인지 등을 고려하며 학교를 낯설게 둘러봅니다.

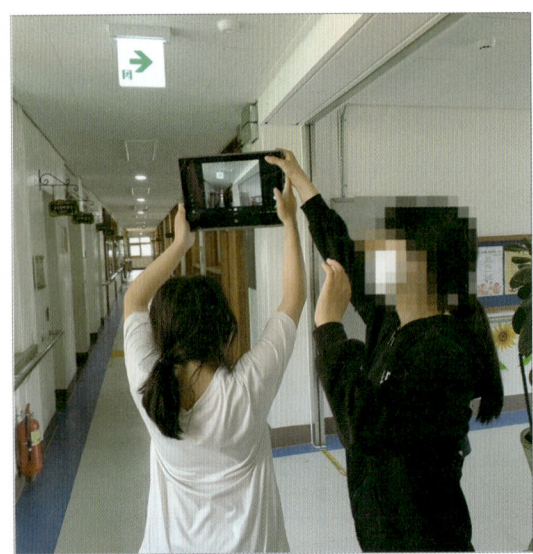

탐색하며 촬영한 사진을 캔바에 업로드하여 발표합니다. 모둠에서 발견한 공공 디자인을 공유하고 조사한 소감을 함께 나눕니다.

TIP 교실 밖에서 진행되는 활동에서 학생별로 태블릿 기기가 주어진다면 개인 활동이 될 수 있습니다. 학생들이 함께 탐색하고 발견하는 기쁨을 경험할 수 있도록 모둠별로 한 개의 태블릿을 지급하는 것이 좋습니다.

우리 학교, 우리 동네의 문제점 탐색하기

앞에서 우리 학교에 있는 공공 디자인을 탐색하고 발견했습니다. 이번 차시에서는 우리 학교에 필요한 공공 디자인이 무엇일지 고민해봅니다. 직접 보아야 영감을 얻을 수 있으므로 학교 안을 먼저 둘러보고 학교 밖으로 나섭니다.

학생들은 학교 주변을 공공 디자인의 관점에서 탐색해보며 '소화전은 왜 빨간색으로 만들었을까?', '소화전 옆의 빨간 블록들은 왜 함께 빨간색인 걸까?', '우리가 등하교하는 길에는 어떤 위험 요소가 있을까? 그 위험 요소를 제거하기 위한 디자인은 무엇이 좋을까?' 등에 대해 고민해볼 수 있습니다.

학교 주변을 둘러보며 발견한 문제는 크게 두 가지로, 학교 주변의 쓰레기 문제와 낙서 문제였습니다. 학생들은 눈살을 찌푸리며 등하교 때 위험 요소라며 입을 모았습니다.

TIP 학교 주변을 산책하는 것은 가벼운 일로 보이지만 사전에 교장 선생님께 결재를 꼭 받고 진행해야 합니다. 가벼운 산책일지라도 교외로 나가는 것이기 때문에 도보로 이동 시 안전을 확보해야 하며 선생님의 복무 역시 결재 문서를 근거로 출장을 상신해야 합니다.

학교를 바꾸는 공공 디자인 만들기

교실로 돌아온 학생들은 발견한 문제들을 공공 디자인으로 활용하여 어떻게 개선할 수 있을지 의논합니다. '감시자의 눈' 효과를 이용하는 것으로 의견이 모였습니다. '감시자의 눈' 효과란 사람들이 자신의 행동이 다른 사람에게 관찰되고 있다고 느낄 때, 그 행동을 바꾸는 현상을 말합니다. 예를 들어, 카메라가 설치된 곳에서는 범죄를 저지르거나 규칙을 어기는 일이 적습니다. 이는 감시자의 눈이 우리의 양심에 영향을 주기 때문입니다. 학생들은 학교 주변에 '감시자의 눈' 기능을 하는 벽화를 그려서 지나가는 사람들이 쓰레기를 버리려고 할 때나 낙서를 하려고 할 때 양심에 가책을 느끼게 하여 문제의 발생 빈도를 줄이고자 했습니다.

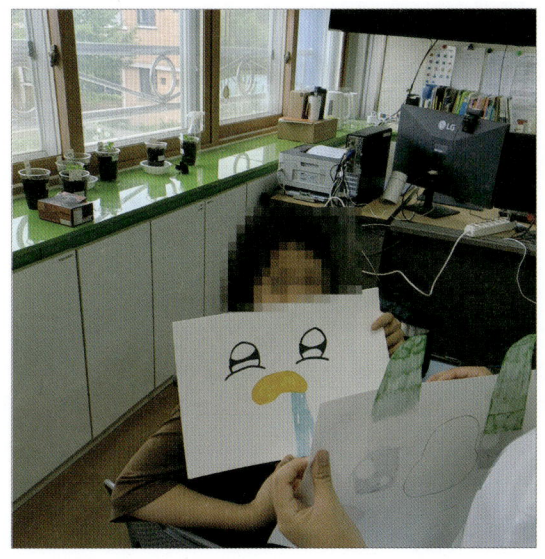

감시자의 눈을 어떻게 그리면 좋을지 캔바를 통해 함께 고민합니다. 모둠별로 캔바 화이트보드에 접속하여 스케치를 작성합니다. 벽화의 의미와 그림의 심미성을 함께 고려해야 했으므로 학생들은 캔바에서 그렸다가 지웠다를 반복하며 멋진 벽화를 완성했습니다. 그리기 기능뿐만 아니라 요소의 콘텐츠도 활용하며 다양한 방법으로 아이디어를 얻을 수 있었습니다. 예로, 첫 번째 그림은 포돌이 이미지를 업로드하고 디자인 도구 바에서 [그리기]를 클릭하여 선을 이어서 그렸습니다.

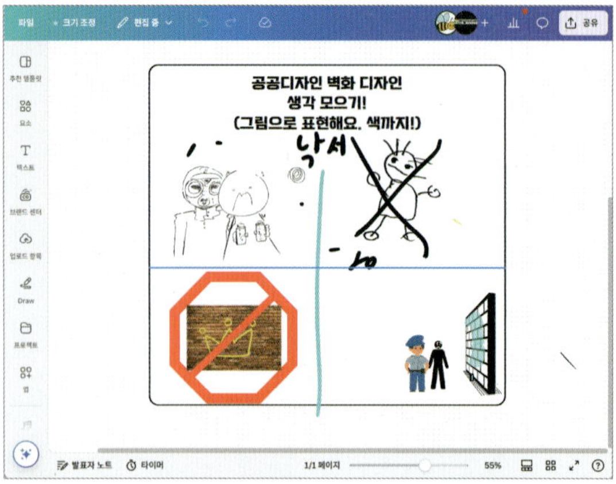

공공 디자인 벽화 그리기

캔바를 통해 완성한 스케치를 벽화로 옮기는 작업을 진행합니다. 학교의 담장 역할을 하는 울타리에 폼보드를 부착하여 그림을 그릴 수 있도록 걸어놓습니다. 학생들은 폼보드에 물감으로 꼼꼼하게 그림을 그립니다. 감시자의 눈 효과가 톡톡히 드러나길 바라는 마음도 담습니다.

학생들의 노력과 벽화 작가의 도움이 더해져 작품이 완성되었습니다. 그 이후 학생들은 종종 "선생님! 기분 탓인지는 모르겠는데 진짜 쓰레기가 줄어든 것 같아요.", "벽화 주변이 깨끗해졌어요. 감시자의 눈 효과가 있나 봐요." 등의 이야기를 해주고는 합니다.

공공 디자인 프로젝트는 이렇게 마무리되었습니다. 프로젝트를 진행하며 캔바의 도움을 많이 받았습니다. 캔바는 하나의 플랫폼이지만 프레젠테이션, 화이트보드, 동영상 편집 등 다양한 기능을 모두 가지고 있습니다. 학생들은 캔바를 통해 친구들과 협업하고 소통할 수 있습니다. 실시간으로 친구들이 작업해나가는 것을 관찰하는 것은 스스로 활동할 때 필요한 영감을 줄 뿐만 아니라 이루어지는 과정 안에서 자신이 기여할 부분을 찾을 수 있도록 주도성을 자극하기도 합니다. 프로젝트를 진행하는 일련의 과정 속에서 캔바를 통해 학생들의 교류를 촉진하고 더 많은 배움을 이끌어낼 수 있습니다. 이 책을 읽는 선생님께서도 본 사례를 참고하여 캔바를 활용한 프로젝트 수업에 도전해보길 바랍니다. 분명 매끄러운 프로젝트가 진행될 수 있도록 가교 역할을 할 것입니다.

"이 세상에 0.00001% 정도 도움을 줬다면 좋겠다."

"공디(공공 디자인)에 대해 더 많이 알게 되었다."

"여러 가지 활동을 하면서 친구들과 협동해서 재미있었다."

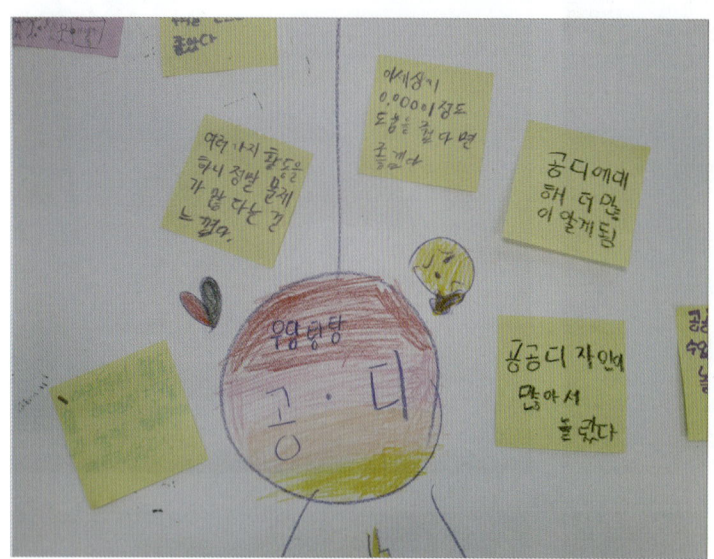

캔바로 하는 작업들은 선생님과 학생들 모두 쉽게 할 수 있지만 벽화를 그리는 작업은 학생들과 교사의 힘만으로는 마무리하기가 쉽지 않습니다. 지역 사회와 함께하는 문화 예술 사업과 연계하여 프로젝트를 진행해보는 것을 추천합니다. 이번 벽화 작업 사례 역시 벽화 전문가의 도움을 받아 마무리되었습니다. 그리고 꼭 벽화가 아니더라도 복도에 포스터를 붙이는 등의 방법으로 이와 유사한 활동을 충분히 대체할 수 있습니다.

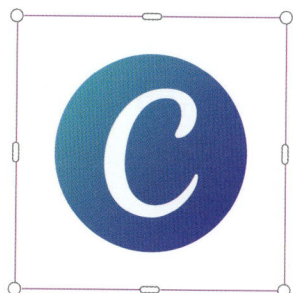

LESSON 04
나를 PR하는 대세 플랫폼, 유튜브 로고/채널아트 만들기

크리에이터를 꿈꾸는 요즘 아이들

교육부의 보도 자료(학생 희망 직업 조사 결과 발표(2023-11-27))에 따르면 초등학교 학생들의 장래 희망 중 '유튜버(크리에이터)'가 4위를 차지했습니다. 유튜브가 학생들의 일상이 되었기 때문에 새삼 놀랄만한 결과는 아닙니다. 요즘은 학생들의 대화가 어떤 유튜버의 영상을 보았는지로 시작하는 경우가 많습니다. 유튜브에 대한 학생들의 관심이 많아 유튜브와 관련된 수업 활동을 하면 학생들은 강한 동기 부여를 받습니다. 캔바에는 유튜브를 하는 데 필요한 프로필, 채널아트 등을 만들 수 있는 다양한 템플릿이 있으며 간단한 동영상 편집 기능도 있습니다. 여기서는 유튜브 채널 로고와 채널아트를 만드는 방법을 안내하겠습니다.

구분	초등학생	중학생	고등학생
1	운동선수	교사	교사
2	의사	의사	간호사
3	교사	운동선수	생명과학자 및 연구원
4	창작자(크리에이터)	경찰관/수사관	컴퓨터 공학자/소프트웨어 개발자
5	요리사/조리사	컴퓨터 공학자/소프트웨어 개발자	의사

▲ 초·중·고등학생의 장래 희망 순위 – 교육부의 보도 자료(학생 희망 직업 조사 결과 발표(2023-11-27))

유튜브 채널 로고 만들기

01 캔바를 활용하여 유튜브 채널 로고를 만들어보겠습니다. 캔바 홈 화면의 검색창에 **유튜브 채널 로고**를 입력한 후 검색합니다.

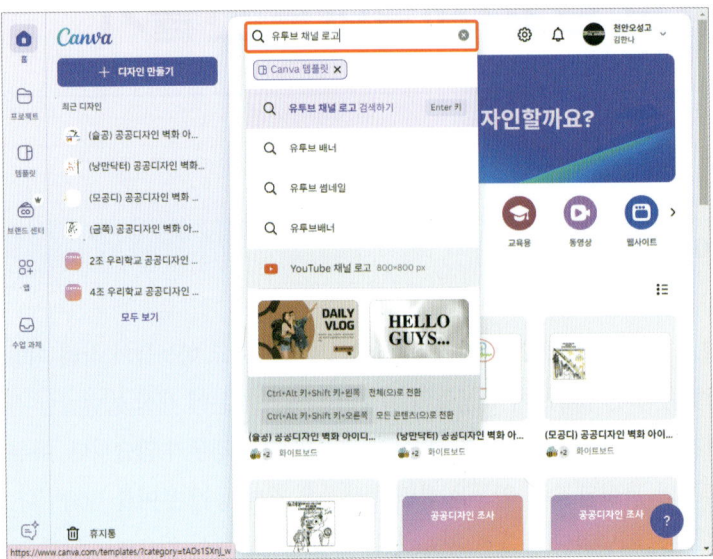

02 다양한 유튜브 채널 로고 템플릿이 나타납니다. ❶ [Canva 템플릿]을 클릭합니다. ❷ [모든 필터]를 클릭하면 [스타일]부터 [색상]까지 원하는 기준을 설정할 수 있습니다. ❸ ❹ 여기서는 [색상] 필터에서 노란색을 적용하고 ❺ 마음에 드는 템플릿을 선택했습니다.

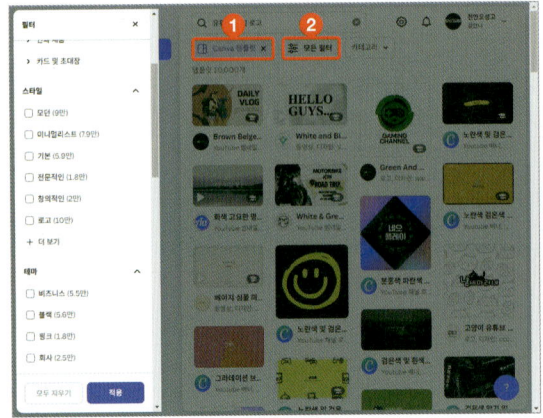 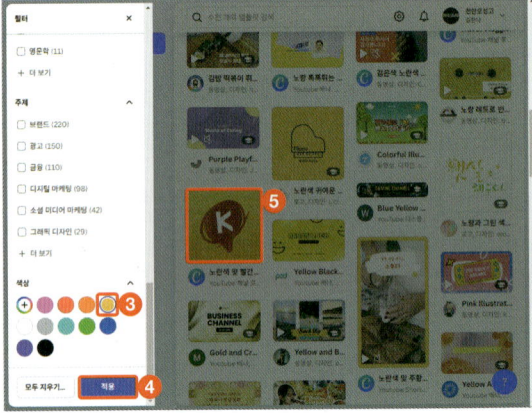

03 선택한 템플릿을 확인하고 [이 템플릿 맞춤 편집하기]를 클릭합니다.

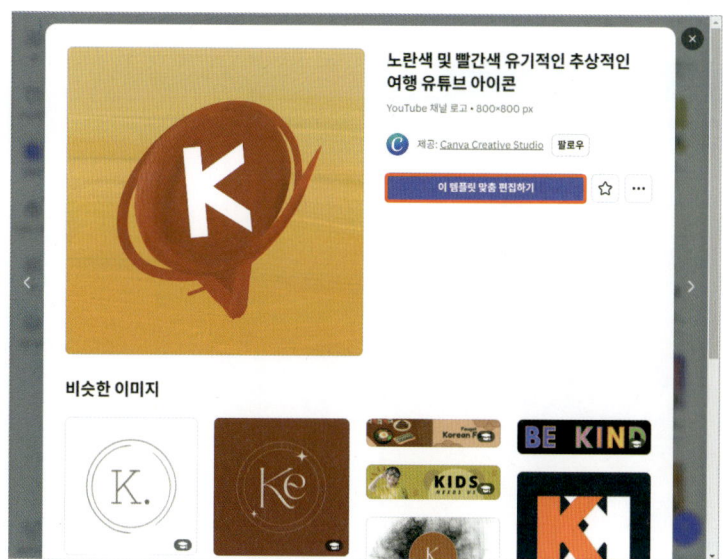

TIP 비슷한 이미지로 추천되는 템플릿이 마음에 든다면 해당 템플릿을 클릭합니다.

04 주제를 드러낼 수 있는 로고를 디자인합니다. ❶ 디자인 도구 바에서 [요소]를 클릭합니다. ❷ [요소] 패널이 열리면 검색창에 honey bee를 입력한 후 검색합니다. ❸ 꾸미고 싶은 그래픽 요소를 선택합니다.

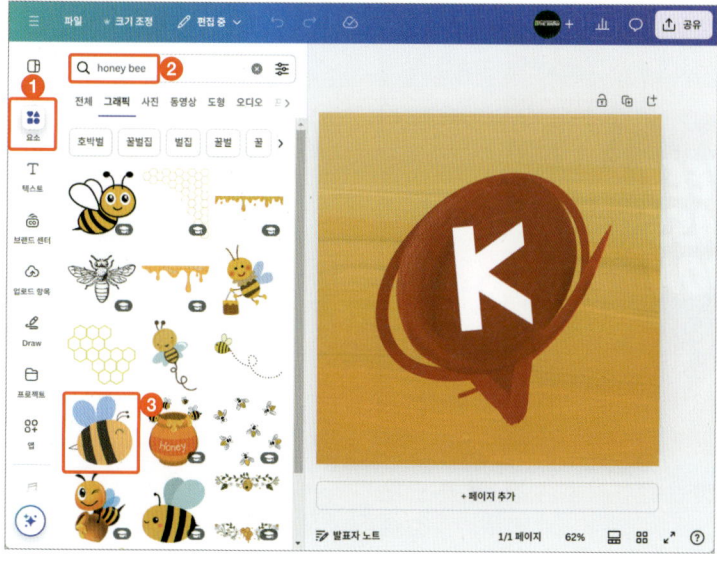

05 선택한 꿀벌 요소가 템플릿 중앙에 있는 텍스트에 가려지면 요소 편집 메뉴에서 [위치]를 클릭합니다. 패널이 열리면 [레이어] 탭에서 꿀벌 레이어의 위치를 맨 위로 옮깁니다.

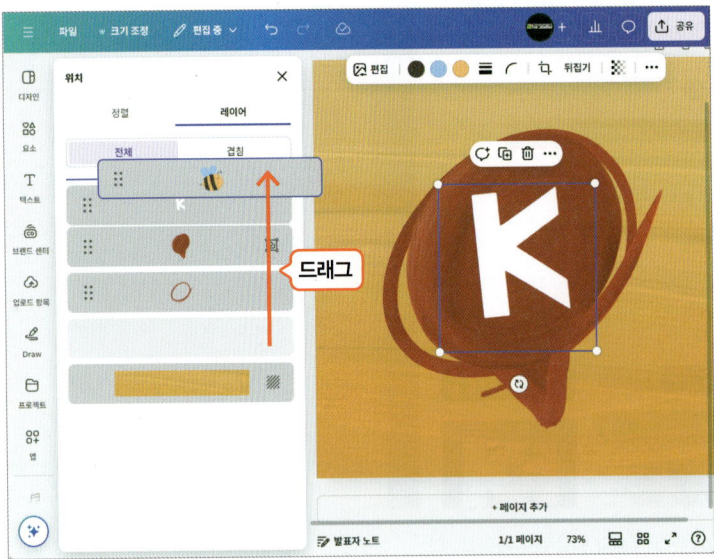

06 다음과 같이 텍스트를 수정하고 필요한 요소를 더 추가한 후 로고를 완성합니다.

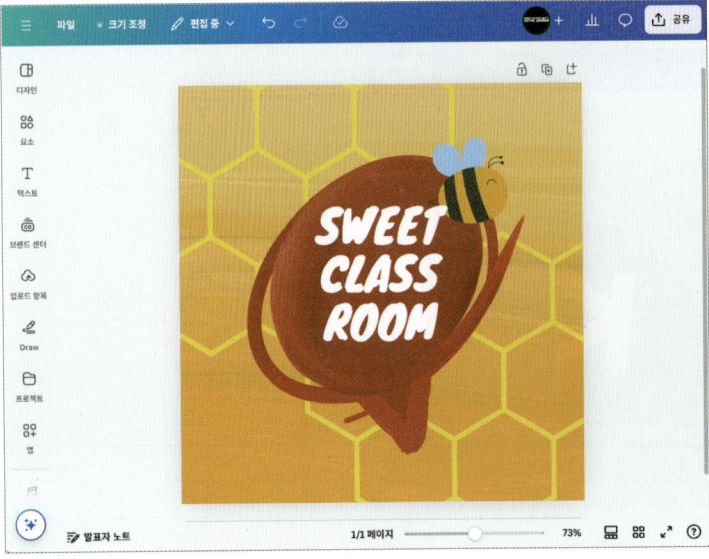

07 유튜브 채널 로고를 완성했다면 ❶ 오른쪽 상단의 [공유]를 클릭합니다. ❷ [다운로드]를 클릭하고 ❸ 파일 형식을 [PNG]로 두고 ❹ [다운로드]를 클릭합니다.

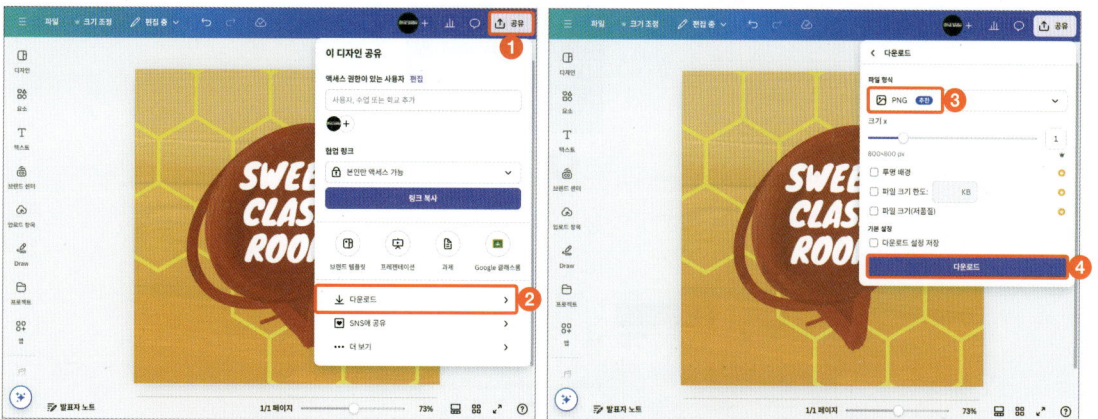

유튜브 채널아트 만들기

이번에는 유튜브 배너라고 불리는 채널아트를 만들어보겠습니다. 채널아트는 유튜브 채널의 상단에 표시되는 배너 이미지입니다. 채널아트는 채널의 주제, 스타일, 분위기 등을 한눈에 보여주는 중요한 요소입니다. 채널아트를 잘 만들면 채널에 대한 운영자의 애정과 구독자들에 대한 태도를 보여줄 수 있습니다.

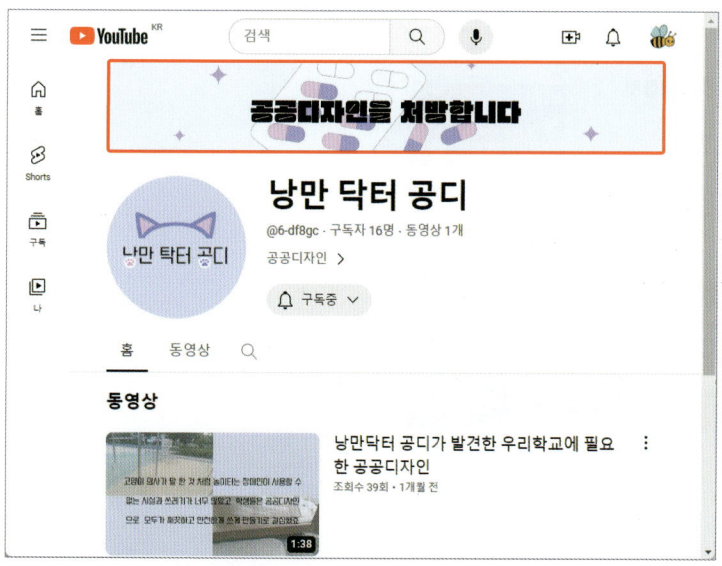

08 캔바 홈 화면의 검색창에 **유튜브 채널 아트**를 입력한 후 검색합니다.

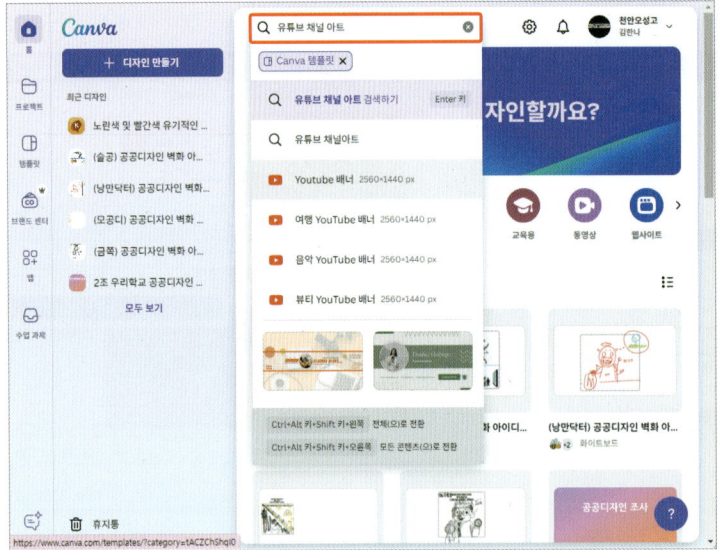

09 캔바에는 유튜브 채널아트 템플릿이 5,000여 개가 있습니다. 필터를 사용해 마음에 드는 템플릿을 정렬하여 모아볼 수 있습니다. 유튜브 채널의 성격을 고려하여 템플릿을 선택합니다. 여기서는 [테마] 필터는 [Youtube], [색상] 필터는 노란색으로 적용한 템플릿 가운데 원하는 템플릿을 선택했습니다.

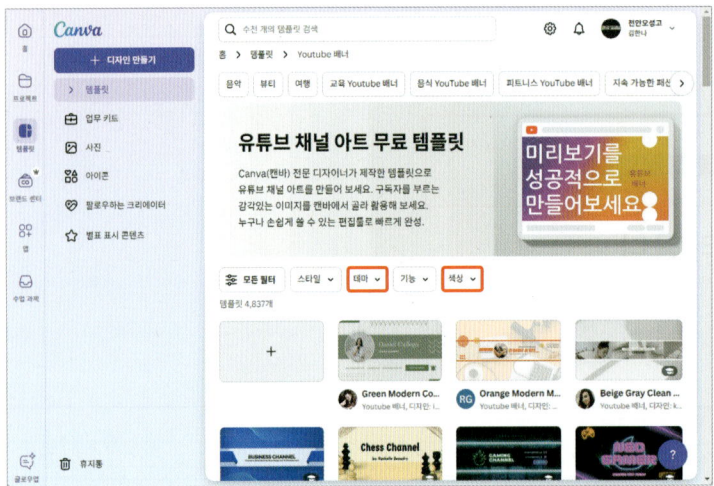

10 선택한 템플릿을 확인하고 [이 템플릿 맞춤 편집하기]를 클릭합니다.

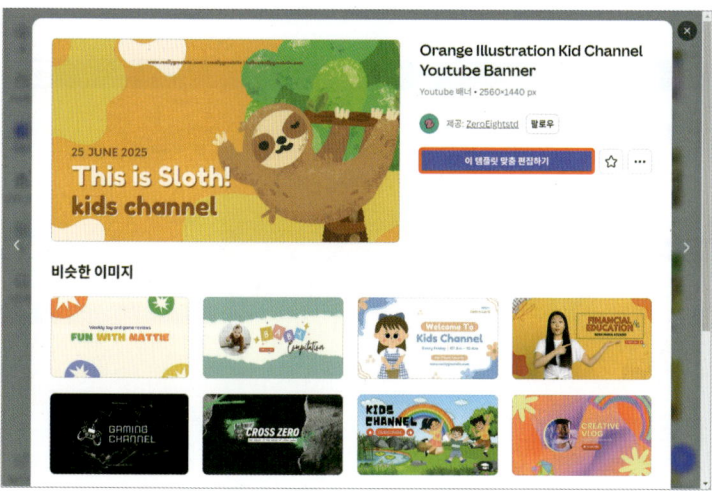

11 에디터 화면이 열리면 불필요한 요소는 삭제하고 주제에 어울리는 요소를 삽입합니다. 다음과 같이 채널아트를 완성합니다.

> **TIP** 채널아트를 만들 때 항상 보이길 바라는 영역은 화면 중앙에 작고 가로로 길게 만드는 것이 좋습니다. 채널아트는 이용자가 TV로 이용하는지, 모바일로 이용하는지, 데스크톱으로 이용하는지에 따라 크기가 다릅니다. 모든 기기에서 볼 수 있는 영역은 중앙의 가로로 긴 직사각형 영역입니다. 이 점을 참고하여 제작합니다.

12 ① 채널아트를 완성하면 [공유]를 클릭하고 ② [다운로드]를 클릭합니다. ③ 파일 형식을 [PNG]로 두고 ④ [다운로드]를 클릭합니다.

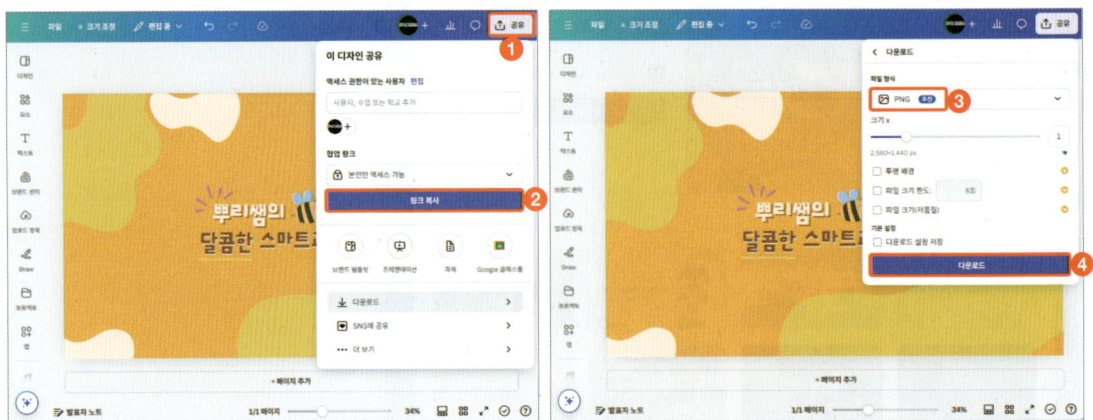

유튜브에 로고와 채널아트 업로드하기

13 완성한 로고와 채널아트를 유튜브 채널에 업로드하겠습니다. 유튜브 채널의 계정으로 로그인합니다. ① 오른쪽 상단의 내 계정 로고를 클릭한 후 ② [내 채널 보기]를 클릭합니다.

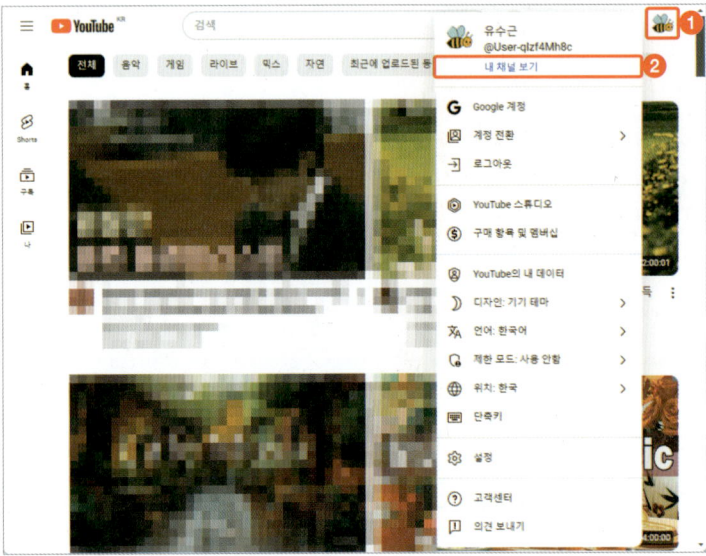

14 ① [채널 맞춤설정]을 클릭하면 프로필 이미지와 배너를 업로드할 수 있는 화면으로 전환됩니다. ② 사진 영역에 채널 로고를 업로드하고 ③ 배너 이미지 영역에 채널아트를 업로드합니다.

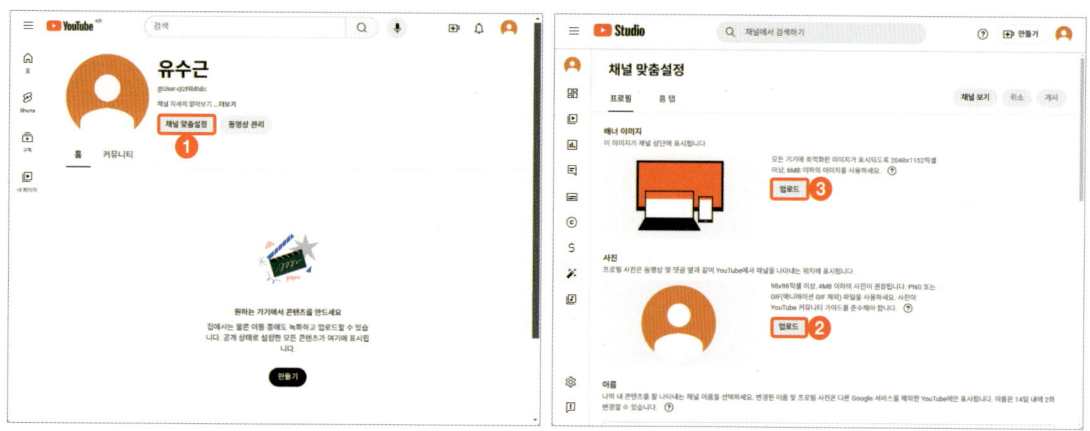

15 ① 사진 영역의 [업로드]를 클릭하여 07에서 다운로드해둔 로고를 선택하고 ② [완료]를 클릭합니다. ③ 배너 이미지 영역의 [업로드]를 클릭합니다. 12에서 다운로드해둔 채널아트 이미지를 선택합니다. 다음과 같이 [TV에 표시 가능], [데스크톱에 표시 가능], [모든 기기에 표시 가능] 등 세 가지 영역이 있습니다. 11에서 요소들을 작은 크기로 조절하고 가운데에 몰아넣은 이유는 [모든 기기에 표시 가능] 영역에 맞추기 위함이었습니다. 영역을 확인하고 ④ [완료]를 클릭합니다.

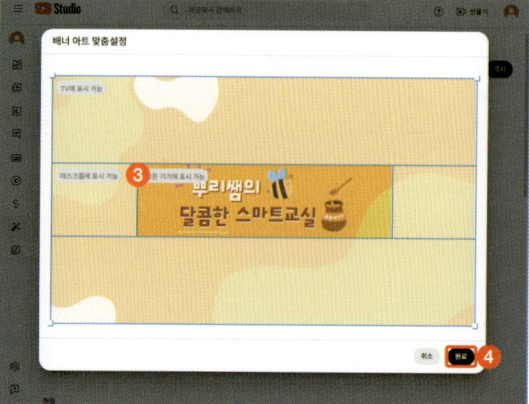

16 ❶ 로고와 채널아트의 업로드가 완료되면 [게시]를 클릭합니다. ❷ 게시가 완료되면 [채널 보기]를 클릭합니다. ❸ 유튜브 로고와 채널아트가 적용된 것을 확인합니다.

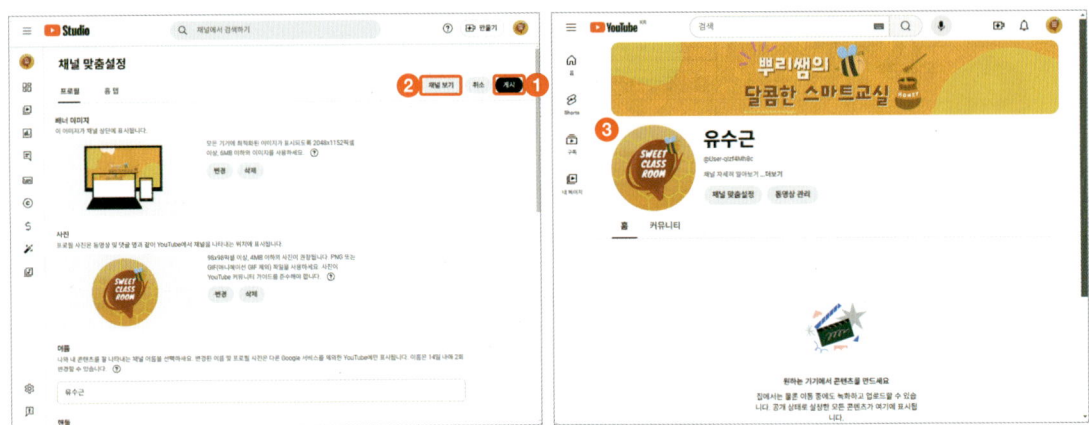

요즘 학생들은 동영상 촬영 및 편집에 관심이 상당히 많습니다. 학급 학생들 중에는 이미 동영상 편집을 할 줄 아는 학생들도 있었습니다. 동영상 편집이 가능한 일부 학생들을 동료 선생님으로 임명하고 교육 과정의 다양한 주제를 담은 유튜브 프로젝트를 진행해보는 건 어떨까요? 캔바가 유튜브에 도전하는 허들을 낮춰줄 것입니다.

LESSON 05
대량 제작하기 기능으로 졸업식 PPT 만들기

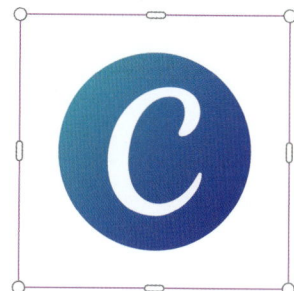

대량 제작할 PPT 템플릿 만들기

연말이 되면 졸업 업무를 맡은 선생님의 얼굴에는 그늘이 집니다. 중학교 입학 배정 원서 배부 및 수합, 졸업장 작성, 장학금 대상 학생 공문 발송, 졸업식 준비 등으로 바쁘기 때문입니다. 굵직굵직한 업무들 중 큰 비중은 아니지만 졸업식 PPT를 만드는 것은 은근히 많은 시간이 소요됩니다. 이번에는 캔바의 대량 제작 기능을 활용하여 졸업식 PPT를 만드는 수고를 덜어보겠습니다.

01 캔바 홈 화면에서 [프레젠테이션]을 클릭합니다.

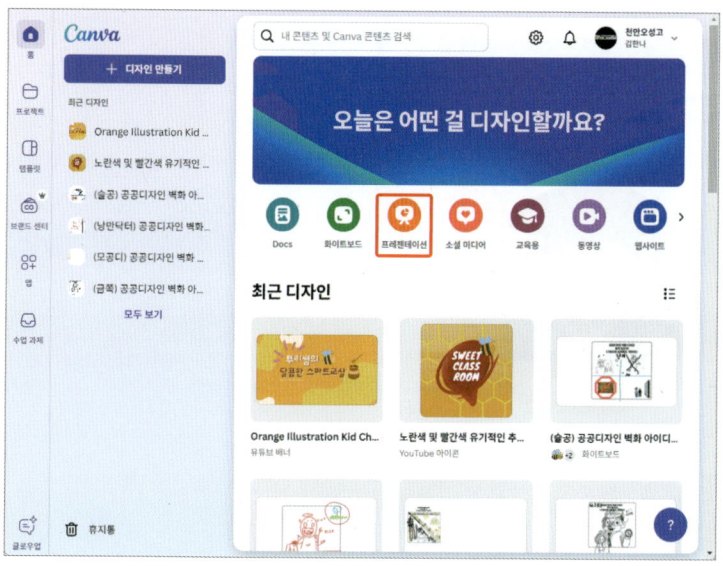

02 에디터 화면이 열리면 디자인 도구 바의 [디자인] 패널의 검색창에 **졸업**을 입력한 후 검색합니다.

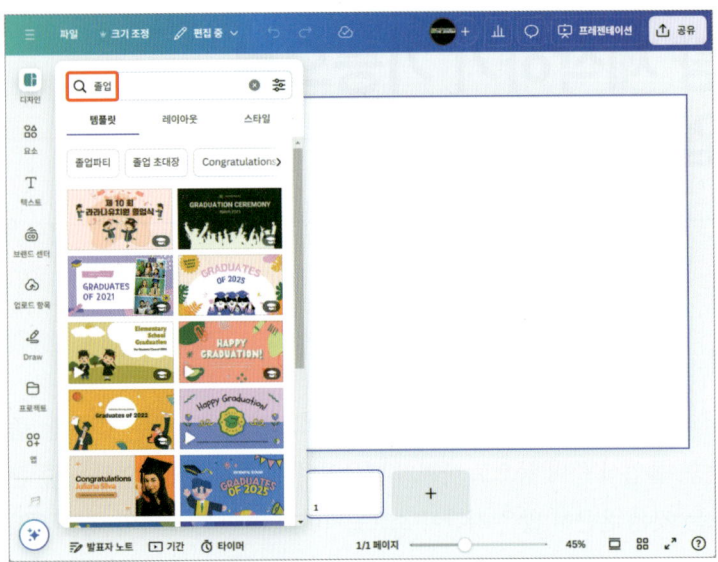

03 마음에 드는 템플릿을 선택합니다. 선택한 템플릿에서 학생의 사진과 간단한 텍스트를 넣을 페이지를 선택합니다. 이 템플릿은 대량 생산되는 PPT의 양식으로 이용될 예정이니 잘 선택합니다.

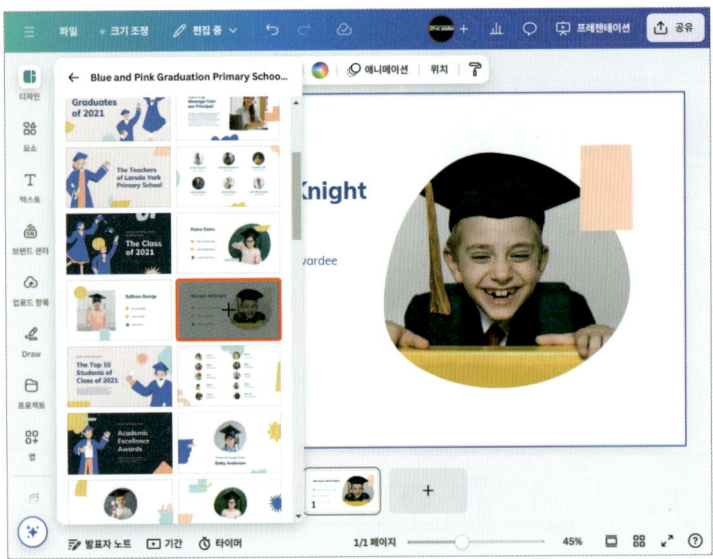

04 템플릿을 수정합니다. 먼저 **장래희망, 학교장상, 좌우명** 등 텍스트를 추가합니다.

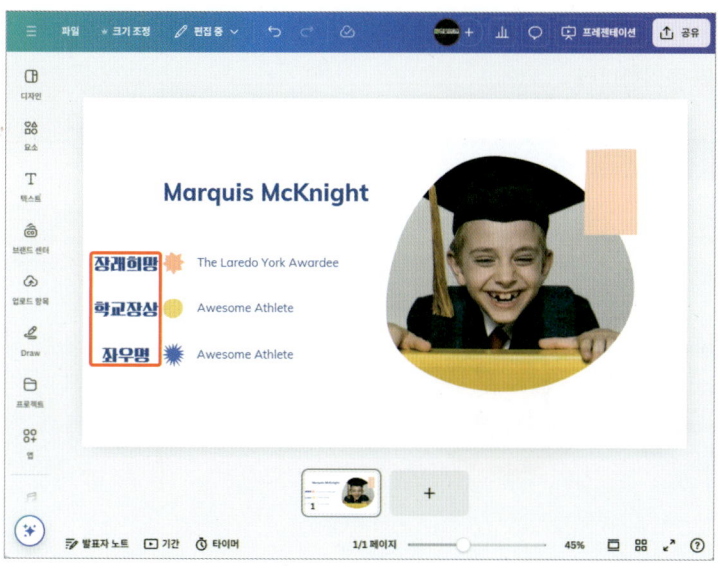

PPT에 입력할 데이터 준비하기

05 앞에서 만든 템플릿은 대량으로 복제될 슬라이드의 양식으로써 역할을 하게 됩니다. 슬라이드에 넣을 데이터는 학생의 사진, 장래희망, 학교장상, 좌우명입니다. 이 부분은 선생님의 선택에 따라 지정하면 됩니다. 엑셀이나 구글 스프레드시트에 입력하고자 하는 학생들의 자료를 정리합니다. 여기서는 구글 스프레드시트에 자료를 정리했습니다.

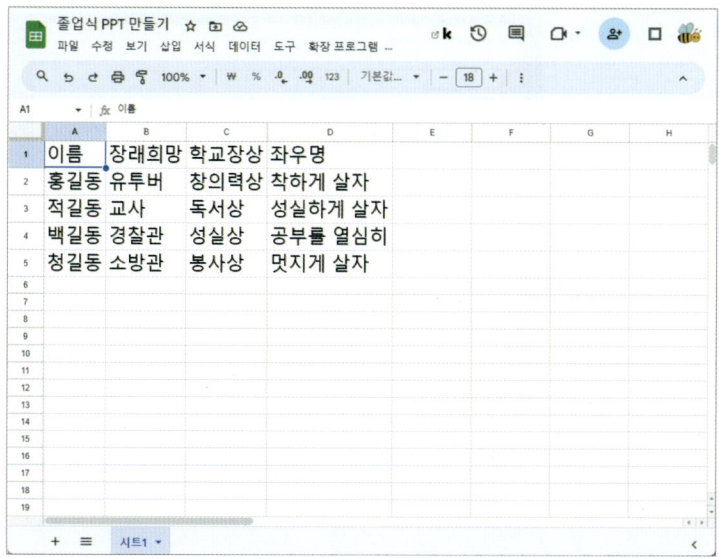

캔바와 구글 스프레드시트 데이터 연결하기

06 데이터 입력을 모두 마쳤으면 캔바로 돌아옵니다. ❶ 디자인 도구 바에서 [대량 제작]을 클릭합니다. ❷ 패널이 열리면 [데이터 수동 입력]을 클릭합니다.

> **TIP** 디자인 도구 바에 [대량 제작]이 없다면 [앱]을 클릭합니다. [앱] 패널이 열리면 검색창에 '대량 제작'을 입력한 후 검색합니다. 검색된 [대량 제작] 혹은 [대량 제작하기] 앱을 클릭하면 디자인 도구 바에 [대량 제작]이 추가됩니다.

07 ❶ 구글 스프레드시트에 입력해둔 데이터를 복사합니다. ❷ 데이터가 존재하는 가장 왼쪽의 최상단의 셀을 클릭합니다. ❸ 복사한 학생들의 데이터를 붙여 넣습니다.

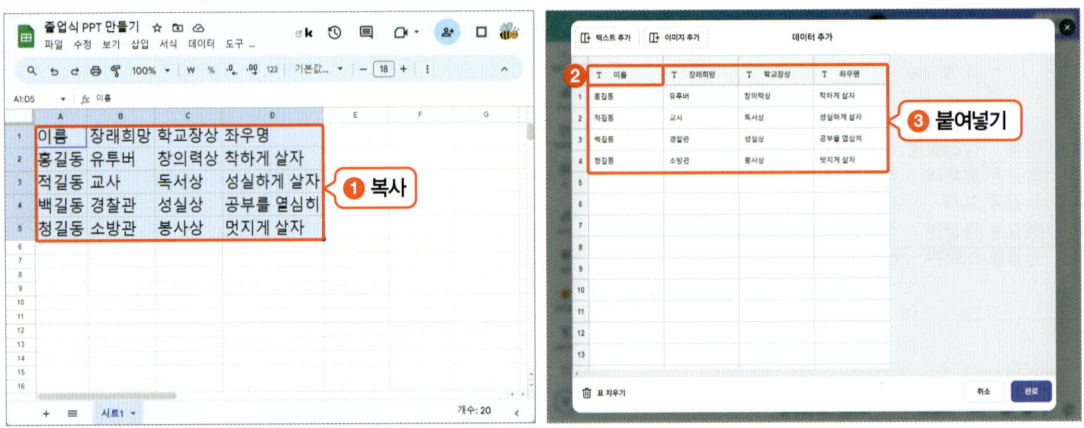

> **TIP** 캔바 화면에서 [텍스트 추가]를 클릭하면 필요한 만큼의 열을 만들 수 있습니다. 외부 작업을 붙여 넣지 않고 캔바에서 바로 입력할 때에는 이 기능을 활용하여 열을 추가하고 데이터를 입력합니다.

08 ① [이미지 추가]를 클릭하여 사진을 삽입할 열을 만듭니다. ② 사진을 삽입할 셀을 클릭합니다. ③ 사진은 캔바에 미리 업로드해둡니다. 여기서는 AI로 생성한 강아지의 이미지로 대체합니다. ④ 모든 데이터의 입력이 완료되었으면 [완료]를 클릭합니다.

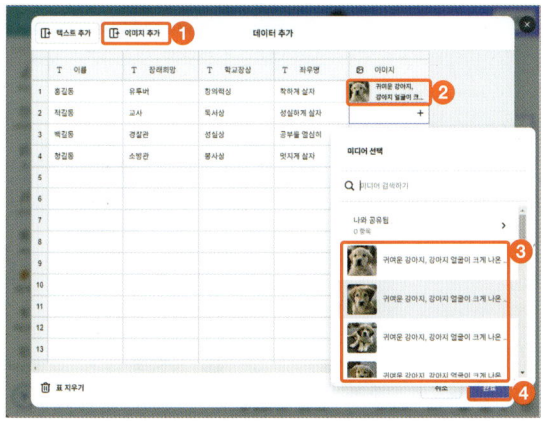

09 이제 슬라이드와 입력한 데이터를 연결해줄 차례입니다. ① 슬라이드에서 학생의 이름을 마우스 오른쪽 버튼으로 클릭합니다. ② [데이터 연결]을 선택하고 ③ [이름] 필드를 클릭합니다. ④ 같은 방법으로 슬라이드에 있는 나머지 요소를 클릭하고 요소와 짝을 이루는 필드를 클릭합니다.

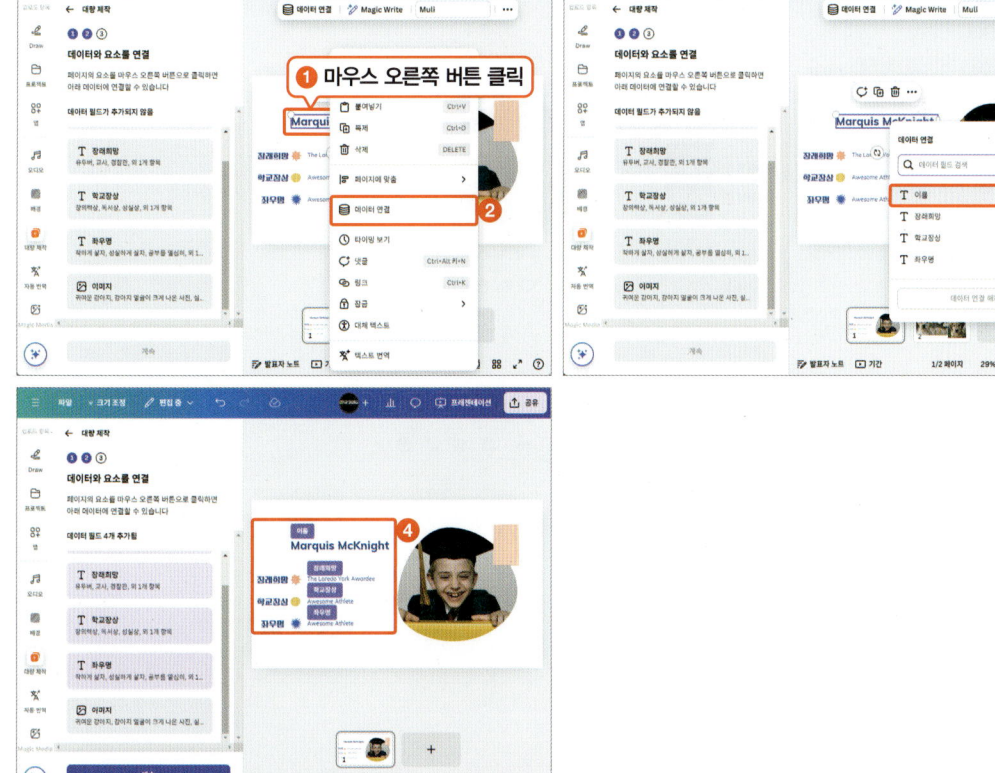

10 이제 이미지 데이터를 연결하겠습니다. 방법은 동일합니다. ❶ 슬라이드에 있는 이미지를 마우스 오른쪽 버튼으로 클릭합니다. ❷ [데이터 연결]을 선택하고 ❸ [이미지] 필드를 클릭합니다. 연결이 완료됩니다. ❹ [계속]을 클릭하여 다음으로 이동합니다.

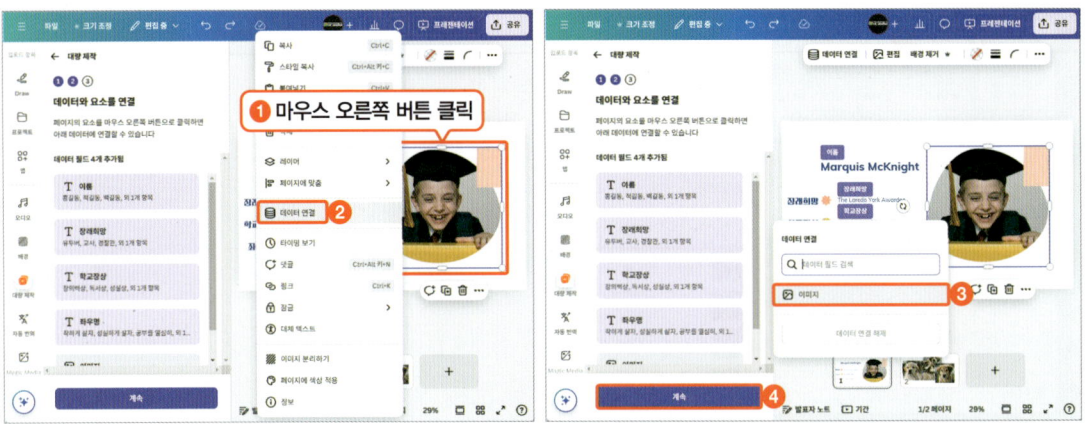

11 이제 연결한 데이터를 바탕으로 슬라이드가 생성됩니다. 현재 네 명의 데이터를 넣었으므로 ❶ 왼쪽 패널에서도 네 개의 페이지를 생성할 것이라고 알려줍니다. ❷ [디자인 4개 생성]을 클릭합니다.

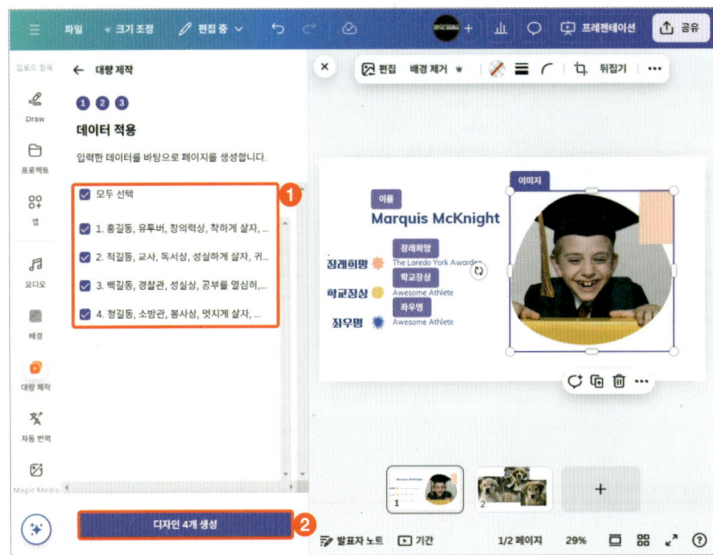

12 학생의 데이터가 들어간 네 장의 상장 슬라이드가 완성되었습니다. 텍스트와 이미지를 일일이 입력했다면 꽤 오랜 시간이 걸렸을 것입니다. 캔바의 [대량 제작] 기능을 활용하여 간단하게 제작할 수 있습니다.

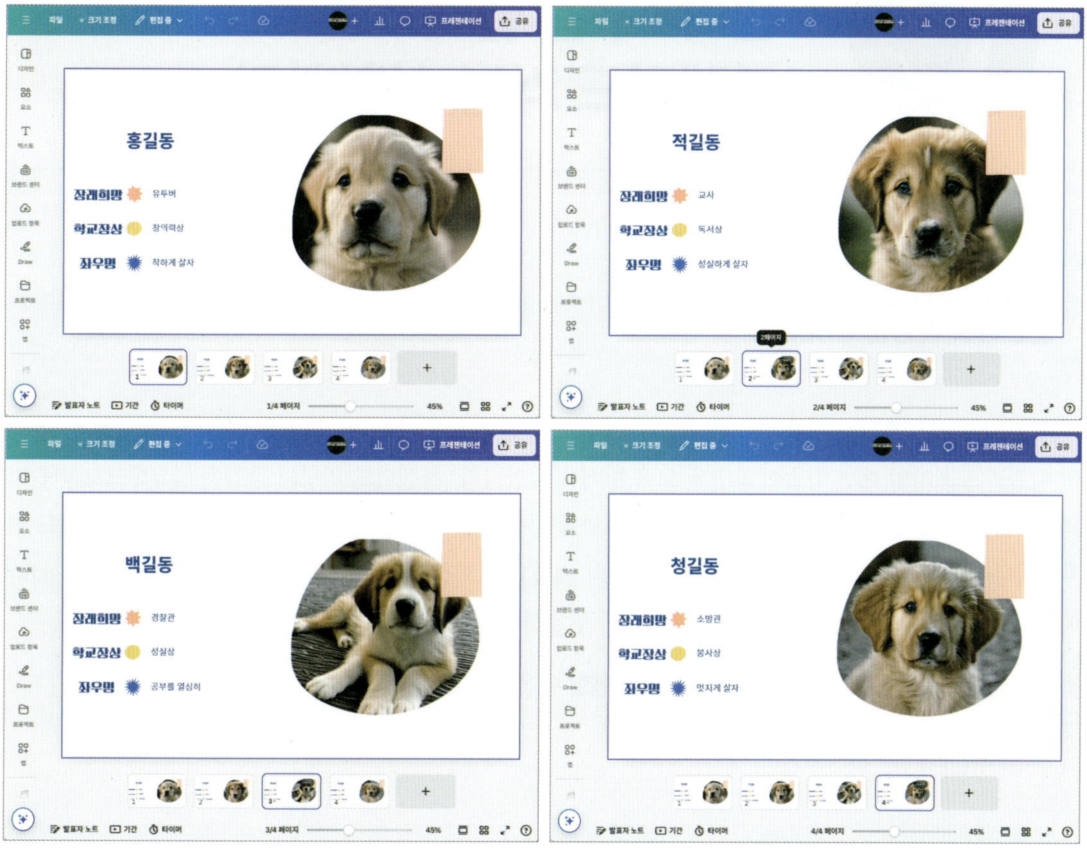

13 대량 제작한 슬라이드 외에 더 필요한 부분은 추가하거나 수정하여 PPT를 완성합니다. [대량 제작] 기능을 활용하여 여러 업무들을 효율적으로 하는 데 큰 도움이 되기를 바랍니다.

LESSON 06
캔바×구글 클래스룸 : 블렌디드 러닝 실천하기

블렌디드 러닝은 무엇인가

영어로 Blend는 '혼합하다'라는 뜻입니다. 블렌디드 러닝(Blended Learning)은 에듀테크를 활용한 온라인 학습과 오프라인 대면 학습이 혼합된 교육 방식을 말합니다. 블렌디드 러닝의 장점은 에듀테크로 학습자의 편의성과 유연성을 높이고, 다양한 학습 자료와 활동을 제공함과 동시에 대면 상황에서의 상호작용도 이루어진다는 점입니다. 온라인과 오프라인 환경의 적절한 조화를 통해 수업 방법을 확장해보면 어떨까요? 이번 장에서는 구글 클래스룸을 개설하고 캔바와 연결하는 방법을 알아보겠습니다.

※ 본 과정은 교육용 Pro 버전으로 인증받아야 진행할 수 있습니다.

온라인 학습 허브 만들기 : 구글 클래스룸

오프라인에서는 배움을 위해 학교를 갑니다. 온라인 환경에서도 배움을 위한 공간은 필요합니다. 학생들이 함께 접속하는 공간, 학생들이 모이는 공간일 뿐만 아니라 수업에서 활용할 모든 학습 자료를 담는 허브의 역할을 할 공간으로 구글 클래스룸을 추천합니다. 구글 워크스페이스의 구글 스프레드시트, 구글 프레젠테이션, 구글 문서 등과도 연결될 뿐만 아니라 캔바와도 편리하게 연결됩니다.

▲ 구글 클래스룸 로고

캔바에도 LMS가 있습니다. 하지만 캔바 LMS에서는 과제를 배부하는 방법이 '각 학생을 위한 새로운 디자인' 즉, 개별적으로 과제를 배부하는 방법밖에 없습니다. 반면에 구글 클래스룸과 연계하면 '각 학생을 위한 새로운 디자인', '지침 전용', '이 디자인 작업하기' 등 세 가지 방법으로 배부할 수 있습니다.

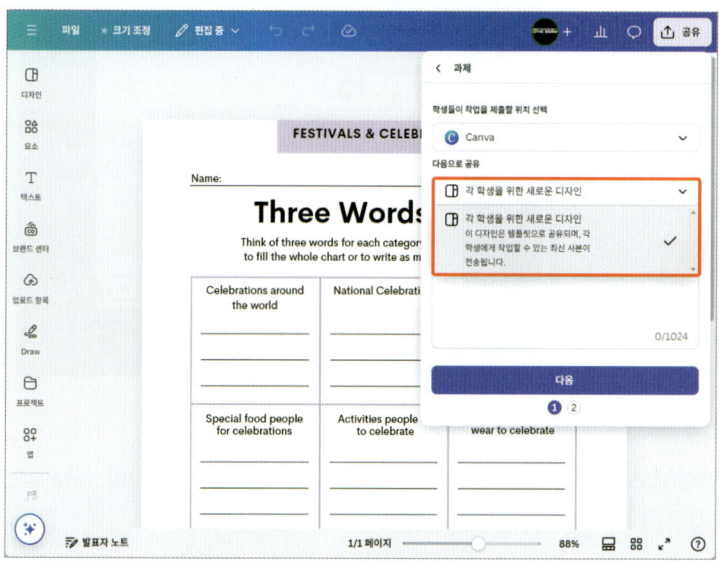

TIP '지침 전용'은 학생들에게 수정할 수 있는 권한은 주지 않고 보기 권한만을 주는 참고용 자료입니다. '이 디자인 작업하기'는 한 작업물에 다 같이 접속하여 편집할 수 있는 협업 형태의 과제를 말합니다.

구글 클래스룸 개설하기

01 다양한 형태의 수업을 설계하기 위해서는 구글 클래스룸과 같은 LMS와의 연계가 필요합니다. 구글 클래스룸을 개설해보겠습니다. ❶ 구글(google.com)에 접속하여 로그인합니다. ❷ 오른쪽 상단의 [Google 앱]을 클릭하고 ❸ [클래스룸]을 선택합니다.

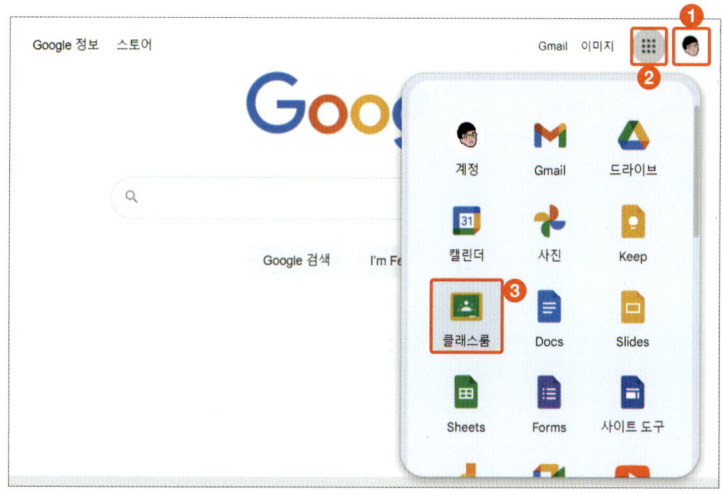

TIP [클래스룸]이 보이지 않는다면 아래로 스크롤합니다. 자주 사용하는 앱을 상단으로 옮기고 싶다면 아이콘을 클릭하고 원하는 위치로 드래그하면 됩니다.

02 ❶ 오른쪽 상단의 [+]를 클릭하고 ❷ [수업 만들기]를 클릭합니다. 이미 구글 클래스룸이 있다면 만들어진 수업과 연결하면 됩니다. ❸ 수업 이름에 **한빛 클래스룸**을 입력한 후 ❹ [만들기]를 클릭합니다.

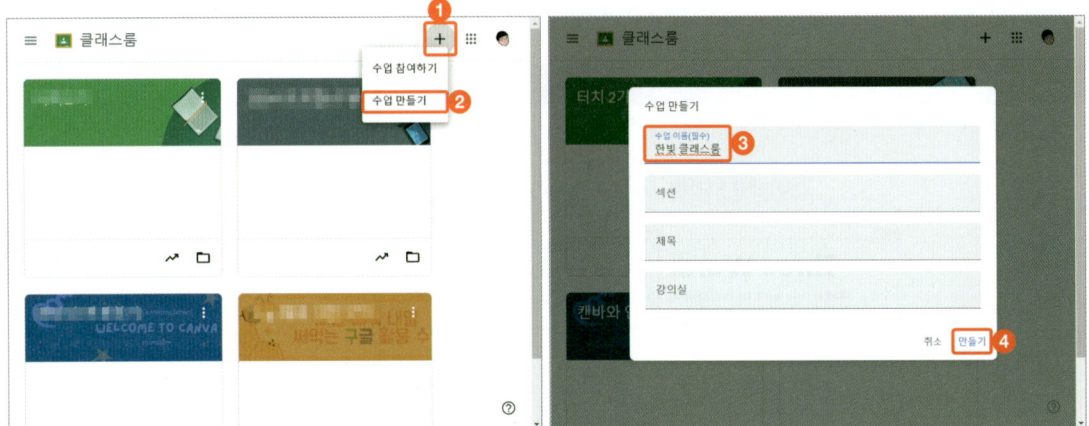

03 이제 구글 클래스룸을 캔바와 연결해보겠습니다. 캔바의 홈 화면으로 이동합니다. ❶ 왼쪽 메뉴에서 [수업 과제]를 선택합니다. ❷ 오른쪽 상단의 [새 활동]을 클릭합니다.

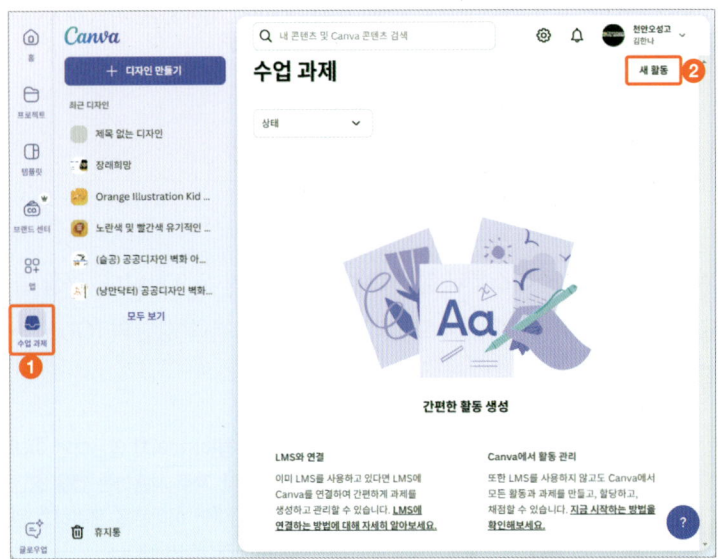

04 구글 클래스룸과 연결하기 위한 과정이므로 임의로 디자인을 선택하고 진행합니다. 여기서는 [워크시트]를 선택하고 추천하는 디자인 중에 하나를 선택했습니다.

05 ❶ 오른쪽 상단의 [할당]을 클릭합니다. ❷ 학생들이 작업을 제출할 위치 선택에 [Google 클래스룸]을 선택합니다.

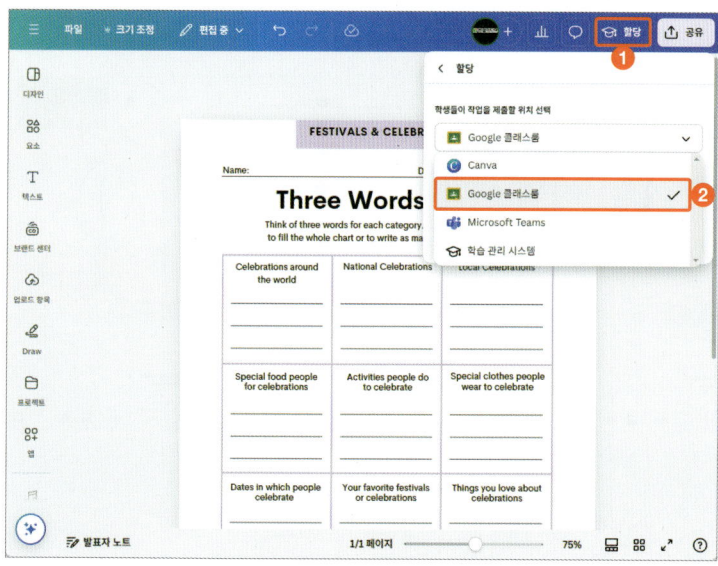

06 다음으로 공유에는 세 개의 옵션이 있습니다. 구글 클래스룸과의 연결을 위한 작업이므로 임의로 선택합니다. ❶ 여기서는 [각 학생을 위한 새로운 디자인]을 선택했습니다. ❷ [게시]를 클릭합니다.

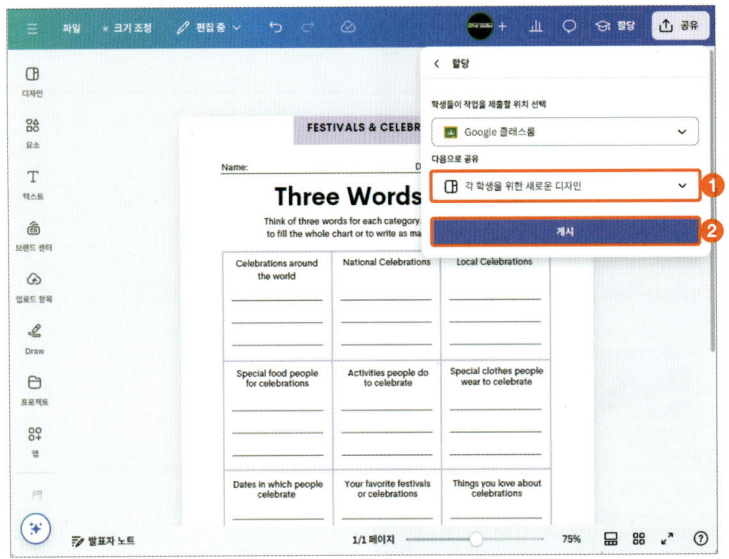

07 다음과 같은 팝업창이 나타나면 ❶ [수업 선택]의 드롭박스를 클릭하고 ❷ 연결하길 희망하는 구글 클래스룸을 찾아 선택합니다. 여기서는 [한빛 클래스]를 선택했습니다.

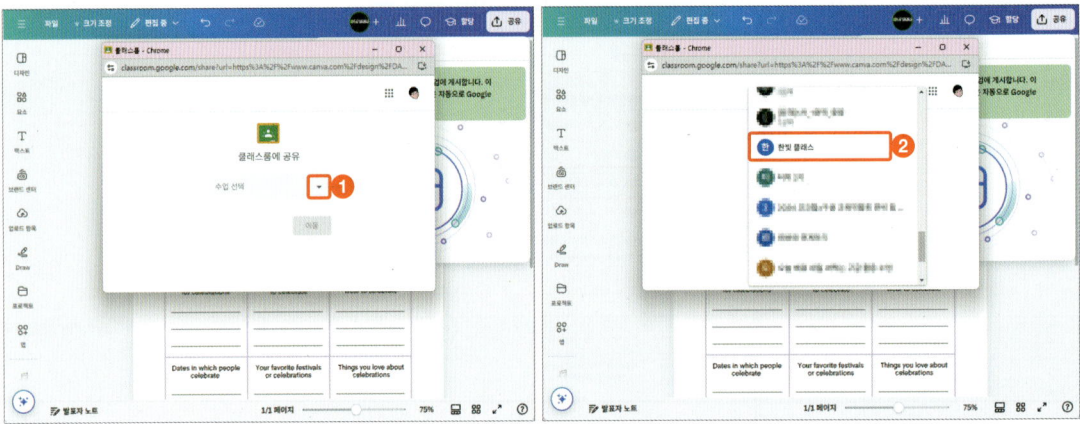

08 ❶ [작업 선택]의 드롭박스를 클릭하고 ❷ 연결하길 희망하는 게시판을 찾아 선택합니다. 여기서는 [공지 만들기]로 진행합니다.

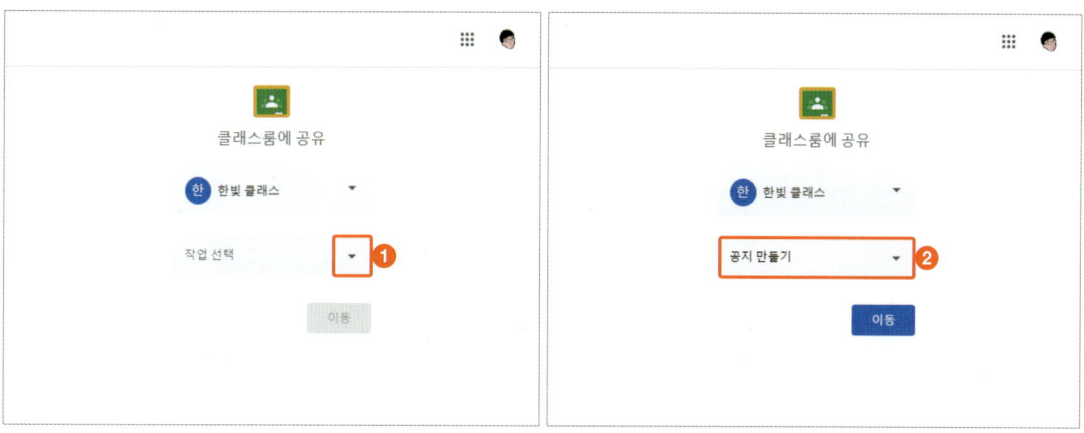

09 ❶ 학생들에게 공지할 내용을 입력합니다. ❷ 오른쪽 상단의 [게시]를 클릭하면 공유가 완료됩니다. 캔바에서 나와 구글 클래스룸으로 이동하지 않고도 바로 과제 배부가 가능합니다.

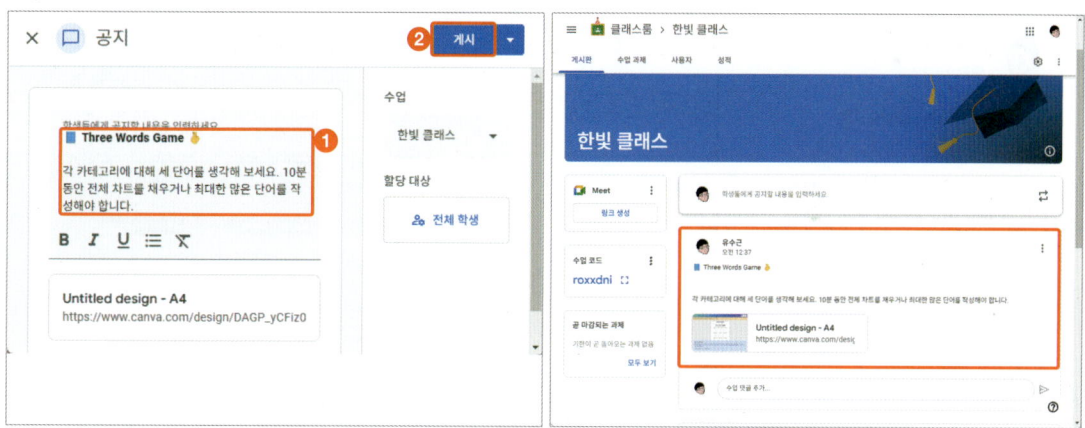

모바일로 클래스룸에 접속하기

10 다음은 스마트폰으로 클래스룸에 접속한 화면입니다. 바로 공지사항으로 등록된 것을 확인할 수 있습니다. ❶ 게시된 링크를 터치하면 ❷ 페이지가 바뀌고 하단에 [템플릿을 사용해 새 디자인 만들기] 버튼이 나타납니다. 우리가 과제를 만들 때 '각 학생을 위한 새로운 디자인'을 클릭했기 때문입니다. 선생님이 캔바에서 만든 템플릿을 배부하면 학생들은 그 템플릿에 새롭게 디자인하여 과제를 제출할 수 있습니다.

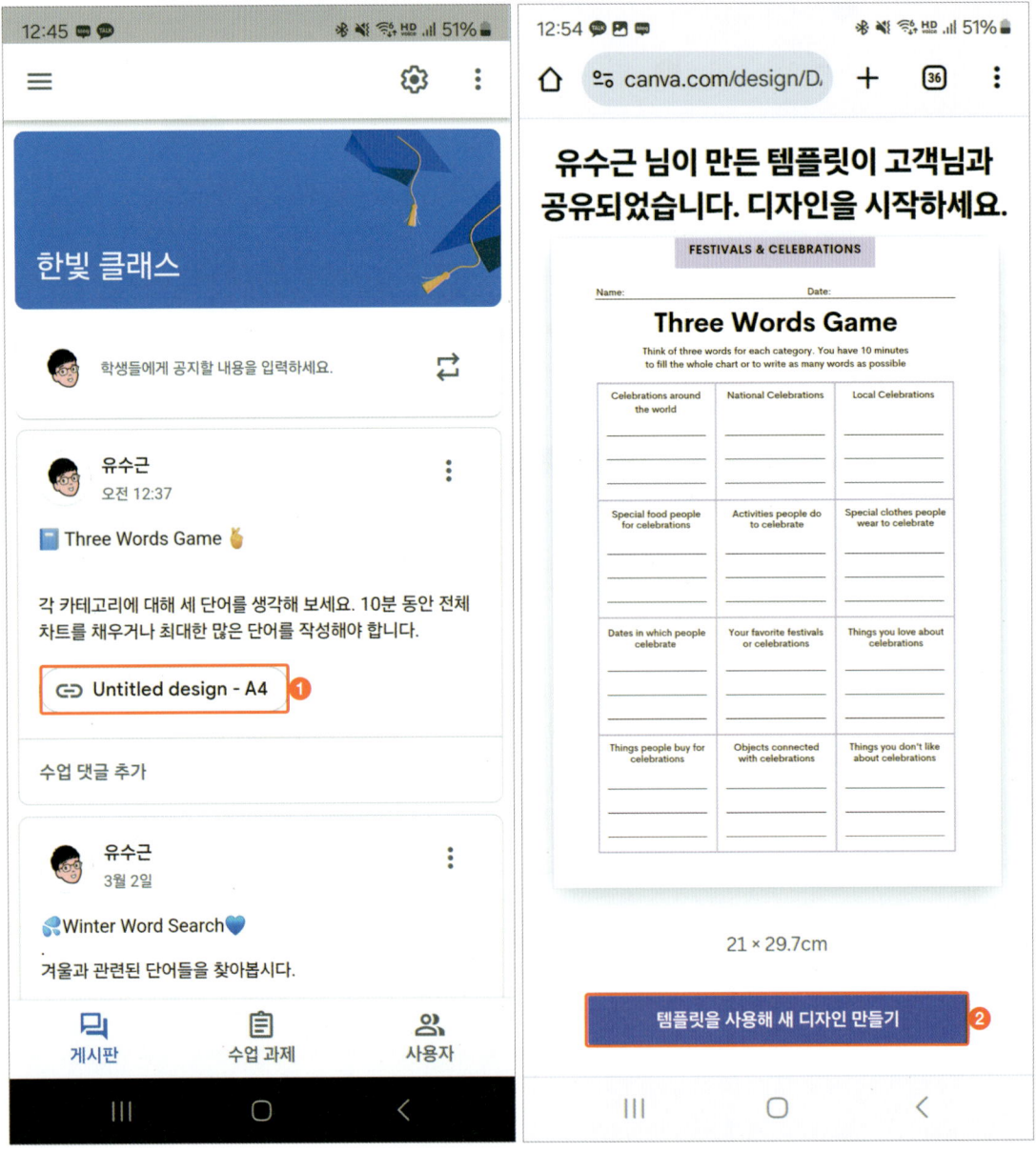

유수근 선생님의 특강

구글 클래스룸을 함께 써야 하는 이유

캔바는 협업이 가능한 디자인 저작 도구인 만큼 함께할 때 더욱 빛을 발하는 프로그램입니다. 실시간으로 작업이 공유되니 각자의 활동이 서로에게 좋은 자극이 되기도 합니다. 하지만 캔바 자체의 LMS 기능만으로는 학급의 프로젝트를 꾸준하게 운영하기는 쉽지 않습니다. 프로젝트에는 디자인 활동 말고도 기획, 조사, 설문, 팀빌딩 등 다양한 요소가 필요하기 때문입니다. 그래서 중심 플랫폼은 캔바와 호환이 좋은 구글 클래스룸으로 삼고 학생들의 배움을 모으고 표현하는 활동에는 캔바를 사용할 것을 추천합니다.

2022 개정 교육과정에서는 학생들의 디지털 소양을 강조합니다. 구글 클래스룸을 활용해 서로의 생각을 모으고 캔바를 활용해서 자신의 생각을 표현할 수 있는 기회를 만들어 보는 건 어떨까요? 캔바를 활용한 수업 사례를 공유합니다.

▲ 순우리말을 이용한 팝아트 만들기

▲ 속담사전 만들기

▲ 공공 디자인을 알리는 유튜버 되기 프로젝트 中 캔바를 활용해 동영상 편집하기

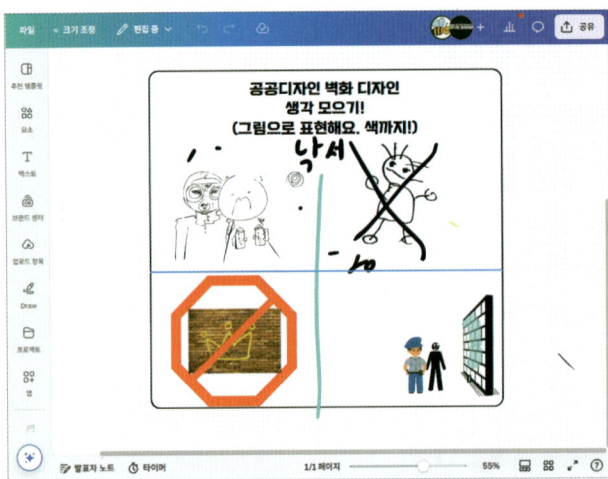

▲ 공공 디자인을 알리는 유튜버 되기 프로젝트 中 캔바를 활용해 벽화디자인 아이디어 모으기

찾아보기

A
AI	70, 175, 249
Animated Drawings	187
Animeify	70, 105
AutoCrat	265

B
Beat Sync	96, 181
Bing Image Creator	155

C
Cartoonify	107
ChatGPT	16, 70, 249
Colorify	112

D
D-ID AI Presenters	70, 99
Draw	153, 187

F
Forms	263, 271

G
Gmail	260
Google 앱	261, 299

L
LMS	23, 299, 305

M
Magic Edit	70, 78
Magic Eraser	70, 90
Magic Expand	81, 82
Magic Media	74, 76
Magic Morph	102, 104
Magic Studio	78, 82, 149
Magic Write	70, 88

O
Out Painting	83

P
Paintify	109
Pixabay	155
Pixel size	111
Pixelify	110
PPT	126, 192, 291
Product Photos	70, 93, 95

Q
QR코드	23, 66, 274

S
Sketch To Life	70, 114

T
Tag	263
Text to Image	74, 77
Text to Video	74, 76

U
Unsplash	155

ㄱㄴㄷ
가이드라인	119
공개 보기 링크	228
공공 디자인	274, 278
교육 프레젠테이션	24, 64, 126
구글 스프레드시트	293, 294
구글 클래스룸	23, 298, 305
굿즈	110, 116
그라데이션	40, 123
글꼴	41, 57, 136
녹화	179, 221
눈금자	29
뉴스레터	210
다크	28
달리	16, 74
대량 제작	291, 294
동영상	96, 218, 290
뒤집기	86, 140, 152
띵커벨 보드	197, 202, 219

ㄹㅁㅂ
라이트	28
레이어	43, 44, 235
만화 스타일	107
모바일	182, 246, 287, 304
모션 효과	175
뮤직비디오	217
배경	18, 38, 122, 146
배경 제거 도구	56, 70, 90, 149
복원하기	150
부스트	157
부스트 토큰	157
블렌디드 러닝	298
빙 이미지 크리에이터	155

찾아보기

ㅅ ㅇ ㅈ

사진	42, 93, 141
사진 편집	78, 146
색상 코드	123, 158
생성형 AI	72, 249
서브 색	125
설문지	264, 270
스마트 자르기	175
스크롤뷰	220
스피드	63, 165
썸네일	220, 224
아바타	99, 101
아웃페인팅	83
안전 영역	119
애니메이션	63, 105, 165
애니메이티드 드로잉	187
언스플래시	155
에듀테크	16, 298
에디터 화면	27, 42, 122
여백 표시	31
오디오	97, 179, 181
온라인 알림장	203, 237
요소	43, 45, 132
요소 크기 변경	131
워크스페이스	260, 298
웹사이트	238
유튜브 로고	281, 282
유튜브 스튜디오	97
음성 파일	179
이미지 분리하기	56, 84
인공지능	16, 70, 155
인쇄 재단 물림 표시	31
인스타그램	122, 237, 254
자기소개	35, 198, 202
자동 다듬기	167
자동 발송	269
자막	163
작업 화면 모드	28
전환 효과	166, 176
질감	54, 102, 104

ㅊ ㅋ ㅌ

채널아트	281, 285
카드뉴스	147, 229, 237
캔바 홈 화면	26, 38, 78, 122
캔버스	27, 30, 111, 150
크레딧	70, 99
크리에이터	281
클라우드	133, 151, 269
타임라인	97
태그	268
테두리	61, 135
텍스트 상자	60, 168
텍스트 추출	87, 89
텍스트 크기	145
템플릿	26, 50, 57, 291
토큰	156

ㅍ ㅎ

팔레트	40, 122
패들렛	202, 216
페이드	181
페이지 추가	96, 138, 163
포스터	17, 198, 203
프레임	45, 49, 196, 214
프레젠테이션	64, 268
프로젝트 학습	17, 273
프롬프트	72, 75, 79
픽사베이	155
하이라이트	167
학급신문	210, 216
홈페이지	238
확장자	171
확장하기	82, 175